名誉主编／饶宗颐

经典之门

先秦诸子篇

陈鼓应 陈耀南等／著

华夏出版社
HUAXIA PUBLISHING HOUSE

图书在版编目（CIP）数据

经典之门.先秦诸子篇/陈鼓应等著.-- 北京：华夏出版社，2019.10
ISBN 978-7-5080-9756-5

Ⅰ.①经… Ⅱ.①陈… Ⅲ.①古籍－汇编－中国②先秦哲学－古籍－汇编
Ⅳ.①Z422②B22

中国版本图书馆CIP数据核字（2019）第092959号

著作财产权人 ©2017 中华书局（香港）有限公司
本书中文繁体字版本由中华书局（香港）有限公司在香港出版，今授权华夏出版社在中国大陆地区出版其中文简体字版本。该出版权受法律保护，未经书面同意，任何机构与个人不得以任何形式进行复制、转载。

版权所有　翻印必究
北京市版权局著作权合同登记号：图字01-2018-7343号

经典之门（全四册）

作　　者	陈鼓应　周锡𩰤　马　彪　康　震等
责任编辑	杜晓宇　董秀娟　王　敏
营销编辑	刘　伟
项目合作	锐拓传媒 copyright@rightol.com
责任印制	周　然
出版发行	华夏出版社
经　　销	新华书店
印　　装	北京汇林印务有限公司
版　　次	2019年10月北京第1版 2019年10月北京第1次印刷
印　　数	1-8000套
开　　本	850×1168　　1/32
印　　张	46.125
字　　数	734千字
总 定 价	268.00元

华夏出版社　地址：北京市东直门外香河园北里4号　　邮编：100028
　　　　　　　网址：www.hxph.com.cn　电话：(010) 64663331（转）
若发现本版图书有印装质量问题，请与我社营销中心联系调换。

目录

序

饶宗颐 序／中国梦当有文化作为 001

陈耀南 序／中华经典古，今人惠泽新 007

李焯芬 序／现代人为什么要读经典 011

儒家

《大学》导读　古代的大学之道　刘桂标 002

《论语》导读　人文化成的宗师言行　陈耀南 012

《孟子》导读　遗编一读想风标　黄俊杰 062

《中庸》导读
《中庸》的现代意义　方世豪 … 070

《荀子》导读
开出一个人文世界　方世豪 … 096

道家

《老子》导读
「道」：万物的本原　陈鼓应 … 118

《庄子》导读
我读《庄子》的心路历程　陈鼓应 … 134

《列子》导读
虚无与实在的人生
——《列子》寓言的现代启示　梁万如 … 158

法家

《管子》导读

  《管子》其书其人与现实主义精神 赵善轩 —— 180

《商君书》导读

  以法治国的原则、推行与实践
  ——《商君书》的现代意义 梁万如 —— 202

《韩非子》导读

  独裁专制者的秘笈 陈耀南 —— 226

墨家

《墨子》导读

  敬天爱人的墨子 李贤中 —— 252

纵横家

《鬼谷子》导读

纵横捭阖，神鬼莫测　曾财安　296

杂家

《吕氏春秋》导读

《吕氏春秋》成书经过及其思想概述　何志华　314

兵家

《孙子兵法》导读

上古战争智慧的结晶　王宏林　392

跋

为读者开启通往传统经典的大门　405

[注：分类的排序参考《隋书·经籍志》。其中，儒家《四书》的次序参考了朱熹的心得："先读《大学》，以定其规模；次读《论语》，以立其根本；次读《孟子》，以观其发越；次读《中庸》，以求古人之微妙处。"]

饶宗颐 序

中国梦当有文化作为

二十一世纪是我们国家踏上"文艺复兴"的新时代，中华文明再次展露了兴盛的端倪。我们既要放开心胸，也要反求诸己，才能在文化上有一番"大作为"，不断靠近古人所言"天人争挽留"的理想境界。

二〇〇一年，我在北京大学的一次演讲上预期，二十一世纪是我们国家踏上"文艺复兴"的新时代。而今，进入新世纪第二个十年，我对此更加充满信心。

现在都在说"中国梦"，作为一个文化研究者，我的梦想就是中华文化的复兴。文化复兴是民族复兴的题中之义，甚至在相当意义上说，民族的复兴即是文化的复兴。"天行健，君子以自强不息。"我们的文明，是世界上唯一没有中断过的古老文明。尽管在近代以后中国饱经沧桑，但历史辗转至今，中华文明再次展露了兴盛的端倪。

推动文化的复兴，我辈的使命是什么？我以为，二十一世纪是重新整理古籍和有选择地重拾传统道德与文化的时代，当此之时，应当重新塑造我们的"新经学"。我们的哲学史，由子学时代进入经学时代，经学几乎贯彻了汉以后的整部历史。但五四运动以来，把经学纳入史学，只作史料看待，未免可惜，也将经学的现实意义降到了最低。现在许多简帛记录纷纷出土，过去自宋迄清的学人千方百计求索梦想不到的东西，而今正如苏轼所说"大千在掌握"。我们应该如何善加运用，重新制订新时代的"经学"，并以之为一把钥匙，开启和光大传统文化的宝藏？长期研究中，我深深感到，经书凝结着我们民族文化之精华，是国民思维模式、知识涵蕴的基础，是先哲道德关怀与睿智的核心精义、不废江河的论著。重新认识经书的价值，在当前有着重要的现实意义。甚至说，这应是中华文化复兴的重要立足点。

"经"的重要性自不待言。因为它讲的是常道，树立起真理标准，去衡量行事的正确与否，取古典的精华，用笃实的科学理解，使人的生活与自然相协调，使人与人之间的关系臻于和谐的境界。经的内容，不讲空头支票式的人类学，而是实际受用有长远教育意义的人智学。

"经"对现代社会依然很有积极作用。汉人比《五经》为五常，《汉书·艺文志》更把《乐》列在前茅，乐以致和，所谓"保合太和"，"致中和，人地位焉，万物育焉"，"和"体现了中国文化的最高理想。五常是很平常的道理，是讲人与人之间互相亲爱、互相敬重、团结群众、促进文明的总原则。在科技发达、社会巨变的时代，如何不使人沦为物质的俘虏，如何走出价值观的迷阵，求索古人的智慧，应能收获不少有益启示。

西方的文艺复兴运动，正是发轫于对古典的重新发掘与认识，通过对古代文明的研究，为人类知识带来极大的启迪，从而刷新人们对整个世界的认知。中国近半个世纪以来地下出土文物的总和，比较西方文艺复兴以来考古所得的成绩，可相匹敌。令人感觉到有另外一个地下的中国——一个在文化上鲜活而又厚重的古国。对此，我们不是要照单全收，而应推陈出新，与现代接轨，把前人保留在历史记忆中的生命点滴和宝贵经历的膏腴，给予新的诠释。这正是文化的生命力所在。

二十世纪六十年代，我的好友法国人戴密微先生多次说，他很后悔花了太多精力于佛学，他发觉中国文学资产的丰富，世界上罕有可与伦比。现在是科技引领的时代，但人文科学更是重任在肩。老友季羡林先生，生前倡导他的天人合一观。以我的浅陋，很想为季老的学说增加一小小脚注。我认为"天人合一"不妨说成"天人互益"。一切的事业，要从益人而不损人的原则出发，并以此为归宿。当今时代,"人"的学问比"物"的学问更关键,也更费思量。

　　作为一个中国人,自大与自贬都是不必要的。文化的复兴,没有"自觉""自尊""自信"这三个基点立不住,没有"求是""求真""求正"这三大历程上不去。我们既要放开心胸,也要反求诸己,才能在文化上有一番"大作为",不断靠近古人所言"天人争挽留"的理想境界。

郑炜明博士整理
载《人民日报》二〇一三年七月五日五版

陈耀南 序

中华经典古，今人惠泽新

现在，几乎人人都有一部智能手机，日新月异、奇妙无比了，还读什么"经典"——尤其是中国的经典？

是的，近代中国的学术文化，比起西方先进，表现了若干方面的落后；不过，有史以来，中国也曾有不少超前——而且，无可否认，有些还具备永恒价值，可说万古常新。谁说中国人不能"穷、变、通、久"，"贞下起元"，再开新路？

中国是如此广土众民，历史持续而悠久，影响深远而重大——所谓"文化""文明""开物成务""兴神物以前民用"……所谓"志道、据德、依仁、游艺"，"知命守义"，"忠恕"……所谓"有无相生""正反相成""致虚守静""见素抱朴"等等出于华夏哲人，以至初兴于天竺而发扬光大于中土高士的"五蕴皆空""慈悲喜舍"，减除因生死人我差别而致的大苦大痛，种种现代更觉迫切珍贵的智慧理念，就是出于或者持久普及于中国经典。对这一切，我们怎可视而不见、习而不察、有而不珍？今日今时，凤凰火浴，重新振起，腾飞世界，造福人类，岂不是有心人之所同盼、有目人之所共睹？

更何况，即使"世界市场"之类意义暂且不谈，"中文""中国"，对我们来说，毕竟是水之有源、木之有本，谁可以——怎可以——真的斩断？

所以，中华文化经典，不可不爱护、学习，不可不继承、推广！

所谓"经典"，就是经历了无数考验，仍是大家心悦诚服、可资指导言行的文字记载。泛观博览、精细研究这些记载，我们可以了解人性人情、洞明世务（特别是中华文化精神），于是知所选择继承、发扬光大；并且，目染耳濡，用语行文，我们提升了吸收与表达能力，增加了智慧与乐趣——这些，我们可以从三方面再加阐发：

首先，"天地之大德曰生"——"德"者，性能、作用——作为万物之灵的人类，更能理性自觉地、不懈追求幸福地生存与进步。为此，物质与精神各方面的生活质素就得以继续提升，表现为器材技艺、经济政治、法律道德、哲学宗教等等，由外在而内心的种种文化现象与成绩，而记录于人类特有的文字，集结、精选，就成为"经典"，此其一。

其次，在文化的累积与发展中，人们研究、发现、掌握多变现象背后不变（起码是相对稳定）的道理规律，于是执简驭繁，这就是中国古人所谓"易简而天下之理得"——诸如：友爱亲情之可珍、斗争仇恨之可惧、良辰好景之可幸与可喜、天道命运之可信或可疑。诸如此类，是否"太阳之下无新事"？是否不管如何，都"前事不忘，后事之师"？此其二。

第三，"时有古今，地有南北，字有更革，音有转移，亦势所必至"，明朝学者陈第的专业心得也好，希伯来古代智慧"巴别塔"典故的喻示也好，人类语文的演化与分歧，是人所共知的事实。不过，人又有神奇的学习与沟通能力，透过翻译和解说，古与今，中与外，隔膜就得以消除，文化就得以交流、承继。特别是我们的汉字中文，"金入洪炉不厌频"，经过百多年来严苛的怀疑、轻蔑、考验、批评，它难得的精简与稳定特质，与口头汉语适切配合的优点，理应更受珍视。透过视野的扩大与适当的更新，认真而合时的译解，文、史、哲、教种种范畴的华夏经典，垂世行远，光大发扬，就在于今日！

中华书局（香港）有限公司"新视野中华经典文库"，数载有成，业绩彪炳，现在把"文库"中五十种书的导读合编为一集，以利参考、观览，就如从上古到近世《七略·六艺志》《隋书·经籍志》《四库提要》的贡献与功能，实在是嘉惠士林、功在社会。笔者有附骥之荣，谨致芜辞，诚为之贺！

陈耀南于悉尼
二〇一六年五月三十日

现代人为什么要读经典

李焯芬 序

英国牛津大学有位历史学家,名叫汤因比(Arnold Toynbee,一八八九——一九七五)。他著作等身,代表作是十二卷的《历史研究》(*A Study of History*);书中深入分析了人类文明的历史进程。学界一般认为他是二十世纪最伟大的历史学家。二十世纪七十年代,汤因比在他晚年的一些著作和访谈中,不时谈到他对二十一世纪人类社会的一些预测和忧虑。他在分析文明史的基础上,预见到二十一世纪的人类社会科技不断进步,物质生活非常丰富;但人会变得越来越以自我为中心,越来越自私,物质欲望不断膨胀。这将对地球的自然资源造成越来越大的压力;而人与人之间、族群与族群之间的冲突亦越来越尖锐。从人类文明可持续发展的角度看,汤因比认为二十一世纪的人类社会需要重新审视并践行中国传统文化的价值观,特别是儒家思想与大乘佛教。

四十年后的今天,我们重温汤因比的这些预言,不无感触。过去的教育,既重视知识的传播,亦同时重视人的教育,特别是品德的熏陶。今天的教育,基本上以知识教育为主导。知识的不断膨胀,造成了越来越多的新科目,以及永远也教不完的新课程。展望将来,网络教育(e-learning; mobile learning）的比例会越来越重。同学们忙于低头看他们的手机或 iPad，从中汲取他们所需要的各种知识或讯息。君不见：一家人外出吃顿饭，各人在饭桌上往往忙于看自己的手机，闲话家常式的分享明显减少了。不少教育界的同工对如何在网络时代推行德育（或人的教育）感到困惑。这不啻是汤因比所预见的现代人越来越以自我为中心、人与人之间关系越来越疏离的现象。汤因比的命题是现代人如何在物质文明与精神文明之间取得更合理的平衡。从现代教育的角度看，则是如何在知识教育与人的教育之间取得更合理的平衡。

汤因比认为人类社会要持续发展，就必须处理好这些失衡的现象。而儒家思想和大乘佛教正可以帮助二十一世纪的人类社会在物质文明与精神文明之间取得更均衡、更和谐的发展；从而让现代人生活得更有智慧、更称意、更自在。我们回顾中古时代的欧洲，文艺复兴让当时的欧洲人生活得更有智慧，思想更开放和活跃，因而成就了后来的工业革命、科技不断进步和强大的欧洲。正如饶宗颐教授所指出的，促进欧洲文艺复兴的正是欧洲人对重新研读古希腊、罗马经典的兴趣和热潮。欧洲人从经典中得到了无穷智慧以及发展的动力。

就在这个有趣的历史时刻,基于出版人的文化使命感和社会承担,中华书局(香港)有限公司出版了一套五十本的"新视野中华经典文库";并把每本的导读抽出、结集成为这套名为《经典之门:新视野中华经典文库导读》的集子,作为阅读经典的入门书。书中的每一篇经典导读,均是针对现代人对经典智慧的需求而写成的,因此既具现代视野,亦契合现代人的需要。

汤因比预见了中华经典智慧对社会的价值。从个人的角度看,中华经典智慧亦能帮助现代人更好地面对社会的种种压力,妥善处理好各种矛盾,从而让大家生活得更称意、更自在。我们今天的社会,竞争比以前更激烈,生活和工作压力比以前更大。单以香港为例,二十世纪六七十年代的香港只有二三千大学生。今天香港大学生逾十万。不但毕业后找工作比从前难,连升职亦比从前难。我们的许多大学毕业生,很少有下午五点钟下班的,经常是傍晚七点或更晚才能下班。有人回家以后还要用手机或计算机继续工作。中华经典中有不少人生智慧,可以帮助我们更坦然地应付这些生活和工作中的压力和挑战,更善巧地处理好人际关系,帮助我们走上事业成功的坦途,同时获得别人的尊敬、精诚合作和支持。换句话说，研习中华经典，可以补现代知识教育的不足，让我们除了现代专业知识之外，还具有人生智慧，懂得待人接物，事业上更成功，生活得更幸福快乐。

中华经典智慧，无论是对人类社会的未来，抑或是对个人的成功和幸福，都具有巨大的价值和意义。

香港大学饶宗颐学术馆馆长　李焯芬
二〇一六年六月

儒家

《大学》导读

古代的大学之道

刘桂标

香港中文大学哲学系博士，
香港中文大学哲学系助理教授

一、什么是大学？

在现代，一讲起大学，有些人便会想起教育产业中的名牌，如英美的剑桥、牛津、哈佛、耶鲁等，或中国的北大、清华、港大、中大等；有些人则会想起宏伟的教学大楼，甚至形形色色的世界大学排名等等。但这些真是大学最重要的东西吗？

昔日清华大学校长梅贻琦在其就职演讲中说得好："大学者，非谓有大楼之谓也，有大师之谓也。"真正的大学，是培养德学兼备的大师，这个道理，我们中国人其实很早就已经了解。宋代大儒朱子（朱熹）在解释先秦儒家典籍《大学》时，清楚地表明："大学者，大人之学也。"（朱子《四书集注·大学章句》）

在我国古代，大学即太学，也就是现在所谓的高等教育，而其主要的教授内容，就是大人之学，这是相对小学来说的。据朱子所说，古代的小学有如现在的中、小学，是基础教育，主要教授的内容是"洒扫、应对、进退之节，礼乐、射御、书数之文"；至于大学，教的则是"穷理、正心、修己、治人之道"。小学教的东西，是较为经验性的，主要是一般的礼节、待人之道及较容易了解的学科和术科，一般儿童和青少年都容易掌握；而大学教的东西，则是较为理论性的，是读书、做人的道理，以及将道理推广到家、国、天下的层面，须稍为年长及心智成熟者才能掌握。由此可知，<u>古代的大学——大人之学，就是成就完善人格、道德君子的学问。</u>

二、物、事、知本、知所先后

古代的大人之学，用学术专门用语来说，主要是工夫论。但这里工夫论中的工夫并非外国人称为 Chinese Kung Fu 的"功夫"（武术），而是指道德实践的程序和方法（成德工夫）。在道德反省方面，中国人甚至比西方人更全面。西方人如苏格拉底、柏拉图等大哲，主张"德即是知"（virtue is knowledge），以为道德主要是理论问题，把握道德理论便是有道德的了。然而，中国人特别是孔子、孟子等大哲，提倡知行并重，认为真正的道德不单是理论问题，也是实践问题；因此，中国哲人很早已有工夫论——有关道德实践的历程和方法的讨论。

此工夫虽不同彼功夫，但却有相似的地方。譬如说，成德工夫有其循序渐进的实现历程，就像武术那样，一招一式，须由浅入深，按部就班地学习。

更贴切的比喻是建筑工程。建筑需要材料，如沙、石、水泥、钢筋等，成德工夫也需要材料，在《大学》，就是工夫的对象，即物、知、意、心、身、家、国、天下等（统称为"物"）。在盖房子时，相应于不同的材料有不同的技术；而实践道德时，相应于不同的对象也有不同的工夫的技术，即格、致、诚、正、修、齐、治、平等（统称为"事"）。

盖房子很讲求地基稳固，因为地基不稳，则整间房子摇摇欲坠；而实现德性也需要把握基础——知道以至善的道德心为根本（称为"知本"），否则成德工夫不踏实，宋明儒者称为"玩弄光景（影）"。另外，建筑楼宇讲究施工程序，须由下而上，层层递进；道德实践也讲究为学次第，须由内而外、由亲及疏，步步为营。《大学》称这种了解为"知所先后"。

三、三纲领、八条目

为了使人了解道德工夫的要点，《大学》提出了三大原则及八大步骤——三纲领、八条目（简称"三纲八目"）。其层次关系请见图一。

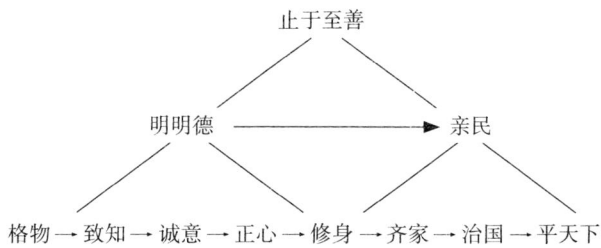

图一 三纲八目的层次关系

所谓三纲领,指"明明德"、"亲民"(一说当为"新民")及"止于至善",依次为发扬本来光明的道德心,亲近(或革新)人民以推广道德心至社会层面,以及以实现至善的道德心为一切道德实践的目的。此三大原则并非并列的原则,而是有两个不同的层次。最高的原则是止于至善,指道德实践须以道德心为基础;而明明德与亲民则是次层原则,明明德指个人层面的道德实践,而亲民则指社会层面的道德实践,两个原则都隶属于止于至善的纲领,因为无论是个人或社会的道德实践,都应以道德心为基础。

所谓八条目,指"格物""致知""诚意""正心""修身""齐家""治国""平天下"八个历程。它们体现了道德实践由内而外,以及由亲及疏的大方向。道德实践须由内而外,因为道德基础是发自内在的道德心;须由亲及疏,因为道德实践由自己亲人开始，再扩充到我们不认识的人，合乎人之常情和常理，使我们更容易将德性实践出来。

八条目中的格物和致知两项个人实践工夫的意义较具争议性，我们可以宋明儒学中的程朱学派及陆王学派的看法来说明。程朱学派的代表人物朱子以为，格物、致知指"即物穷理"，意即：我们要做道德实践，需要多看儒家经典，并与人多做讨论，这样，才能把握道德价值的意义及道德实践的道理。而陆王学派的代表王阳明（王守仁）则认为，格物指正行为，致知指致良知，意即：道德实践的基础在于每个人都具备的良知（道德心），因此，做道德实践，最重要的是要把握良知的存在，并且将它在现实层面中表现出来。

朱、王的观点表面上有所不同，甚至有矛盾对立；然而，实质却是相辅相成、互相补足的。用《中庸》的话来说，朱子重"道问学"，王阳明重"尊德性"。他们的主要意思可综合为：我们做道德实践，一方面必须向外学习，这样才不致闭门造车，自以为是；一方面又要向内反思，这样才可将学习的东西理解和消化，以及符合我们的道德心的反省。用现代大儒钱穆、唐君毅诸先生所撰的香港新亚书院的学规的用语来综合二人所说，就是："求学与做人，贵能齐头并进,更贵能融通合一。"

诚意、正心、修身,这三项个人工夫较易了解。诚意是指人要为人真诚,不要自欺欺人。正心讲的是要调节情绪,不要让喜怒哀乐等情绪影响正确的道德判断和实践。而修身是由个人实践到社会实践的关键,是要抱持公道的精神待人,不会因一己的好恶而偏私。

齐家、治国、平天下是《大学》讲的三项社会实践工夫,它们是由个人的道德实践推广到社会的道德实践去。表面上,它们涉及三种不同的工夫——"齐"(整顿之义)、"治"(治理之义)及"平"(平定之义),但依原文来看,这里的分别只是规模上有所不同,天下是最大的单位,国次之,家则是最小的,但其基本原则都可说是实行将心比心、推己及人的恕道。

总而言之,《大学》讲大学之道,其产生虽远在先秦或秦汉时代,但它的道理却有永恒而普遍的价值,值得现代人好好学习。它的教训可以用以下的话概括:"万丈高楼从地起,为学做人同一理。"笔者愿以此与各读者互励互勉。

四、余论

《大学》一书，原是《礼记》中的一篇，唐代以前没有引起很大的关注。至唐代，韩愈等人引用《大学》原文，始为人所注目。到宋代，二程特别是程伊川（程颐）很重视《大学》，甚至将它从《礼记》中抽出单独成篇。其后，二程的追随者朱子更把它与《论语》《孟子》及《中庸》合编为《四书》，并写成《四书章句集注》（简称《四书集注》），《大学》由此成为日后儒者必读的经典。

《大学》的作者，旧传为曾子（曾参，孔子弟子），但不可信；一般学者以为成书约在秦汉之际，非一人一时之作，是儒家学者继承及发挥孔子、孟子等儒者思想而成书。

原书本无分章节，但朱子依据其内容思想并加以编辑修订，区分为经一章、传十章，他以为前者由曾子所著，后者为其后学所著，经文是全书宗旨，传文则是对经文的解释。另外，朱子将全书宗旨定为以讲述三纲领、八条目为主，但因原书对格物、致知二条目语焉不详，朱子便认定原文有遗失，因此写成《格物致知补传》以令全书义理更完整。朱子的说法纯粹出于个人的推断，不一定符合历中事实，但其整理原文的工作却令全书系统性更强，可读性更高，后来甚至成为最流行的版本。

历代儒者对《大学》一书多予正面的评价。唐代韩愈引用其关于修齐治平的言论，指出其发挥儒家重视现实伦理的长处。宋代朱子除将《大学》与《论语》《孟子》《中庸》编成《四书》（当时称为《四子》）并作注外，更将《大学》视为"初学者入德之门"，在学习次序上有优先位置，并给予高度评价。明代王阳明也高度重视《大学》，甚至依据格物、致知等说法，建立起自己的致良知的哲学系统。近代孙中山赞赏《大学》以个人道德修养为基础而建立的社会政治哲学，认为这是"应该要保存"的中国的"独有宝贝"。

杏坛设教图

《论语》导读

人文化成的宗师言行

陈耀南

香港大学中文系教授,现居澳大利亚

巨著宝典，影响时代；而哲思与伟人，也都是时代的产品。所以，论世然后知人，知其人、知其书，然后知其短长得失。《论语》的研习，也是如此。

一、释"论""语"

论语，两个言字旁的字，一本记录言语、反映时代的儒学圣经，活现了孔子"言教"与"身教"，代表中国人贡献给世界文化的伦理宝典。

读了《论语》所记录的孔子与及门高足言行，有志之士，便知道如徐复观先生在《学术与政治之间》（甲集）所谓："程文之外，另有学问；科第之外，另有人生；朝廷之外，另有立脚之地。"（页一四七）有史以来，没有人能成功否认：孔子是东亚文明的典范，中华文化之光；让人见到这光的书，便是《论语》。

直言曰"论"，答难曰"语"——这是《周礼·春官·大司乐》贾逵《疏》引《说文》的讲法。"论"是直接陈述，"语"是答复询问。《论语》邢昺《疏》，以"经纶世务"释"论"，又等于"圆转无穷"的"轮"。依此，有人主张据《说文》二徐本惟载"卢昆"切而读平声。不过，段玉裁说古无平去之别，赵翼《陔余丛考》卷四说："语者圣人之遗言，论者诸儒之讨论也"，常时读了去声，也未为不通了。其实，研习《论语》，主要是在通义理、学为人，所以，语音与字义既都通转，在此也不必多费笔墨了。

总之，这本把孔子自说和答人的话，连同附带资料，编纂流传的记录，就称为《论语》。

二、《论语》的时代

《论语》的时代，是周代文制动摇而价值重估的时代，是孔子出而百家随之并兴的时代。

《论语》表现孔子。孔子自觉的社会使命，是复礼兴仁、拨乱反正，以处理"王纲解纽"的时代问题。继起的那批思想家也有同样的使命感，如后来《文心雕龙》所描述，他们"身与时舛，志共道申"，于是开展了诸子百家时代，形成了以后二千多年的中华文化。

中华文化有史可据的第一个灿烂时期，就是春秋战国那几百年，政治上列邦竞存，思想上百家争鸣的时代。《汉书·艺文志·诸子略》承刘歆《七略》而论"诸子出于王官",今人虽不尽从,其实也并非凭空设想。由于人性与时代条件,以管理知识为专利,以学术资料为禁脔,自然是当时世袭掌权者——即所谓"贵人""君子""世族"——的必然做法。到争夺战乱而使贵族地位不保,特权崩坏,《庄子·天下篇》所谓"旧法世传之史"的垄断局面无可维持,学术就流入民间,才俊就纷纷兴起了。沦落而有才有德的贵族,传授学术以营生和栽培后继者;不甘贫寒愚昧的平民,奋斗学习以攀升社会阶梯,为了荣身,为了华国,为了救世,他们纷纷努力,薪火相传,于是推进了文化。由于社群处境与个人才性的不同,自然有诸子百家的分别。到秦汉一变自古以来列邦并存而为帝国一统,政治上或强势之合,而文化随而定于一尊;或弱势之分,而思想得以异葩耀采。二千多年来,由"先秦诸子"而"两汉经学""魏晋玄学""隋唐佛学""宋明理学""乾嘉朴学",而现代的中西交流,相荡相激。这样,溯始探源,自然不能离开作为首要重镇的孔子与《论语》。

诸子百家兴于春秋,盛于战国,合起来便是周朝的下半场——东周。自平王东迁(前七七〇)到六国尽灭(前二二一)这几百年间,夏、商、西周二千多年来的贵族世袭封建政治逐渐动摇衰废,代之以秦、汉以迄明、清又二千多年的君主世袭专制、郡县中央集权，然后进入民主共和的现代。生于春秋后期的孔子（前五五一——前四七九），所目睹耳闻的大动乱、大转型，就是"王纲解纽"。

所谓"王纲"，就是王朝的纲纪：西周建政，行封建、立宗法、社会借以维持、人心因而安顿的礼乐文化。所谓"解纽"，就是这种种的纽带组织，崩坏松弛，于是社会动乱不息，人心普遍难安——怎么办？

作为开启诸子时代的第一人，孔子主张：正名辨分，安定秩序，恢复与振扬西周建政的礼乐文化。

政治礼文的设计者、示范者，是孔子梦寐敬佩的姬旦——周公。周公旦是文王之子、武王之弟、成王之叔、孔子所属鲁国的始祖。他伐商、东征，制礼作乐，建立和稳定西周王朝，不过，最值得想慕钦崇，还在于克制政治人物必然强烈的权力欲望，而遵守自己所参与订定于是也应当制约于其中的那套秩序规矩。

胜利则骄狂，专权则纵滥，人情大都如此。不过，人性也有高贵难得之处，就是：理智清明以自警自制，宅心仁惠以爱众安民。孔子之敬慕周公在此，《论语》之垂教后世也在此。周公所言所行，见于《尚书》中最可信的《周书》各篇。不论对周国臣民、友邦之君,抑或殷商遗族,周公都反复叮咛,谆谆告诫,总不外申说小周之能代大殷,都是天命与天意之归于有德;如果承命者也失德,照样会重蹈殷亡之覆辙。所以有国者必须勤政爱民、修身立德。这种省勉训诫,代表一种新的时代共识,就是:要保持忧患意识,要知道"天命靡常""有德者居之",别让胜利冲昏了头脑。于是,在周公领导之下,周朝就努力以表现人本人文的礼乐制度,代替前朝所特别看重的——甚至可以说"偏重"的——几乎无日不做的宗教献祭。殷商敬祀,周人尚文,时代精神是不同的。

殷商即使在盘庚迁都之后,游牧渔猎仍然是重要生产方式,西方的周,国虽未大,土地农耕已较先进。周灭商之后,就以"溥天之下莫非王土"的理念,进一步以具体严密的政治策略封土建国,来安养同姓亲族,酬庸异姓而立大功的臣属和为数较少的前代帝王之后,以及原先存在而不得不封的盟友部族。同姓异姓各国间杂而居,以利通婚与制约。爵位军力都有规定。仅次于王的公爵尊而极少,以下侯伯子男四等以侯为尚,所以称为"诸侯"。周王称为天子,有事则诸侯勤王,丧德败政,则天王号召各国共讨。国君之下，卿、大夫立家，各有采邑，提供财赋与武力。贵族最基层的士，则承上级之命以临民为治，若有失职，可遭废黜。广大的庶民，就耕织制作以至简单商业以事贵族，命亦系之。此之谓"封建"。

农耕安土定居，宗族乡里家庭组织亦远较游牧稳固。各国之间以至君臣上下，皆异姓为婚以繁衍后代。君长继承，亦不再兼行"兄终弟及"而一律"父死子继"——而且尽量是嫡长子，以安天命而减纷争。嫡庶长幼，因此必须严格分别。嫡长子是"百世不迁"的"大宗"，其余则是"小宗"，五世亲尽而迁，另开支派，自为大宗，以后再开若干小宗，这样一路广远地繁衍下去。此后三千多年，自天子以至庶民，都是如此。此之谓"宗法"。

"宗法"与"封建"两种制度交织，用亲情、血缘、亲疏、利害为基础，制定辈分、等级种种关系，就构成西周建政推行的礼文。一切从个人生命最先的依靠——父母兄弟——开始。《论语》首篇次章记有所谓"孝弟"是"仁之本"，次篇孔子引《尚书》记"孝友"即所以"为政"。这样，由家而国而天下，以天子为永远的、最高的地主、最大的族长，领导王朝万邦，人人各安其位，一切井然有序，加上农业生产发展，于是有周初的"成康之治"和稍后的和平安定之世。所以，孔子虽是殷人之后，也称赞说："周监于二代，郁郁乎文哉，吾从周！"（《论语·八佾》）——就是说：周以夏商二代为鉴戒，修正、改善、建立了种种文化礼制，于是一切都上轨道，一切都美好！

可能不美的是世事与人性。世事常变，而人性不改。人性有"见贤思齐焉，见不贤而内自省"（《论语·里仁》）——道德自觉的一面，更有"见富贵而争先，见掠夺而恐后"——动物的一面。以"宗法"而论：亲情有厚薄，关系有亲疏，为长上者资以服众的才德势位有高下；以"封建"而论：土地有肥瘠，疆域有大小，人民有众寡，基础本来就已难平。天时不定，地利不均，人力的欲望与智愚勤惰不齐，列国以至卿大夫（其实可说是所有人）之间随着生产的发达，贫富强弱的差距必然越来越大。大到礼法制约不来，既定的秩序便不能维持，大侵小、强凌弱、众暴寡、智欺愚，种种乱象就越来越多了！《礼记·礼运》篇视为比乱世好得多的"小康"之治，也是"各亲其亲、各子其子，大人世及以为礼，城郭沟池以为固，礼义以为纪"，本来也是出于自然而保障于法律、视之为当然的"私"；那个时代，又远远未想到由长期血的教训而培育成功的"民主宪政"这个迄今为止最好的想法和办法，又怎能防范、制裁、消弭由另一部分人性而来的、更强烈、更原始的贪求与争夺呢？

周康王之后，昭王经略南方不返，可能是被当地人沉舟而谋杀于江上吧。穆王远游四方，留下不少神话，后来厉王无道，监谤以压制舆情，结果发生民变而被逐。周、召二公共和行政之后，宣王号称中兴，周室威德仍然未足服人，继任者幽王又无道，废申后而宠褒姒，烽火戏诸侯，结果被申侯与犬戎联攻，诸侯不至，于是幽王死于骊山之下，镐京残破，平王东迁洛邑，开始了东周。

这时，列国因兼并而疆域日大、数目渐减，周则直辖王畿相形见绌、威势更堕。其始，郑国勤王有功，庄公初成小霸，即竟与桓王战而射之中肩，已视同诸侯。到楚兴于南，甚至北上而问鼎轻重，有志取代。齐桓公应时而起，用管仲之策，官山府海，以渔盐农矿充裕国力，以尊王攘夷令诸侯，首为盟主以开霸政。齐桓公死后齐国内乱，国势稍衰，宋襄公欲继之而败。跟着，晋以北方之强，文公北并群狄，东阻秦穆，南败强楚，霸业为春秋之最。其后楚亦败晋而称霸，两强缠斗，互有胜负，众国依违其间，郑的处境尤难，赖有名相子产贤能，内政外交，扬声国际。宋向戌以战频民苦，倡"弭兵"之议，而干戈终不能息。这就是孔子青少年时的世局。到稍后吴越争雄，就已入春秋末期了。

《春秋》本当时列国编年史之通称，孔子据鲁史所记编为教本，于是亦成所记上起鲁隐公元年（前七二二），下迄哀公十四年（前四八一），凡二百四十二年的时代之称。司马迁《史记·太史公自序》承《淮南子》、董仲舒等说，谓在此期间，诸侯各国"弑君三十六，亡国五十二"，"奔走不得保其社稷者不可胜数"。时世之动荡、百姓之痛苦可知。周初封国四百余，服国八百余（《吕氏春秋·观世》），到春秋晚期，大小诸侯减到一百以下。后来再到战国，只剩七雄，事态的必然发展，明显地趋向统一，孟子就清楚肯定地如此说（《孟子·梁惠王上》）。不过，孟子想不到最后竟然统一于最残暴善战的秦，更无论在他之前百多年、想保持秩序不再坏下去的孔子了！

为时代、为人类而焦心苦虑的人，也不只孔子。卫大夫石碏劝谏庄公："君义，臣行，父慈，子孝，兄爱，弟敬"，是所谓"六顺"；"贱妨贵，少陵长，远间亲，新间旧，小加大，淫破义"，是所谓

"六逆";"去顺效逆,所以速祸也"(《左传·隐公三年》)——结果是:"弗听。"——不信邪!忠言逆耳,明知故犯的人,为数又岂少呢!

逆而不顺,从个人到国家都必然战争。战争靠臣下出力卖命,自然论功行赏。到赏不胜赏、尾大不掉,功高权重势大者控制了财富与人民,臣下就必然由"震主"而"代主"了。春秋与战国之间,震动当时的天下大事:三家分晋、田氏篡齐,实在是理有固然、事有必至。在此之前,孔子所深深慨叹:

天下有道,则礼乐征伐自天子出;天下无道,则礼乐征伐自诸侯出。

陪臣执国命,三世希不失矣!(《论语·季氏》)

可说是历史的总结,也是历史的预警。

以当时的鲁国而论,政权实操于"三桓",亦称"三家"(不是后来分晋的那三家)。鲁桓公除嫡长子继为君主外,又有仲庆父、叔牙、季友三子,下开"仲孙"(又称"孟孙")、"叔孙"、"季孙"三家,自宣公九年(前六〇〇)起,轮流为执政之卿,其中季孙一族(简称"季氏")为时最久,势力最大。但三桓实权，又渐下移于家臣之手。层层上逼，逼得号称一国之君的鲁侯形同傀儡，寝食不安，时时恐惧被害，也刻刻伺机回击，于是情况日劣，两败俱伤。其他各国情况亦似。只有秦用商鞅变法，中央集权（"强公室"），削减私家武力（"杜私门"），卒之尽灭六国，废封建而行郡县，这更是孔子所梦想不及了。到这时，经过一传以至若干传弟子的补充增订，作为孔子言行记录的《论语》，也已编成了。

《论语》是首创的民间私修之书，正如孔子是最超卓的私人办学之始。如前所说，夏商西周以来学术，本属王官专守、贵族所习；到封建崩坏，一批又一批贵族流落民间，他们之中的有学有志者，出其所能以自养，甚至培训后起，于是学术就渐渐流入民间了。没有人可以查考谁是如此作为的第一人，不过，最先开风气、最有超卓成就、最广受敬爱、久被尊崇的，肯定是孔子。

三、孔子生平与及门弟子

"孔子"是二千多年来世人对他起码的尊称。

自称其名："丘"，人称其字："仲尼"。

有人私底下，甚至公然称他"孔老二"，表现了轻薄与不服气——甚至嫉妒、狂妄、不知地厚天高。

孔子，一位失败的周文维修者；一位成功的全人、全民教育创始者；一位永受尊崇的人性发现者。

孔子是人，所以不可愚昧地、别有用心地神化。

孔子是三代礼乐的承传者，中华文化的集成与教导者，所以，应当平心研孔，不该无知地丑孔、狂妄地诋孔。

孔子是人类良知的发扬者、伟大的教育家，所以，应当尊孔。

先交代这位先师、圣人的家世。

要讲世系、遗传，理应兼顾父母两系——就如基督教《圣经》的耶稣家谱。不过，中国旧日传统，实际只有父系。有史以来，妇女的教育权、参政权，都微不足道。说起来实在羞愧。直到现代才有改变。连《论语》中也有两句孔子稀有地、被人指责的话：

> 唯女子与小人为难养也。(《阳货》)
> 有妇人焉，九人而已。(《泰伯》)

并非不可以辩解。这里的"小人"，是论位非论德；"女子"与之并列，也只因为"难以应付"；武王母后太姒不与其他九位功臣并列，因为参问政治是"妇女不宜"——这真是时代的错、社会的错——也因此，没有人可以获得满分：包括孔子。

无奈地，讲孔子家世，仍然只能从他父、祖说起。

孔子先世，就是他所熟悉而痛心的、一部典型的贵族兴亡史，男人主导的相争相斫史。

孔子先代是殷商贵族，"子"姓。纣王无道，庶兄微（国）子（爵）启（名）出走。武王灭商，初封纣王子武庚以承祀。武庚勾结管、蔡以反周公，既被诛平，周乃改封微子启于殷之故都以奉先王祭祀，这就是贵为公爵的宋。

宋开国四传到湣公，长子弗父（字）阿（名）让国于弟而降为卿。再传数世，至孔父（字）嘉（名），依礼制：五世别开新公族，改"子"姓而以"孔"为氏。孔父嘉任宋国大司马，宋穆公病，将子殇公嘱托给他。宋臣华督作乱，弑殇公，并杀孔父嘉。孔父嘉之子木金父逃鲁，孔氏从此再降为士，也从此便是鲁人了。

鲁是周朝开国元勋周公旦之子伯禽封地，典籍文物保存得最佳。到传统学术随贵族政治之崩坏而渐次下移，就为孔子思想学问的形成，提供了良好的渊源与凭借。

孔子父亲，被称为叔梁（字）纥（名），曾做陬（又作"鄹""郰"，今曲阜东南）大夫。

叔梁纥年过六十连生九女，娶妾得子孟皮又生而残足，于是求婚颜氏。长次二女皆拒，独幼者徵在允嫁，历史称为"野合"——前人或解为未合礼仪，或释以年龄差距太大，总之没有确定的说法。

孔子生于昌平乡陬邑，在今曲阜泗水两县之间。名丘，据说是因头顶中平而四周如阜，又或说父母祷于曲阜东南之尼山，故名"丘"，字"仲尼"。不久父亡，墓在何处母亲讳之，跟着更迁至曲阜城中阙里，加起来只是二十岁多点的孤贫母子，便从此相依为命了。这几年间的实录太少，后人随"尊孔"或"诋孔"以至"诬孔"的动机而各骋想象，随意解说，唯一只表现了讲者自己的见识与人格，对事情真相以至孔子的贡献与评价，毫无影响。对此而作太多研究，也并无意义。

没有人能离开父母以至祖先的影响。父母对孔子的遗传，是高大健壮的躯体和坚毅的意志；殷宋以来父系祖先的影响，是礼法的娴熟与持守。孔子自幼喜欢习礼，早年入太庙而每事问（《论语·八佾》），其后就以此为出发点，因研"礼"而知"义"（礼法背后的义理），循义理而探"仁"（义理根本在仁心)。人之所以为人,就在道德价值自觉("仁"),因之而有行为合宜的途径("义"),实现为具体的典章制度以至生活仪节("礼")。细则基于原则,原则出自内心,这便是《论语》全书所透显的、以孔子为宗师的整个儒学的最基本架构——这便是儒学,这便是《论语》,这便是孔子——"天不生仲尼,万古如长夜",有人不服气这个文学性的赞叹,只证明他自己不欣赏夸饰修辞艺术,更不明白中华文化!

孔子一生事迹,自古以来研习多、传扬广、争论少、查考易,这里分为四阶段列成表解,简要地交代,系以可能有关的篇章——例如《为政第二》篇第四章,就是2.4,如此类推。

(一)成长与教学

公元前	周王	鲁侯	年岁	孔子生平	《论语》篇章
五五一	灵二十一	襄二十二	一	夏历八月廿七,生于鲁国陬邑。名丘,字仲尼。	
五四九	二十三	二十四	三	父死,母携之移居曲阜。	
五四二	景三	三十一	十	幼好习礼,是时郑子产执政。	
五三七	八	昭五	十五	有志于大人之学。	2.4
五三三	十二	九	十九	娶妻丌(音其)官氏。	

续表

公元前	周王	鲁侯	年岁	孔子生平	《论语》篇章
五三二	十三	十	二十	生子鲤，字伯鱼。任委吏，管田赋，次年任乘田，管苑囿。	
五二八	十七	十四	二十四	母卒（或十七岁时）。	
五一八	敬二	二十四	三十四	贵族孟僖子深憾前此（昭七年九月，《史记》误以此为其卒年，时孔子年十七，南宫敬叔未生）伴君至楚而不能相礼，此时将卒，遗嘱谓孔子圣人之后，历代恭礼，明德达人，故二子何忌（孟懿子）、南宫敬叔（名阅，或说，同悦）必师事之，学礼以定其位。时孔子以知礼著名，已设教坛而讲学。	2.5 2.6
五一七	三	二十五	三十五	鲁侯攻季氏，因三桓联抗而败奔齐。孔子亦避乱而往，过泰山侧，见妇人哭墓甚哀，因问之而有"苛政猛于虎"的著名慨叹。	
五一六	四	二十六	三十六	在齐闻韶乐，答景公问政，阻于晏婴而不克见用。	3.25 12.11 18.3

续表

公元前	周王	鲁侯	年岁	孔子生平	《论语》篇章
五一五	五	二十七	三十七	返鲁继续教学。	17.1
五〇二	十八	定八	五十	季氏家臣公山弗扰（不狃）据费，召孔子，孔子以为可抗阳虎，欲往，子路劝阻，孔子亦卒不往（按：此事可疑）。	17.5

（二）从政与挫折

公元前	周王	鲁侯	年岁	孔子生平	《论语》篇章
五〇一	敬十九	定九	五十一	阳虎已因作乱败奔晋，孔子出任中都（今汶上县西）宰。	
五〇〇	二十	十	五十二	升小司空、大司寇，为鲁侯相礼以会齐于夹谷，文事武备兼全，败齐劫持之图，且齐归还所侵之田。	13.15
四九八	二十二	十二	五十四	欲隳三都（拆毁割据凭借之城堡）以抑三家之横，功败垂成，又因齐人馈女乐，执政受诱不朝，孔子遂离鲁，有弟子随之。	18.4

（三）周游列国

公元前	周王	鲁侯	年岁	孔子生平	《论语》篇章
四九七	敬二十三	定十三	五十五	在卫。卫为鲁兄弟之邦，富庶。灵公在位，逐谋叛之公叔戌。孔子避嫌离去。	3.13 13.7 13.9
四九六	二十四	十四	五十六	往陈，匡人误以孔子为所恶之阳虎，攻之。脱困回卫，灵公郊迎之，应邀依礼见君夫人南子。	9.5
四九四	二十六	哀一	五十八	在卫。吴王夫差败越王句践，孔子仍居所善大夫蘧伯玉家。	
四九三	二十七	二	五十九	晋中行氏家臣佛肸（音拔迄）为中牟宰，邀孔子，子路反对（按：此事可疑）。其后欲渡河往晋，闻赵简子杀贤大夫窦鸣犊，乃止河边而返卫。往曹、宋，司马桓魋拔其下习礼之大树以逐之。又往郑，皆受冷待。至陈，居数年。	17.7 15.1 5.22 7.23
四八九	三十一	六	六十三	吴伐陈，楚来救，大乱，孔子离去。途中南方隐士屡以热心用世为讥。绝粮于陈蔡之间数日，至楚之负函，常见驻官叶公。	14.38 14.39 15.2 18.5-7 7.19 11.2
四八八	三十二	七	六十四	返卫。出公与父蒯聩（即灵公世子）争位，晋介入，多年不决。	7.15 13.3

(四)归鲁与终老

公元前	周王	鲁侯	年岁	孔子生平	《论语》篇章
四八四	敬三十六	哀十一	六十八	弟子冉有抗齐侵有功,荐孔子,季氏(康子)遂迎之归国,尊为国老,而实不能用。孔子自此潜心教学与整理文献,是传统学术("六艺")之集成整理者、规范者和局面开创者,后世遂将删诗书、订礼乐、修春秋、序易传,后世儒者绍继之功尽归之。先是孔子归鲁前一年,妻丌官氏卒。	2.19 2.20 6.8 9.15 12.17–12.19 14.36 16.1 19.22–19.24
四八三	三十七	十二	六十九	子鲤急病而卒。	11.8
四八二	三十八	十三	七十	吴王会晋、鲁于黄池,越乘虚攻入吴都。	2.4 6.3
四八一	三十九	十四	七十一	鲁人西狩获麟,孔子感伤而绝笔春秋。颜回死,甚哀之。齐田成子陈恒杀君,孔子劝哀公及三桓讨之,以正君臣之义,不从。	11.7–11.11 14.21
四八〇	四十	十五	七十二	卫蒯聩逐其子出公而自立为庄公,子路死于乱中,孔子甚哀。	11.13
四七九	四十一	十六	七十三	夏历二月,周历四月十一日,孔子病卒。其后不少弟子结庐守墓三年,以表追思,子贡更六年而后去。	

(五)及门弟子

孔子教学早、年寿高,化育宏广,声誉远播。以当时传播条件,已有"弟子三千,贤人七十"的盛况。《史记·仲尼弟子列传》考其显有年名及受业见闻于书传者居半,无年及不见书传者亦四十二人。孔子以"文、行、忠、信"(7.25)为教,弟子就各自才性志向发展。其最卓异者,后世因有所谓"四科十哲"(11.3):

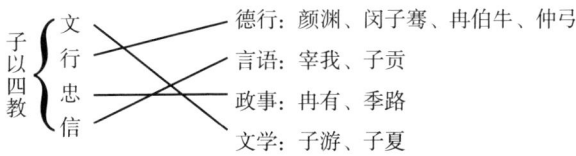

这也只是大概的类比,并非如此判然四途。忠、信实在都是"德行"之一;而大贤子张、曾子,都不在所谓"十哲"之内。就《论语》所见,著名弟子略如下页表。

孔子既逝,门人结庐守墓三年,如父丧哀思,子贡甚至六年方归。他们跟着就各本所学,或散游诸侯,达者为王佐卿相;次者结交贤俊,教育人才;未遇者隐在民间,待时养备。最著名者,除子路在卫而殉职于孔子卒前外,子张居陈。澹台灭明居楚。

《论语》所载孔门著名弟子表（年岁序）

四科十哲	姓名	别字	来自	少于孔子年岁	学而第一	为政第二	八佾第三	里仁第四	公冶长第五	雍也第六	述而第七	泰伯第八	子罕第九	乡党第十	先进第十一	颜渊第十二	子路第十三	宪问第十四	卫灵公第十五	季氏第十六	阳货第十七	微子第十八	子张第十九	尧曰第二十	备考
	颜无繇	路	鲁	六											●										同父
（忠）政事	仲由	子路	鲁	九		●			●	●					●	●	●	●	●	●					
（行）德行	漆雕启	子开	鲁	十一					●						●										
（行）德行	闵损	子骞	鲁	十五						●					●										耕于?
	冉雍	仲弓	鲁	二十九					●	●					●										
（忠）政事	冉求	子有	鲁	二十九					●	●	●				●					●					
（行）德行	颜回	子渊	鲁	三十				●		●	●	●	●		●										
	宓不齐	子贱	鲁	三十					●						●										
	高柴	子羔	?	三十																					
（信）言语	端木赐	子贡	卫	三十一					●		●				●								●		
（信）言语	宰予	子我	鲁	?					●						●						●				
	公冶长	子长	齐	?					●																
	南宫适	子容	鲁	?											●			●							
	曾点	子皙	鲁	?											●										参父

续表

四科十哲	姓名	别字	来自	少于孔子年岁	学而第一	为政第二	八佾第三	里仁第四	公冶长第五	雍也第六	述而第七	泰伯第八	子罕第九	乡党第十	先进第十一	颜渊第十二	子路第十三	宪问第十四	卫灵公第十五	季氏第十六	阳货第十七	微子第十八	子张第十九	尧曰第二十	备考
(行)德行	司马耕	子牛	宋	?												●	●								门人?
	冉耕	伯牛	鲁	?						●															
	有若		鲁	三十三	●																				
	原宪	子思	?	三十六														●							
	樊须	子迟	鲁	三十六		●				●						●	●								
	澹台灭明	子羽	鲁	三十九						●															
	公西赤	子华	鲁	四十二					●	●					●										
(文)文学	卜商	子夏	卫	四十四	●										●	●	●						●		
(文)文学	言偃	子游	吴	四十五		●		●		●					●						●		●		
	曾参	子舆	鲁	四十六	●			●				●			●	●		●					●	●	
	颛孙师	子张	陈	四十八											●	●			●				●	●	

子贡善辞令外交，货殖甚富，终老于齐。子夏居西河，教学年寿均久，化泽甚众。仕于明君魏文侯之贤人田子方、段干木，以至战略名家吴起、墨翟之徒禽滑釐等，都出其门下。

到了生存竞争更惨烈的战国时期，儒学自然被视为迂阔，不过有志于仁义根本者仍然诵习不绝，特别是齐鲁之间，继承曾子、子思一系的孟子，以善学孔子为任，声誉最隆，宣扬最切。

后来，生于赵而卒于楚的荀子反对孟子而另倡性恶、隆礼，特尊仲弓，法家的韩非、李斯，都出其门下。不过荀子仍然宗奉孔子，年寿既长，教化亦广，其影响经秦而入汉，群经传授，渊源都可溯源于荀子。

暴秦焚书禁学，备受迫害的儒生，就在陈涉起事时，带着祭孔的礼器往归，表示拥戴他为文化与人心的正统所归。孔子八世孙孔鲋就任陈涉的博士，并且同死。刘邦破项羽，唯有鲁地因项羽曾被楚怀王封为鲁公，所以弦歌不辍而坚守，到确知羽死，鲁人才归降。

汉兴，干戈未息，用叔孙通制朝仪，参与的儒生渐渐抬头，不过跟着的文景之世，重黄老虚静无为，与世休息，所以儒者未见大用。跟着是汉武亲政，尊崇儒术，风气于是大改——这时《论语》也就渐有定本了。

（六）孔门人物称谓

《论语》所见孔门人物名字称呼，也就是当时和以后二千多年来中国社会文化的礼仪规矩，即：

1. "子"或"夫子"是直接呼唤对方时的尊称。（清汪中《述学》卷六说"子"本是小国之君，相当于大国之卿，于是作为尊称云云。）在《论语》中，除了少数例外，一般就是称孔子。

2. 自称或称卑晚辈用本名——所以孔子自称"丘"，称弟子为"回"（姓颜）、"由"（姓仲）、"赐"（姓端木）。

3. 称平或长辈用别字——《论语》记述者提及孔子门人，例如上述三位，称"颜渊""子路""子贡"。名与字意义相发，深"渊"之水"回"旋，"由"是田出之"路"，"赐"与"贡"都关资财，诸如此类。后世如诸葛"亮"字"孔明"，秦观（少游）与陆游（务观）名字对易，现代如张学良字"汉卿"（张良开汉功臣）等等，佳例不胜枚举。

4. 姓名直书，是纯然第三者或后人提及时的一般语气。《论语》并非一时一人所记，由于辈分、关系、情感等等因素，有时又碰到姓氏雷同或名字近似，须加分别，于是便有变例。譬如：颜渊、樊迟、公冶长、闵子骞……是"姓字直书"。又有"名字直书"，甚至连姓。譬如：宰我又称宰予，冉有又称冉求，陈子禽又称陈亢。《论语》首篇次章就出现的有若，《论语》全书仅曾子和他称为"子"。后来《孟子》和《史记·仲尼弟子列传》更提到有若"似圣人"，孔子既卒，门人一度以"事孔子"之礼事之，唯有曾子不从，有若也因不胜任、不堪当而退下。——究竟是姓"有"名"若"，抑或字"有"名"若"，甚至曾否受业于孔子，都可以考究。

四、《论语》的成书与流播

（一）《论语》的篇章组织

谁编《论语》？什么时候？确实已无从考定，更不必臆度；总之是孔子某些得意门生的一传再传弟子。他们怀念师教，经过多次收集、讨论，把公认可信可传的宝贵事迹与教训记录下来，化各人心中的个别回忆为天下后世的宝典，这已经是孔子卒后好多年的事了。

《论语》的话题，主要是"天"（天道与命运）、"人"（人性与人生）、"政"（政经与伦理）、"教"（教育与学习）四类。特别是"仁"（人类特有的道德价值观念核心）、"礼"（人际交往规范准则）理念的阐扬，"君子"（由"有位治民者"而"有德服众者"）、"小人"（由"平凡卑微者"而"道德低下者"）的分别等等，着意最多。形式上，有孔子话语的单独记录（包括自述和评说古今人物），孔子与门人或者时贤的问答，入门弟子对先师的怀念、评述，以及彼此间的讨论。

今本《论语》一万二千七百多字，分章近五百，辑为二十篇，各依首章首句"子曰"以下二三字作篇目。（见下页表。此后其他先秦子书也大都如此。）

值得特别注意者几点：

（1）篇内章数，此依元明清七百年士人科举必读的朱熹《集注》，后来各家稍有出入（如※各篇），有些是重出的各章不计，有些是章中首或末句属上属下意见不同。第十篇《乡党》（※※）朱熹只作一章，他人或分若干章，所以章数并不一致。

（2）第十篇《乡党》不记言而只述起居琐事，似《论语》初编至此拟告总结，其后续有新辑，所以又有以下各篇，故文字风格与前九篇稍有不同，末五篇词语尤异。篇末又每有文义不类或无关孔门的杂散文字，似属后人利用竹简剩处空白补记，而再后又羼入正文者，在上古，此属常有。（详见崔述《洙泗考信录》、梁启超《要籍解题及其读法》、钱穆《论语要略》等书。）

篇目	章数		大概篇旨
学而第一	十六章		教学以育人
为政第二	二十四章		育人以从政
八佾第三	二十六章		从政则复礼
里仁第四	二十六章		复礼在兴仁
公冶长第五	二十七章	※	
雍也第六	二十八章	※	兴仁在施教
述而第七	三十七章	※	
泰伯第八	二十一章		有德无位之前圣典范
子罕第九	三十章	※	今圣孔子为宗师
乡党第十	一章（十七节）	※※	宗师之仪容举止
先进第十一	二十六章	※	
颜渊第十二	二十四章		
子路第十三	三十章		
宪问第十四	四十七章	※	
卫灵公第十五	四十一章	※	
季氏第十六	十六章	※	
阳货第十七	二十六章		
微子第十八	十一章		
子张第十九	二十五章		全属孔门高弟言行
尧曰第二十	三章		

（3）《公冶长第五》多评论弟子与其他人物；《先进第十一》多评论门人；《子张第十九》皆子贡、子

张、子夏、子游、曾子等最著名孔门高弟的语录；《尧曰第二十》章数特少而首章特长，言尧舜禹汤圣王承传之事，显似最后附录。

除此之外，各篇内容大同小异，皆言为学为教为政为人之道，后世学者屡屡尝试综合大意而再次分类分篇，往往细碎而层次难明，更不可取代原典。

（4）现代编者或仿基督教《圣经》西人之法，篇章分别系以数码（例如《学而第一》首章是1.1，《尧曰第二十》末章是20.3），简便清晰，乐用者渐多。此法亦宜推广于其他典籍。

（5）清代大学者赵翼（瓯北）名著《陔余丛考》卷四："战国及汉初人书所载孔子遗言轶事甚多，《论语》所记本亦同此记载之类，齐、鲁诸儒讨论而定，始谓之《论语》。……于杂记圣人言行真伪错杂中取其纯粹，以成此书，固见其有识，然安必无一二滥收者？固未可以其载在《论语》，而遂一一信以为实事也。"（详见本《导读》下节）钱穆《论语要略》援引此语以叮咛读者，值得记取。

（6）《论语》是现存有关孔子言行最可靠的记载，最值得旁参的是《左传》之中性质相同的资料，再次就是《史记》。除此之外，从战国到汉初，许多同道后学（如《礼记》中各篇，特别是《大学》

《中庸》)、异路以至敌对学派（例如庄子、墨子、韩非子）种种或引申发挥，或假托拟设，或造作嘲讽，或栽赃诬陷，主要是借以申抒各自的思想与情感，极少数是不可不信，有些是不宜轻信、不必尽信，甚至不值一哂的。总之最好以《论语》作为稽考——当然，对《论语》本身，尊重的同时，也要冷静、理智——"知之为知之，不知为不知，是知（智）也。"（《为政第二》）

（二）《论语》的流播

《论语》传流，自然从孔子的故乡开始。汉初，有《鲁论》二十篇；《齐论》则增加有《问王》《知道》，共二十二篇，各篇中章句，时亦稍多于《鲁论》。两种本子，都用当时流行的隶书（"今文"）。又有据说是出自孔子旧宅、因鲁共（恭）王欲扩建而坏之于是发现的，用秦统一前东方六国文字（"古文"）的《古论》二十一篇，没有《问王》《知道》而多一《子张》或《从政》，篇章次第亦异。汉成帝在位时（前三二—前七），安昌侯张禹以帝师的尊贵势位，据《鲁论》而汇合《齐》《古》二本成书，号《张侯论》，于是天下从之。后汉晚期灵帝熹平（一七二—一七八）所刻石经，即用此本，而他本渐废。汉末郑玄即就此为注，可惜已佚，今所能见只有敦煌残卷。另外，魏何晏有《论语集解》，梁皇侃有《疏》，后来也渐微而佚，今所见者清乾隆时自日本流回。又有赵宋邢昺《义疏》，即《十三经注疏》所采之本。

最普及而有政教权威的是南宋朱熹《集注》本。这位理学大儒，四十八岁时，萃尽精力，集前人心得，撰《论语集注》十卷，与《孟子集注》《大学章句》《中庸章句》合称《四书章句集注》。元仁宗时，诏复科举，出题考试即以此为准。明清沿之，七百年来成为士人必读、官民共遵，视作礼教规范。到学风甚至政风改变，自然也受到质疑、修正甚至批判了。

宋明理学重哲思而轻训诂，疏失之处，赖清人缜密的考据补之正之。晚清刘宝楠、恭冕父子先后勉力逾三十年，成《论语正义》，融会汉宋，旁采子史，集清儒之大成，补《集注》之不足，至今仍推为典范之作，不过那时国家民族以至文化危机，又甚于孔子之时了！

晚清政昏世乱，列强交侵，为了救亡图存，学风又改。五四新文化运动以来，儒学以至孔子都备受抨击，至二十世纪六七十年代间乃达巅峰。出于种种动机而丑诋污蔑孔子与《论语》者不少，也就是世道人心的印记。相形之下，中国艰苦抗战期间，困守北平的程树德（一八七七—一九四四），以贫穷病瘫之身，处敌伪暴虐之区，口述而赖亲戚笔录，奋斗九年，成《论语集释》一百四十万言，引书六百八十余种，翔实精备，嘉惠士林，实可谓"时穷节乃现"，不只是《论语》以至中华文化的大功臣，更真正活现了孔门之教！

《论语集释》一九六五年初版于台北，一九九〇年初版于北京，[①] 其后"孔子学院"遍设世界，虽然重在教习语文，未涉哲理，但至少不再在文化上长城自毁。学风既随政风趋于温和而稍复正常，重刊或新著有关孔子《论语》之作，也纷纷出现。以中国大陆地区而论，得力于传统训诂而出之以简要者，如杨伯峻《译注》；博采西人近现代哲理而间出己见者，如李泽厚之《今读》、李作乾（金纲）之《鼓吹》；以至许多其他有关书刊篇章，都对学术与人心有所裨益。此外更有女士之作，因现代传媒而及于西方。如果孔子有知，也会喜欢时代不同，对女

[①] 据《论语集释》（北京：中华书局，一九九〇）整理后记所述，"《论语集释》四十卷……一九四三年，由华北印书局初版"。——编者注

性要刮目相看了！至于台湾、香港以至海外地区，几十年来，孔子与《论语》平稳地受到近乎冷漠的认识与尊重，其间尊孔知儒的少数学人始终不懈地努力教研，以承先启后。当然，主要的希望与前途，还是看整体的华人自己了！

现代华人面对的是整个世界，特别是欧风美雨的冲击。西洋文化汇合自"希伯来一神信仰"与"希腊爱智罗马法律精神"，精分析，崇功利，尚商战，贵科研，与中国传统大异其趣。西人一向对《论语》以至整体东方学术，兴趣和了解都很贫弱肤浅。晚明耶稣会士来华，思想初有交流。十七、十八世纪，启蒙学者伏尔泰（Voltaire，一六九四——一七七八）等崇理性而疏宗教，于是推介儒学，不免热情有余而了解不足，兴趣并不持久。大哲康德（I. Kant，一七二四——一八〇四）、黑格尔（G. Hegel，一七七〇——一八三一）等更对儒学不知其长而只轻其短。晚清嘉庆、道光间，新教马礼逊（R. Morrison，一七八二——一八三四）东来，精力萃于译经传道，未遑了解儒学真相。并且中国衰败病弱已显，跟着一败再败，西方挟工业革命所得的军事、经济优势，几乎就要沦中国为非洲之续，以供其宰割瓜分，连绝大多数传教士在内的西人，都充满种族偏见与文化优越感，谈不上对中华文化有什么了解和尊重了!

其间只有马礼逊后继者理雅各（J. Legge）用助手而译《四书》《五经》，膺牛津大学首任汉学教授，但终极目标仍在传教。至于非基督教国家，意识形态既异，其评估儒学《论语》、孔子等等，又自不同。二十世纪中叶以来，世界与中国政治局势一改再改，美国首当其冲而资源最足，培养人才、广搜典籍，研究《论语》以至整体汉学的成绩，较之欧陆，又渐有积薪之势了。

总之，中国人对世界文化，固然最好不可无知；对本土传统学术思想的得失优劣，更应先有自知之明，然后他山之石，可以为助。否则随人轻重，彼云亦云，甚至是非颠倒，那就可叹可悲，而不只是可哂可笑了。

五、《论语》的文本问题

孔子学不厌、教不倦，德望崇隆、化泽广远，当时评论与身后追思者无数，言行记录自然在去世后一段长时期再辑二辑。那时既没有一个人可以有理想的统筹编整的条件，作为"语录"体之祖的这本《论语》，虽然比之其他古籍，已经绝大部分是可珍、可信，但是，所记内容的详略先后甚至真假问题，还是不能没有。

最明显的是"上论"（前十篇）思想较纯粹，文法较清简；"下论"（后十篇）内容较驳杂，文例亦较驳杂，最后五篇情况，尤其特别。分述如下：

（一）前九篇非孔子和门弟子之言不录。《乡党第十》纯记孔子行事，似作总结。后来再有收录，于是续编。后十篇各篇之末，往往有无关孔门之事，杂记古人之言，似《礼记》（特别是《檀弓》）而与前十篇不类。

（二）篇目方面：前九篇即首章首句而除去"子曰""子谓"等字；后十篇即以发端二三字为目，而且都是人名。（参见《〈论语〉所载孔门著名弟子表》）

（三）篇幅方面：前十篇每章大都二三十字，时或更短；后十篇则一般较长，最长者《颛臾》章（16.1）二百七十四字，《侍坐》章（11.26）四百一十五字！

（四）语气方面：前十篇简朴直接，后十篇波澜曲折较多。孔子答问，也往往先极简略，再问方作详解。

（五）称谓方面：前十篇只言"某人问某德行"，称"子曰"，面对孔子单称"子"，背面作第三人称

"夫子"；后十篇则每有"某人问于孔子"的句法，称"孔子曰"，面对时称"夫子"。

（六）词语方面：前十篇孔子答君问称"孔子对曰"，答卿问称"子曰"，礼序分明；后十篇皆称"孔子对曰"，似是后来卿位益高的时代痕迹。前十篇只言"君卿大夫问"；后十篇连门人亦有"问于孔子"，参差不一。

（七）最后五篇问题更多，依次再分数项观察：

1.《季氏第十六》文多排偶。首先《颛臾》（16.1）章，孔子之言既繁且曲，情事亦多可疑。子路曾主隳三都，不应曲从季氏之擅权扩张，此其一。其为季氏宰，不与冉有同时，此其二。《左传》并无颛臾为鲁臣、为东蒙主、见伐于季氏等等记载，此其三。末章《邦君之妻》（16.14）显是后人注释，不似正文。

2.《阳货第十七》纯驳互见，《武城》（17.4）章于孔子前称"夫子"，似战国时言语。《公山弗扰》（17.5）章，季氏家臣叛鲁而竟召时为司寇的孔子。《佛肸》（17.7）章，晋范氏家臣叛而召周游列国、向主正名崇礼守分的孔子。都讳情理，亦背史实。

3.《微子第十八》中《楚狂》等三章（18.5，18.6，18.7）有道家隐士讥嘲儒者意，虽孔子结语仍归用世,但亦更见后起之迹,不一定是孔子、子路当时的实际记述。末四章(18.8—18.11)更杂记古今轶事,或无涉孔门。

4.《子张第十九》皆弟子之言,而称孔子为"仲尼",与他篇异。

5.《尧曰第二十》最特别,只有三章;首章特长,述前代圣王相授与为治要诀,或附会以孔子继之,其实似是断简无所属,而附于书末者。

推考其原因,大抵如下:

1. 孔子没有留下无可怀疑的自传或系统性论述,要考究他的思想情况,自然大费功夫。

2. 当初记者未必亲闻,又以撰写条件所限,力求简略,往往只记其言而不记其所以言,极少交代时空环境与后果前因。

3. 当时著述与传播条件,远不能和今日相比,《论语》不出一时一人之手,又没有条件极超卓者的统筹,各则记录,既非依时序,又无法清晰谨严地分类,时间一过,后人即使想作较有系统的整理,亦难免劳而寡功,甚至无从着手。

4. 清晰准确的标点符号,现代才有。原文模棱欠解之处,后人无法裁决,聚讼不休。

5. 社群感情、地域偏见,贤者不免。即如公元前六八五年相齐的管仲，齐人或尊之爱之，鲁人或贬之辱之，即孔子亦可能因个别时空环境不同，而有相异评价，形诸记述，在《论语》中就似乎前后并不一致。

6. 上古简重帛贵，刀刻漆书不便，篇末空白往往缀记若干附录文字，非必有意作伪，后来辗转传抄，就混入正文，久而难辨。上古典籍类此者甚多。

7. 战国至汉初，百家并起，先行而热心用世的孔子自然成为标靶人物，道家嘲之戏之，法墨诋之排之，甚至污蔑诬捏，割裂曲解其言以为己用，无所不为。

8. 汉初《齐》《鲁》《古》三论并行，倘皆流传，后人便可考较是非，明其得失，遇张禹巧佞之人而官高宠达，合为一本，时人靡然从之，于是他本皆亡，难以取证。

9. 秦汉一统以迄明清，长期君主专制，加以儒学早成利禄之途，读书应试，粗心、不用心、欺心、瞒心者多，细心怀疑、独立思考者少，或谓"曾经圣人手，议论安敢到"，于是以讹传讹，欺人自欺。及宋人尚理好思，清人考证细密，前述《论语》可疑之处，袁枚、赵翼等已有发现，崔述《洙泗考信录》尤多创获，近人梁启超、钱穆等承其绪，今人读书，于是大得启发。

《论语》近五百章，编成于二千多年前，比之相近年代、分量相近之其他中外典籍，词句歧义已算不多了。

六、《论语》所见孔子儒学及其得失

这个课题，古今谈论的早已汗牛充栋，只就几大套清代的《经解》再撮录出来，也可以另成一套大丛书。五四以前二千年，崇扬歌颂的占了绝大多数，这也不在话下了。

不过，即使像本篇这样，作为简介性质的一本书〔指中华书局（香港）有限公司出版的"新视野中华经典文库"之《论语》〕的导读，如果罗列许多道德项目，许多与各大宗教大同小异的伦理条款，而彼此之间本末层次不明、逻辑关系不清，也难免零碎散漫，徒乱人意。其实，《论语·述而》（7.6）有几句话极重要：

> 志于道，据于德，依于仁，游于艺。

现简要地解释如下：

目的：志于道——探求天地不变之道，人之所以为人之道。以人道表彰天道，以天道监督、训示、培养人道。

依据：据于德——这是就整体来说：以人得于天赋的生命本性为依据。人是理性的、群居的、社会的动物，这就是人所以别于其他生物的德。

依据：依于仁——这是就核心来说：人的生命有个价值中心观念，就是伦理道德自觉。

方法：游于艺，"涵泳"于各种智能技艺汇成的文化海洋，有左右逢"源"、如鱼得"水"的乐趣，所以贵在一个"游"字。

换句话说，《论语》与孔子之学——

总旨：尊天爱人；

基础：本心原性；

始端：孝亲敬长；

方法：勤学尚思；

功能：兴仁复礼；

典范：君子、圣、王。

以此为纲领，归纳全书的有关言论，大抵可窥全貌了。

春秋之世，贵族政治动摇而尚未崩溃，人心纷乱，社会不安。孔子主张重振周初文化礼制精神，以维持纲纪，恢复秩序。其实，贵族与非贵族，即传统所谓"君子""小人"，本质就是少数的、特权的，与绝大多数的、非特权的；而权势地位之产生，又源于血缘和武力。随着社会与民族发展，其间的矛盾怨毒，自然渐多。不过，人的品性、才能，天生就不等不同；而人情的亲疏厚薄，又是无可如何的现实。孔子于是顺应时势，把《诗》《书》以来"君子""小人"的意义，由"势位"渐变而为"才德"，此所以《论语》之中"君子""小人"之别，也时以德分、时以位别，要看上下文理和语意情境而别，显现了时代转型之迹。此所以后来孟子尊崇称誉之为"圣之时者也"。

当然，"亲亲"与"尊贤"这两大用人原则，后来《礼记·中庸》所谓"九经"的头两项，到最后必然矛盾而难以两全，直到现代民主宪政取代终身君主专制独裁，然后松解。早在二千多年前的孔子，也就无可如何了！

比起前代文献，《论语》中特多"仁""礼"两字。"仁"既有时与"人"同音通假，又有"核心"之义，就孔子看来，人之所以为人的核心价值，就在"见贤思齐"而做"君子"，"见不贤而内自省"

(《里仁》）于是耻做"小人"的那个道德价值自觉心，此所谓"仁"。人类社会的教育与政治，就在"把人当人""勉人为仁""以仁树人""使人心安"的文化内容。在此之前，"礼"原本是"不下庶人"、平民只能仰望而无可参与的贵族生活方式。孔子从小即以知礼著名，"入太庙每事问"（3.15）——问的不只是"然"，而且是"所以然"；不只是"何如"，而且是"何以"。探索研问礼的仪文秩序何以如此，自然就找出背后的义理，再问义理何据何来，自然就发现所根所源的道德价值自觉，即所谓"仁心"。简言之：因仁而有义，因义而有礼。所以，"君子义以为质"（15.18），"克己复礼为仁"（12.1），所以，仁为万德之本！

春秋以前，甲骨、金文之中，都罕有"仁"字，到《论语》所见：论仁者五十八章，"仁"字出现凡百次。孔子勉励门徒，要做"君子儒"，勿为"小人儒"（6.13）。儒也就由赞襄礼仪的一种谋生职业，提升而为读书教学、致君泽民的终生事业了。

从《论语》所见，孔子的理论贡献，可以分成三个层次——人文精神的发扬、尚德传统的建立、心性主宰的显现。换转次序来说也可以，就是：根据良心，建立道德；凭着道德，表现人文。这便是儒学的精蕴。

首先，是"人文精神的发扬"。

上古人类，都震怖于自然变化，想象于万物精灵，俯伏于神鬼赏罚。希伯来信仰，纯化之为独一真神，犹太、基督、伊斯兰三大宗教于以建立。中国古代，殷人尚鬼而好祭祀，到西周代兴，鉴前朝之弊，重修德、兴礼乐，人文精神跃起。在《诗》《书》文献中已见端倪。到孔子仍然敬鬼神、信天命，但更强调人的知命守义，博文约礼，以尽其在我。山林隐逸之士讥讽或者惋惜孔子"知其不可而为之"（14.38），其实真正显示出孔子所说的"鸟兽不可与同群"（18.6），因此要珍重人之所以为人的生命尊严和努力。

其次，是"尚德传统的建立"。

人文精神，可以表现于高举智慧，可以着重在律法典章，中国自古传统则是崇尚伦理道德。孔子之所以承周文而垂教后世，就在这里。儒学把一切勇力、财富、知识、艺术成就，都统辖在道德之下，以规范人心，维系社会，其作用几乎等同宗教。至于因此而对道德以外的文化表现——诸如科学精神、艺术精神等等的发展，有若干制约，这也是历史的现实了。

最终而最高,是"心性主宰的显现"。

独神宗教信仰上帝为万有之本。唯物主义者以物质为第一性,认为真理只在科学。《论语》所见孔子之教,尊天敬神,而又虚之远之,一切为学、成德、立教、化民的努力,都归本于人类自觉良知——即所谓"仁心"。由此而开展义理,构组礼制,达至最高的仁的境界。因此,"仁"是成终,也是创始,一切发动于本身的意念。所以,《论语》有几句话最为关键:

> 苟志于仁矣,无恶也。(4.4)
> 仁远乎哉?我欲仁,斯仁至矣。(7.30)
> 为仁由己,而由人乎哉?(12.1)
> 内省不疚,夫何忧何惧?(12.4)

人本,而不是神本;主要靠自力,而并非他力,这就大异于独神信仰,而与原始佛教相似。不过佛教讲一切山河大地、万事万法,都不外人心幻化,因缘生灭,并非真实,所以必须勘破迷执。这个理论推展至极,必然以"无善无恶"为心之本体。这又与儒学的"道不远人"(《中庸》)大异其趣了。至于不论儒家的"开物成务"也好,佛教的"舍离解脱"也好,作为价值与力量根源的"心",是否"自有永有"？能不能"自本自根"？这就是最高层次的、耐人思考的哲理核心问题所在了。

连智慧高、学问广、成就大、敬爱孔子又真诚热切的子贡，也说"夫子之言性与天道，不可得而闻也"（5.13）。孔子的主要兴趣，还是"学而不厌，诲人不倦"（7.2）地探究、维持与改良伦理现实。他一生努力最久、贡献最大，也就在于教育。"学"也就是《论语》首章首句的第一个字（除"子曰"外）。幼学之先，就在孝悌，既长而学，优则仕（19.13），以致君泽民，为元首者，更以"内圣外王"为最高境界，这便是二千多年来以孔子为圣人，以《论语》为宝典者的共识了。

逃避不了的问题是：

孔子为什么终无所遇？

汉武帝开始以君王之尊而独崇儒术，两汉皇帝以"孝"为谥，此后直至民初，执政者大都尊孔——他们的真正用心何在？

二千多年来，士人都读《论语》，百姓也都祀孔子、尊儒学，不过，孔子与《论语》的崇高理想到底实现了多少？主要困难在哪里？

从秦汉一统直到明清，君王专制的病害为什么越演越烈？权力的腐败，人性的贪婪、自私，儒家为什么无有效的对策？乱臣贼子，治之以圣君贤父；但是，君父而终身有绝对权力，又竟然（在大一统之国、至高无上的皇帝尤其"易然"甚至"必然"）"父不父""君不君"，又有何对策？靠阴阳五行所假借的，吓之以宗教迷信吗？像黄老之术所教导的，诱之以自然虚静、垂拱无为吗？这些，两汉行之四百年，如果有效，就不会有"外戚""宦官""党锢"等等大祸了。天下兴亡，生民休戚系于一身一念，而又庸弱或者昏暴之君，根本"贤臣""小人"不辨，甚至更以近贤为苦、亲佞为乐，那么，即使公忠睿智如诸葛孔明，除了力疾从公，还撰《出师表》，垂涕泣而道君臣语亦父子语，"鞠躬尽瘁，死而后已"之外，又能做什么？还侥幸他碰到的是不能不倚赖他、信靠他的阿斗，而并非秦二世、隋炀帝，或者自毁长城、到死不悟的崇祯！

南北朝隋唐，外来的佛学变成最大的宗教信仰，以"一念悟迷"来消融苦乐，以"轮回报应"来解释人生，问题是虚诞难凭，无补现实！儒者要抗"佛老二氏"而有宋明理学，结果也滑入"谈心论性"、抽象玄秘的哲学探究。清儒要矫其弊，提倡"朴"实之学，又怯于政治高压，不敢接触社会"实"务，更囿于传统，不知穷究自然"实"物之理，于是只能自困于语言文字和古史的考据之中来求实证，同样是象牙塔中的埋首沙堆！

晚清以来，列强交侵，国家民族、社会文化，都面临"数千年未有"的危难！为了救亡图存，不得不痛苦检讨，才发觉自己既不"民主"，也缺"科学"！

于是人们质疑：

孔子说仁者"爱人"，后来孟子更说"民贵"君轻，理论上被爱被贵的人民，为什么二千多年来都不被擢升，被培养，被承认可以（而且应该）做"主"？即使现代"民主""共和"早成共识，为什么实际发展，还是迟迟牛步？

历史上，儒学对人类良知的发扬、个人私德的培训，功高效广，炳耀千秋；可是，对掌权者的"君德"，对社群整体的"公德"，督导、维持的成绩又如何？

现代政治剧变，儒学饱受轻视、打击，再加上经济上和某些外来思想上的因素，人民道德大滑坡，中国早已愧称"礼义之邦"。对此，是否复兴儒学即可有效改善？实现孔子之道的过往困难既然仍在，当今情况如此，又如何"复兴"？

传统文化过往偏重"尚德"，于是"尚智"之效不彰，有实用科技成就而基础的、抽象的科学精神仍然亏缺。一百五十多年来，西潮激荡，于是事事落后的情状明显，对此，仍然只知"无事袖手谈心性"者，是否就可以更新儒学？如何"开出"科学、"转出"民主？

人类既有两性，谈"心"说"人"，自应男女兼及。不过，以上云云，传统云云，都绝大部分似乎单为有史以来就掌权做主的男性而说，妇女的教育权、参政权，直到现代才提升到平等。不必"诉诸他恶"地辩说"人家西方也是近世的事"，如果不是人家的打击与传教，我们还不会"见贤思齐"而奋起直追，我们还继续以"阴阳""尊卑"的理论来欺人自欺，来掩饰不公不义！

……

以上种种思想的、文化的基本问题，我们当然不应对"是人，不是神"的孔子求全责备，当然不能让二千多年来早已"曲突徙薪""补苴罅漏"以艰苦经营、撑持那"人文化成"大局而弄得焦头烂额的儒家良士独任其咎，不能对同样责无旁贷的、以逍遥观赏为高、以舍离解脱为能的其他重要思想放过不讲——讲公道话：如果没有孔子的栖栖皇皇（遑遑），教诲开示，如果没有《论语》的记录言行，传流百世，没有历代读圣贤书者的薪尽火传、成仁取义，一切更不堪设想！

不过，要反省、要深思的是：单就儒家来说，是否对人性过于乐观，所以方法欠周密、观察不通透？

早在汉初，杂家而近于老庄的《淮南子》批评儒者："不本其所以欲，而禁其所欲"，"是犹决江河之源而障之以手也！"（《精神训》）实在是生动、深刻而精到！

当然，道家也只是冷静而高逸地惋惜、讥嘲，自己并不提出，也拿不出什么办法。二千多年来的历史早已说明这点。现代我们怀念而尊敬孔子、珍惜而研读《论语》的人，要怎样思想？尝试一些什么办法？

伏生授经图

《孟子》导读

遗编一读想风标

黄俊杰　台湾大学人文社会高等研究院院长

一

孟子（约前三七二—前二八九）是中国文化史上一个不屈的灵魂，孟子的思想世界是两千年来东亚知识分子"永恒的乡愁"，《孟子》这部经典共三万四千六百八十五字，是孟子与他的学生及同时代人心灵对话的真实记录。

在二十一世纪全球化趋势迅猛发展的新时代里，孟子的智慧穿越两千年的历史长河，仍然强而有力地召唤着现代读者进入他的精神世界，与他进行亲切的对话，并怀抱现代的问题向孟子叩问二十一世纪的新启示。

二

孟子说："颂其诗，读其书，不知其人，可乎？"（《万章下》）身处二十一世纪的我们要进入孟子的思想世界，最好的切入点就是本于孟子所说"知人论世"之旨，先了解孟子这个人和他的时代。

孟子是孔子（前五五一—前四七九）之后伟大的儒家圣哲，他深受孔子的启发，并以孔子的私淑弟子自居，他宣称"乃所愿，则学孔子"（《公孙丑上》），他希望学习的是孔子作为"圣之时者也"（《万章下》）的典范。

孟子生活于风狂雨骤、历史书页急速翻动的战国时代（前四七六—前二二一），他所面对的是饮鸩止渴、追逐权力的国君，目光如豆、助纣为虐的臣子，不顾人命、杀人盈城的武将，以及见利忘义的商人，下层人民则在战国风云变幻之中苦于虐政，辗转呻吟。孟子身处历史变局之中，深感"上下交征利而国危矣"，他心系哀苦无告的老百姓，他以"不得已"的心情，奔走呼号，游说各国国君起而践行"王道"，为人民救难拔苦，登斯民于衽席之上，他致力于创造一个"定于一"的"王道"政治新局面。

孟子面对时代变局展现出他强韧不屈的生命特质，他以"当今之世，舍我其谁也"的承担与气魄，批判梁襄王"望之不似人君"，斥责那些南征北讨的将领应该被处以极刑："善战者服上刑"，他也驳斥"杨朱为我，是无君也"，认为墨子鼓吹"兼爱"，是"无父也"。从《孟子》这部将近三万五千字的经典的字里行间，我们读出了孟子所怀抱的不能自已的心灵，也看到了古典中国一个知识分子的人格与风格！

三

在孟子的政治思想世界中，最居核心地位的就是"王道"政治思想。在孟子的论述里，所谓"王道"与"霸道"相反，施行"王道"的统治者以德服人，以民为本，而"霸道"的统治者则是以力服人，心中没有人民。在孟子的时代，各国国君犹如赌"梭哈"的赌徒，汲汲于巩固权力、扩张领土，至于人民的苦痛则绝不系于心。孟子痛感战国时代"霸道"政治之杀人无数，起而游说各国国君施行"王道"政治，成为"大有为之君"，一统天下。

"王道"政治如何实现呢？孟子为他的时代及后世的国君指出了一条平坦而易行的道路：以"不忍人之心"行"不忍人之政"。孟子坚信：每个人生下来就具有恻隐、羞恶、辞让、是非四种"心"，他称之为四种"善端"。孟子说，包括国君在内每一个人只要善自保存并加以"扩充"（用孟子的话）每个人与生俱来的"善端"或"良知"，就可以兴发"不忍人之心"，看到他人受苦受难，国君只要将这种"不忍人之心"加以"推恩"，加以"扩充"，就可以落实"不忍人之政"，也就是孟子理想中的"仁政"。

四

孟子与东亚各国的儒家知识分子一样，不仅致力于解释世界，更有心于改变世界。从上文所说孟子所谓的"不忍人之政"乃以"不忍人之心"为基础，我们就可以看到孟子思想世界之内外交辉的特质。孟子主张外在的政治秩序只不过是内在的道德秩序的延伸与"扩充"，因为心物合一、内外一如。现代学者当然可以质疑孟子忽略了政治领域的独立自主性，也可以质疑孟子的政治哲学不免落入"化约论"的困境，但是，孟子"王道"政治论实以他的"性善"论为基础。孟子坚信：世界的转化与改变，只有从自己的转化与改变开始。因此，孟子与东亚各国儒家学者都非常重视教育，并毕生致力于教育事业。事实上，孟子的教育思想正是他的思想世界中最为重要而精彩的组成部分。

儒家思想传统中最重要的核心价值理念就是"人之可完美性"。孔子虽然只简单地提到"性相近，习相远"，但是，孔子对人性中"自我"的光明面充满肯定，孔子说："我欲仁，斯仁至矣"，他肯定人的自由意志与德性自主。孟子更进一步论述人之性善的理论依据，他说："仁义礼智根于心"(《尽心上》)，肯定人之道德意识乃由内省而非外烁，每个人只要充分发展生而具有的"良知""良能"，就可以成为顶天立地的"大丈夫"。

正因为对于"人之可完美性"的充分肯定，所以孟子主张教育其实就是一种"心灵的唤醒"的过程。孟子主张每个人都有内在的善苗，只要时时加以滋润，使其茁壮成长，就可以成为成德之君子，因此，所谓"教育"并不是一种由外而内的灌输，反而是一种内向反省的唤醒的事业。正如孟子所说："学问之道无他，求其放心而已矣"(《告子上》)，教育的目的正是在于找回业已放失的"良知"或"良心"。通过"心"的唤醒与淬炼，孟子主张的教育所要完成的目标，其实就是从每一个人内心深处启动一种"无声的革命"。

在二十一世纪全球化与知识经济快速发展的新时代里，各级教育之标准化、数量化、商品化趋势日甚一日，建制化的学校教育训练所注重的是学生毕业后的"可雇佣性"(employability)，学生也逐渐成为某种具有市场价值的商品，而学校教育也终不能免于沦为某种程度的"异化劳动"。在这样的教育新形势之中，孟子注重学生内在生命的成长的教育哲学，就好像空谷足音，特别值得珍惜并从其中开发它的现代新启示。

五

大约一千年前，北宋时代的政治改革家王安石（一〇二一——一〇八六）非常心仪孟子的人格与思想，他醉心于孟子的"大有为"政府的理想，他诵读《孟子》时曾赋诗云："沉魄浮魂不可招，遗编一读想风标。"是的，孟子的人格、风格与思想，二千多年来穿越时空，召唤着东亚各国的知识分子，起而对《孟子》这部经典作出新的诠释，以因应他们自己的时代所提出来的挑战与问题。孟子的民本政治理想在近代中国面临历史变局的时刻发挥关键的作用，康有为等人引用来作为接引西方民主政治的本土思想资源。孟子的"王道"政治理念，在一九二四年十一月二十八日也曾被孙中山引用来告诫明治维新成功后走在历史十字路口的日本人：扬弃近代西方帝国主义国家的"霸权"文化，而回归孟子所代表的东方"王道"文化的正轨。

孟子其人虽已远逝，但是《孟子》这部经典却为二十一世纪乃至未来的知识分子，开启一个表面上很遥远而实际上很亲近，表面上很陌生但实际很熟悉的思想世界。让我们以崇敬而谦卑的心，从《孟子》这部经典中汲取二十一世纪所需的新智慧！

《中庸》导读

《中庸》的现代意义

方世豪

香港新亚研究所哲学组博士，
香港人文哲学会会长

一、《中庸》及其作者

《中庸》本是《礼记》的其中一篇。《礼记》应是《礼经》的辅助资料，即现在看到的《仪礼》的辅助资料，内容大部分和《仪礼》互相配合。而其中有极少数篇章是和《仪礼》不紧密配合的，《中庸》就属于这一类。

由汉至唐，《中庸》都是《礼记》的其中一篇，自宋以后，地位便大大提升。因为程朱理学以弘扬儒学自任，特别看重《大学》《中庸》两篇。朱熹把这两篇由《礼记》中抽出来，和《论语》《孟子》看齐，认为这是儒学道统所在。朱熹撰《大学章句》《中庸章句》《论语集注》《孟子集注》，合称《四书章句集注》，令《大学》《中庸》离开《礼记》而独立出来。朱熹死后，朝廷把《四书》立为官学，《中庸》从此独立成为一经典，这可算是《中庸》地位的一大变。

《礼记》不是一人一时的作品，有记载的多数是孔学后人所作。《中庸》就是其中一篇，孔颖达《礼记正义》引郑玄《三礼目录》云："孔子之孙子思伋作之，以昭明圣祖之德。"《隋书·音乐志》引沈约《奏答》云："《中庸》《表记》《坊记》《缁衣》皆取《子思子》。"即沈约认为《中庸》是子思所作。

汉代郑玄也以为《中庸》是子思的作品，朱熹继承这个说法，但后来有很多学者怀疑这个说法，至今仍未有定论。现在先放下考据问题，由《中庸》的内容来看，《中庸》应是孔门后学，或孟子后学所作，这是没有问题的。孔门后学经历过墨子、庄子、荀子之学的思想，所以会对应诸子所提出的问题，也会使用诸子的某些名词，或改变某些名词的意义来引申儒学的意思，继承孔孟儒学的传统。故此，朱熹认为《中庸》是孔门儒学的一贯传统，这是没有错的。《中庸》被后来的儒者视为传授孔门心法的作品，所以《中庸》成书应在孔孟之后，而内容也应是《论语》《孟子》的归结。孟子之后，经过庄子、荀子的学说质疑，到《中庸》所说的内容，就能够释除庄子、荀子对于孟子主张性善的一些质疑。《中庸》可说是重新说明孟子性善意思的作品。《中庸》用一个真实的"诚"，作为人成己成物的德性，而且通过"诚"，可以贯通到人的自然生命和天地万物的生命。这个说法应可解除庄子和荀子的疑难，所以《中庸》成书应在庄子和荀子之后。

二、由两件小事说起

在讨论《中庸》理论前，先说说故事。曾经看过这样两件关于中国知识分子的小事①。话说在二十世纪八十年代，美国著名华人学者林先生来到上海讲学，当时天气酷热，国内一名青年学者希望聆听林先生的演讲，于是用了一个小时骑自行车前往参加。因为骑了一小时自行车，加上天气炎热，所以青年学者到达时已十分疲倦。他一到课室的门口，便点燃了一支烟，大概想休息一下。林先生看见这名参加者点了烟，实时当众指责他："这里是公共场合，你怎么可以抽烟？房间不大，你不是污染了空气，干预了别人的自由吗？"这名青年学者立即反驳："林先生，这里不是美国，我不是开汽车，而是骑自行车过来的。骑自行车一小时的疲倦，你能够体会吗？"

这件事发生于二十世纪八十年代，在差不多十年后，这名当年听林先生演讲的学者回忆起这件事时，只是淡淡地说了一句："当时年轻气盛。"除此以外，就没有多一些深刻反省的话。"这里不是美国"和"骑自行车一小时的疲倦，你能够体会吗"，司徒

---

① 见司徒华著《舍命陪君子》。

华先生说听到这两句话，刺痛到几乎抖颤起来。这两句话的问题在哪里呢？难道只是在美国才不应该在房间不大的公共场合抽烟，在中国便可以？只是在美国才不应该污染空气，影响别人吗？为什么这名知识分子要用中美环境差异来为自己辩护呢？骑自行车一小时，感觉很疲倦，只是个人的事，难道就因为自己疲倦，便讥嘲美国常常开汽车的人不体谅骑自行车的疲倦吗？要别人对个人在房间不大的公共场合抽烟视而不见，置之不理吗？更何况，别人又怎会知道你骑了一小时自行车呢？难道疲倦便可以有特权吗？

第二件事是由这名学者转述的。话说在二十世纪八十年代初，北京一位学界名人第一次访问美国，然后又回到中国。他为另一名老学者抱不平，说："某公，林毓生、余英时、杜维明在海外学界的地位，原本是你和我的位置啊！"林、余、杜都是美国著名的华人学者。这句话反映了什么问题呢？可能是中国人闭塞多年，知识也封闭了多年，于是觉得国内的学术文化成就和海外差距很大。但可惜这位现代中国知识分子想到的，不是急起直追，迎头赶上，而是个人的地位、个人的位置。"地位"和"位置"的字眼确是令人刺痛！

关于抽烟一事，为何青年学者会这样反驳？我以为由这些话可以看到他对美国的羡慕和妒忌，那种羡慕和卑屈溢于言表。他的不满，来自他觉得中国不及美国，觉得中国落后，自己穷，感到妒忌和卑屈，所以变成崇洋，为钱、为地位而崇洋。在他心里面，理想已失落了，便不再说道理；对于抽烟合不合理的问题，完全不在他的考虑范围。由此可见，他已成为一个自私、没有胸襟、没有气概、没有反省能力的知识分子。这岂不是很可哀吗？

关于学界地位一事，为什么这位北京学者会有这样的感叹？因为这位学者心中所想的，都离不开个人的名位。他关心的不是学术文化，不是老百姓，不是中国人的生命，而是个人的名位。他只觉得美国好，他甚至较新文化运动时的一些知识分子更崇洋。

作为一个中国现代知识分子，在中西文化冲击的大时代中，本应立志发奋，做一个顶天立地的中国人，承担起承传中国文化的使命。但为何现代中国知识分子多数没有做到呢？原因是：现代教育没有教人立志发心，培养人的深情大愿。中国人以前总是教人成圣、成贤，做君子，为天地立心，为生民立命，为往圣继绝学，为万世开太平。可是现在都不讲这些了，讲也给人笑话。中国人面对西方，如只是觉得羡慕和卑屈，又如何承担起中国文化的未来呢？

《中庸》说的便是教人立志发心，教人做君子、做圣人的教育。《中庸》说"尽性立诚"，就是要去除人心中夹杂的羡慕和卑屈，然后做一个堂堂正正的君子，成就自己，成就别人，成就世界。《中庸》对今天的中国人是别具意义的。

三、《中庸》之学大要

（一）诚是一切德行的根据

现在看看《中庸》如何说成为君子的理论。《中庸》所说之道是率性之道，也即是诚之道。要成为君子，便要践行诚之道。"诚"的概念，以前孟子也用过，《中庸》句子中的"诚"，大部分和孟子说的"诚"的意思相同。不过，孟子没有用"诚"来统括人一切德行的说法，而《中庸》则说一切德行都以诚为本，包括——三达德：智、仁、勇；五达道：君臣、父子、夫妇、兄弟、朋友；治理天下的九经：修身、尊贤、亲亲、敬大臣、体群臣、子庶民、来百工、柔远人、怀诸侯；为学：博学、审问、慎思、明辨、笃行。一切天人之道都要以诚为本，以诚为本才能够贯彻始终。所以《中庸》说："诚者，物之终始，不诚无物。"为什么《中庸》的作者能够想到，而且说得出"诚"的重要，而专门用"诚"来作为立说中心呢？因为《中庸》的作者知道，在加强各种道德修养时，人心中往往不免有各种考虑和私欲夹杂其间，有很多不是实践德行时应该有的内容夹杂其间，所以令人的德行不能继续下去。即使原本有道德行为，最终也变成没有。所以《中庸》的作者才要说明"诚"的重要。

《中庸》认为诚，就是君子之所以为君子，是一切德行生死存亡的关键，所以《中庸》的作者不能不用"诚"来说明。用"诚"来说明，不是孔子的说法。孔子是圣贤，圣贤的教导是开始形态，而《中庸》用诚来教导是归结形态。孔子的教导，是举仁孝来说明；孟子的教导，是就人当下表现的不忍之心、羞恶之心予以指点，令人知道自己心中的仁义是用之不尽的。孔子和孟子都注重正面昭示人生道理。孟子提到诚，叫人"思诚"，说不诚不能动人；但这样说诚，只是勉励人实践道德，并非针对人心中有所夹杂而言，所以仍然是正面的说法。到荀子说人性恶，便不只是正面说人性。荀子知道

"人心之危,道心之微",于是提出人心要努力做戒惧工夫,因为人心原来是可以不合乎理、不合乎道的。他知道人要持守仁义是很不容易的,所以也特别注重"诚"的工夫。到《中庸》时,便进一步说"不诚无物",令人警惕的意思就更加深刻了。《中庸》认为君子不能不时时刻刻对诚存有敬畏之心,所谓"君子戒慎乎其所不睹,恐惧乎其所不闻",这是孔孟所没有说的。另一方面,《中庸》的诚,不只是道德修养工夫,更有成就存在事物的本体意义。所谓"不诚无物"的说法,也是孔孟所没有的,所以《中庸》是特别针对人心中有所夹杂而提出诚的教化,这种说法是教化归结形态而不是开始形态。

"诚"之所以能够是君子一切德行之本,是因为作为一个君子,一切德行如恕、孝、忠、勇等,无论有什么不同,都一定要纯粹而没有私欲夹杂的,这样才算是真正完成了德行。此外,德行一定要持续不断地实践下去,才算是完成一个德行。例如信,君子要时时刻刻做一个有信用的人,才算真正完成了信的德行,倘若只做一次,第二次便因为心中有私欲夹杂,如希望增加自己的名声等,这个信的德行便未算完成,中断了,不能继续下去。君子的德行能够做到纯粹没有夹杂和持续不断,就是《中庸》所说的诚之道。人能够"诚",才有真正的德行。诚之道一定要存在于一切德行中,德行才真正成为德行。所以诚之道,便是一切德行能够实践、能够完成的超越保证和根据。所以说,诚能够涵摄一切德行的实践和完成,可以称为一切德行的道,或一切德行的德。

诚,作为一种德行来说,是要令人的一切德行之中,没有夹杂其他私欲。人要常做存敬畏和戒慎恐惧之工夫,克制和去除夹杂的意念。这些夹杂的意念是反面的元素,是不道德的。诚,就是要反对这些反面的夹杂,令人归回纯一的、正面的道德,使人成为君子。诚,作为一种德行,也是要令一切德行能够持续不断,不会失去。用哲学的语言说,如果德行不能够持续不断,那么德行就可以由有变成无。例如:人原本有信这个德行,但因为想要有"这个人很有信用"的名声而去做,便把原有的信变成不是真诚的信,这就不算是德行了,即由有入无。诚,就是要人面对这个"可以无"的可能性,希望德行实践中没有这个"可以无"的出现,这样就可以令人持续不断地实践德行,令人可以保存这个德行而成为真正的君子。

人一般的德行,最初都是人心的自然流露,然后表现在行为上,就像孩童爱亲敬长般。这些道德表现最初都是没有私欲夹杂的，人最初也没有考虑到德行能不能继续的问题。但现实中，人的表现确是会变成有私欲夹杂。例如：当人有自然生命欲望，如食、色等出现后便容易有所夹杂，荀子在《性恶》篇说："妻子具而孝衰于亲，嗜欲得而信衰于友。"即有了自己的家庭后，对父母的孝敬便少了，嗜好欲望得到满足，对朋友的诚信也减弱了。又如：人会想用仁义心的表现来求取名声，这些道德行为便是有所夹杂，有了这些夹杂，原本自然流露的道德便会因为变成不道德而中断，即道德仍然未能成为自己的德行，也就是人只看见德行的开始出现，而未见到德行的完成。

德行由开始到完成，就要靠诚的修养工夫。诚的工夫之所以可能，是因为人有"自己实践诚"的德性。诚，不只是人德性自然表现于行为的根据，也是人能够自己去除夹杂，令德性能够持续不断完成的根据。即只有"人自己能够诚"的德性，才是人真正的德性。真正的德性，不只是表现成为德行，令道德行为发生，还要去除其中的夹杂，令人的德行持续不断地实践下去，令德行成为纯一、真正的德行。由真正的德行可见到绝对的真实和绝对的善，没有不善。所以人想成为一个道德的人，除了诚，除了率性、尽性以外，再没有其他工夫了。所以《中庸》一开始就说"率性之谓道"，而最后用"尽性"来终结。

（二）《中庸》与孟、庄、荀的不同

《中庸》由"率性"开始，归结于"尽性"，这种说法和孟子、庄子、荀子的思想都有所不同。孟子说尽心知性，存心养性，庄子说复性，荀子说化性，都没有《中庸》率性、尽性的说法。

孟子说尽心知性，是说人由恻隐之心的呈现，而知道自己能够有道德心的呈现，有趋向扩充道德心的本性，所以要不让它消失，也不勉力助长，要做"集义"的工夫来养气而养性。"集义"的义，是指合乎义的行事，合乎义的行事是人善心的表现。"集义"就是集合善心的表现，令人善心的性可以越来越扩充，善心的表现能持续不断，所以孟子认为尽心就是知性，他没有指出人性消极的一面，也没有说明怎样对付人心中不善的夹杂和怎样戒慎恐惧，只从正面积极的方面讨论。

庄子说复性，认为人会跟从心知（智）而向外追逐，因而离开人性的本原，令人变得忧虑，丧失了人应有的德性。所以庄子认为一定要引导心知返回人性的本原，回到人心直接感通的当下际遇，这样才能培养人之性，才能恢复人之性。

荀子说化性，认为能够化性的，就是"心"。人用诚可以培养这个"心"。在荀子的论述中，心和性是相对的，以心为主，性是恶的，心能化性，而心和性是能治和被治的关系。但荀子没有说出心"能够自己诚"这个心之性，也没有说这个心之性是善的，而只是把心和性对比来说，说被治的性是恶的。

庄子的性是要等待恢复的，不能够自己尽性。荀子的性恶，就更加是被治的，不能尽性。庄子和荀子都没有尽性的说法。孟子说尽心知性，是尽善心而知善性，心能尽而知善性即是尽性，不必再说一层尽性工夫。因此孟子没有说因为性有所夹杂而未能尽的性，没有说要去除夹杂。孟子提出的是一个正面的直接工夫，没有这些去除夹杂的转折工夫。

孟子又说："反身而诚，乐莫大焉。强恕而行，求仁莫近焉。"（《孟子·尽心上》）强恕而行，好像也要经过一个转折，做勉强自己行恕求仁的工夫。但恕的工夫其实就是己所不欲，勿施于人的推己工夫，要人反省自己的心是怎样的，用自己的心忖度他人的心，直接用自己的心加在他人身上来想，这是推己工夫。如果是这样，强恕而行就是直接根据心能够推己的性来说，也是一个直接对自己当下的心反省的工夫。所以孟子也只是说"尽心"，不是说"尽性"。

但《中庸》是由"人能够自己实践诚"来说性的。孟子即使已知道人要求诚，要求强恕，但仍然和《中庸》要自己尽诚之性不同。因为人即使有强恕之心，也仍然有诚不诚的问题。《中庸》提出自己尽诚之性，一定要时时刻刻都选择善，而且要坚持这个善，去除一切夹杂的不善。人在要求自己尽心的过程中，会常常见到自己未能够尽心，但其实又知道自己应该尽心，这是孟子说尽心时没有说到的，而《中庸》则一定要说到能够去除夹杂的尽性工夫。可见《中庸》的尽性和孟子的尽心，意思并不相同。

孟子的尽心，是顺着当下已呈现的道德心而做扩充的工夫。《中庸》的尽性，是指一定要去除一切心中的夹杂，从而成为纯一的善。所以尽心是开始教化的形态，可以不说怎样去除一切不善夹杂的工夫，也可以不说为了预防不再实践道德而做的常存敬畏或戒慎恐惧工夫。但《中庸》说的尽性就一定包括这一切，令人的道德生活能够成始成终。所以说，《中庸》是归结形态的教化。

《中庸》说的是尽性，如果一定要像孟子那样，关联于心来说的话，就是尽能够自己实践诚的性而尽心。尽性，是包括去除人不善的夹杂和择善固执，所以这个性是善的，没有不善的可能，是必然绝对的善，"性善"这点和孟子是相同的，所以说《中庸》继承了孟子而有所发展。而庄子和荀子的心都可以向外追逐，可以不合理，可以令人丧失德性，所以《中庸》不会像庄子说有不善之成心，或像荀子所说人有不善的性恶。因为《中庸》自诚的性，就是去除一切不善的性。

（三）天命之谓性

人是怎样知道自己有"能够自诚的性"存在呢？最初可以由人实践仁义、改过迁善的一念真诚而知道，由此而知，这个"自诚的性"是绝对善的，又知道这个诚可以表现在一切事情中。这样人便知道，自诚之性是超越一切事情之上的。自诚的力量好像由一个无穷的泉源涌出，这个泉源超越了现实人生的一切事情，可以说已成为无声无臭的天。所以这个"自诚的性"，可以说是天赋予我，或天命给我，而由我自己看到的。因此，《中庸》说这个性是"天命之谓性"。

(四)诚的两个形态

《中庸》解释这个"能够诚的性",有两个表现形态。一个是直接形态,即直接继承绝对的善,自然表现成为一切善的德行。这是指顺着天德而表现的诚,这个形态是自然明白善,甚至会做到不思而中,不勉而得,至诚无息的圣人境界。这就叫作"自诚明,谓之性"。"至诚无息"的境界,即是一切由心所生的动念都是由"至诚的性"直接生出,表现出来便是一片光明,所以说由至诚而表现出光明,即"自诚明"。《中庸》在这里由诚直接说光明,不再说心,因为光明即心的光明。人只要是"至诚无息",心的表现自然流露为一片光明,这样说至诚的性,就不必再说心,所以叫"自诚明",即由诚而明。这种说法虽不说心,但近似孟子说心的正面直接昭示形态。

另一个形态不是正面直接形态,而是要经过一个转折。一般人未达到至诚境界,人性的表现便要通过一个转折,因为人有不善的夹杂,要超化不善的夹杂,才能成为纯一。人要做到"思而中,勉而得",就要做反对反面而成为正面的工夫。这个工夫由心的光明开始。人心原初是自然而有善的流露,如恻隐之心是光明的开始,但这只是个开始,如孟子说的是仁义之"端",当人有耳目自然欲望夹杂出现,便不能保持诚,要经历曲折细密的修养工夫才能达到诚。所以《中庸》说"自明诚,谓之教","致曲而有诚"。

由《中庸》来看孟子和荀子,孟子是教人直接知道本心,要当下知道自身能够做到诚,自然看见很大的快乐。即直接当下契接圣人境界而教学,是自诚而明的形态。而荀子则着重用诚的心使恶的性变得合理合道,要做化性起伪的工夫,要自勉诚心而实践仁义,这是由曲而有诚,是自明而诚的形态。但荀子不知道由诚心直接实践仁义的人性的至善,不明白孟子的自诚而明的形态。而孟子即心言性,不由耳目自然欲望来说人性,即不由私欲夹杂来说,没有说心之性可以去除一切不合理的、私欲的夹杂,经历曲折,超化一切夹杂而成为纯一,即不知道荀子的自明而诚的形态。由诚的形态来看,孟子和荀子互不相知,而《中庸》则能够综合至诚无息和曲能致诚两个意思,见到两种形态都是由天命之性而来。一方面说直接遵循这个性而实践道,"率性之谓道";另一方面说,做"思而中,勉而得"的人为努力工夫来修道,"修道之谓教",做去除夹杂不纯的工夫,自己时时刻刻戒慎恐惧,不可须臾松懈。

所以说《中庸》扩大了孟子的意思，令人对天命之性，不再有怀疑。《中庸》的说法，如果用一句话来说，"尽性"二字可以说尽，如再简约为一个字，便是"诚"字。《中庸》尽性立诚的教化，可见是归结形态，有扩大弘扬孟子之学的意义。

四、现代中国知识分子的问题

《中庸》之学原本是个人修身、培养个人德行的学问，这和现代中国社会有何关系呢？

看看前文所说的故事，便知道中国一些现代知识分子出了问题。因为社会是由个人组成的，有怎样的个人，就有怎样的社会，所以中国社会的问题其实就是中国人的问题，尤其是中国知识分子的问题。那么，《中庸》在现代中国社会有什么意义呢？要回答这问题，先看现代中国社会出了什么毛病，知识分子出了什么问题。

东晋经学家范宁，认为东晋时代风气虚浮，儒学日渐式微，是王弼、何晏这两个著名学者的罪过，而且认为罪过比桀纣还要深，是五胡乱华的罪魁祸首。明末清初的学者王夫之（船山），对明朝灭亡感到非常痛心，于是重重责备明代倡导"致良知"的大学者王阳明。为什么把国家兴亡的责任归之于学者？因为人们对知识分子的期望特别深重、殷切，所谓"望之殷，责之切"，只有知识分子配受人责备，而贪官污吏、昏君悍将不配被人责备。故此，要挽救这百多年来文化教育上的错误，就是知识分子的责任，我们一定要令中国文化思想教育重新走上光明大道，这就和知识分子的个人修养有关，和《中庸》教人的自诚之道有关。

中国古代社会一向很尊敬读书人，无论天下怎样大乱，都总会有地方容纳少数的知识分子。例如：知识分子可藏身于乡村、山林，或化身为僧人、道士而隐居，从而保存学术文化的命脉。他们等待时机，时移世易，再出来投身教化事业。所以很多前朝的知识分子都遁入山林，成为隐士，到新朝代出现，便成为开国的大臣、宰相。但近百多年来，中国知识分子的地位已不及从前，他们越来越不受社会尊敬，地位也不及商人、工人，甚至农民。在战争和权力斗争的日子里，知识分子想隐居乡村、山林也不可，想化身僧人、道士也不能。中国文化被西方文化冲击得摇摇欲坠时，知识分子无可逃遁就更形凄惨。有些知识分子逃到海外，生活却朝不保夕。在这惨况中，知识分子要负起挽救中国文化的责任，他们会发现，现实世界中无可依恃，无可假借，这时会出现一种不忍社稷文化灭亡的内在深情，这内在的深情就是一种恻隐纯洁的真实不忍心情，这个便是没有依恃、没有假借、没有夹杂的纯洁不忍之心。中国知识分子就是靠这个纯洁不忍之心，才能够重新创造中国文化的未来，中国文化才有远大的前途。实践这个纯洁不忍之心，便是《中庸》作者想要由自诚之道而达到的德行。

中国文化的未来，仍然要寄望于中国的知识分子，期望他们能够通古今之变，解决百多年来的中西文化冲突问题。中国知识分子先要有这个宏愿，要立志，要做一个尽性立诚的君子，凭一颗纯洁之心，肩负起这深情大愿。但可惜，现代知识分子不易掌握这层意义。我们说学习一门特殊的、具体的知识技能，凭这知识技能可获得生活资源、名位、财富，这较容易掌握，也是现代知识分子一般的目标。但其实立志做一个尽性的君子比知识技能更重要，因为立志代表一种态度、胸襟。现代知识分子在知识技能方面都超越了前人，但胸襟气度却及不上前人。

近百多年来，中国知识分子面对中西文化冲突，也曾努力尝试解决问题，但他们在精神上、意识上出现毛病，心灵中有所夹杂，不能顶天立地地站立起来，故此不能通古今之变。结果，他们在西方文化冲击中纷纷倒下，变得随波逐流。清末时，胡林翼看见长江上的外国军舰，就呕血病倒。可以说，这是一种象征，中国知识分子一看见西方文化就倒下了。百多年前，中西文化接触就是由这样恐怖、怯弱的感觉开始的。因此中国人对西方文化生出的心情都是羡慕和卑屈的。然后，知识分子即使想发愤图强，迎头赶上，但心中却总是夹杂了羡慕和卑屈。看前面故事说的知识分子，便是因羡慕和卑屈，心中有所夹杂而在西方文化面前倒下了。

中国人在清末民初时，学习日本富国强兵的方法；在新文化运动时，学习英美的自由主义，提倡科学和民主……总之，百多年来，知识分子心底的感情是恐惧、怯弱、羡慕、卑屈的，这些感情和虚心、好善的正面心情互相夹杂。虚心和好善是人主动向上的动机，但恐惧、怯弱、羡慕、卑屈则是被动向下的。现代中国知识分子都有这些夹杂，每个人的分量可能不同，但如要做一个肩负起中国文化命运的知识分子，便一定要严格分清楚这两种动机，然后完全斩除不好的动机。如果中国现代知识分子真的想解决中西文化冲突问题，便一定要彻底觉悟，要做《中庸》所说的尽性立诚工夫。这是很重要的第一步。

人总有缺点，人面对强而有力的事物时会感到恐惧，面对财富、知识、技术时会感到羡慕，对别人有所求时会出现卑屈感。但作为一个人，尤其是中国人，其实不应该用卑屈羡慕的心情学习西方文化，这样是不会学得到的。一个顶天立地的人才能够在面对列强、面对外来文化时不感到怯弱，不会因为自己的国家较贫穷、科技较落后就随波逐流。如果自感怯弱，只知追逐别人的经济、科技成就，只追求富强实效，片面地接受西方文化，到最后就只是模仿西方文化的外表。所以今天的中国知识分子，首先一定要堂堂正正地站立起来，尽性立诚，修养身心。因此，中国知识分子的第一步是修养自己。

中国以前的知识分子都是先修养自己的。"子曰：'衣敝缊袍，与衣狐貉者立，而不耻者，其由也与！'"（《论语·子罕》）孔子说："穿着破旧、粗糙的衣服，和穿着华贵狐貉皮袍的人站在一起，而不感到羞耻的，只有子路了吧！"穷而有志气，有自信，这就是道德气概。"孟子曰：'说大人，则藐之，勿视其巍巍然。'"（《孟子·尽心下》）孟子认为面对高官贵族，也不要因为他的地位而觉得他高高在上，虽是高官，也可以轻视他。"志意修则骄富贵，道义重则轻王公。"（《荀子·修身》）荀子认为如果修养好意志则可以傲视富贵，重视道义则可以轻视高官权贵。杜甫的《述怀》："麻鞋见天子，衣袖露两肘。"杜甫在安史之乱中逃难，往见皇帝，只穿着草鞋，衣服破烂，但没有因此而窘迫、卑屈。中国知识分子的志气应当是这样的。

五、由《中庸》之学回应

中国知识分子怎样才可以有这份气概呢？是不是先要中国强大起来，或重新强调中国有深厚的历史文化呢？

其实，中国人不必先对中国历史文化有信心才可以挺起胸膛做人。只要是一个"人"，就已经可以了。只要觉得自己是一个"人"，就可以有一种顶天立地的气概。人不一定凭借自己的民族有光辉灿烂的文化历史才可有气概，只要是人，即使没有光辉的民族文化历史，也可以有顶天立地的气概。这种气概不必假借外在的事物，不是由外面而来的，而是来自人内在的尽性立诚的修养。陆九渊（象山）说："我这里纵不识一字，亦须还我堂堂地做个人。"即使不识字，是文盲，也可以做一个堂堂正正的人，何况是知识分子。他又说："附物原非自立。"要依附外物，即有所夹杂，便不能够自立自诚。如果要靠外物才有气概，便不是真的气概。

《中庸》第一章是整篇《中庸》的大纲："天命之谓性，率性之谓道，修道之谓教。道也者，不可须臾离也，可离非道也。是故君子戒慎乎其所不睹，恐惧乎其所不闻。莫见乎隐，莫显乎微，故君子慎其独也。喜怒哀乐之未发，谓之中；发而皆中节，谓之和。中也者，天下之大本也；和也者，天下之达道也。致中和，天地位焉，万物育焉。"《中庸》开首说"天命之谓性"，指出人性是天命所贯注的，人能由发心立志开始，不是靠外在的财富知识来实践天命。做"率性之谓道，修道之谓教"的工夫，就是指人遵循自己的人性表现而形成道路，做"自己修养自己"的工夫，去除心中一切的夹杂，去除羡慕、卑屈，去除一切外在假借，令这道路成为可行的道路。此外，人要做到"道也者，不可须臾离也"，不可以片刻偏离道，实时时刻刻都在做工夫，不可以轻易放松。"戒慎乎其所不睹，恐惧乎其所不闻"，在人们看不见的地方也要敬戒谨慎，在人们听不到的时候也要惊恐惧怕，"戒慎恐惧"便是去除夹杂，不假借外在事物的工夫。君子应谨慎做自己修道的工夫，让自己修养成为君子，从而拥有君子应有的气概。

怎样"戒慎恐惧"呢？这便要时时刻刻地反省。人可以常常问自己，自信的气概来自哪里？是不是因为有财富？没有财富便没有气概，财大便气粗？是不是因为名声、地位、权力才有气概，好像高官、权贵那样？是不是因为有知识而有气概，就像深通科学技术的专家那样？如果是因为有一个强大的国家才有气概，这便是有所假借，有所夹杂，便只是大国的骄傲。不出生在强国，出生在弱国便没有气概吗？是因为中国有悠久的历史才有气概？如果中国没有悠久的历史，又会怎样？只要这样一步一步抚心自问，我们就会发现这些假借外在事物的气概，会一步一步消失。到最后，人究竟还有没有气概呢？很少人经得起这种考验，一般人没有钱已没有了气概。如果经不起这考验，人便是依附于物，心中有所夹杂，心灵不能纯一、不能自立。如果没有了夹杂和假借，只剩下一个"人"，却依然能顶天立地于宇宙之间，这种精神便可以涵盖天地，贯通古今。这才算是真正自立、真正有气概。这种气概不是来自天、地、他人或财富，而是来自自己内在的尽性立诚的人格修养。因此人首先要自觉是一个"人"，不管是不是中国人都可以有这种气概。中国儒家的精神原本就是提醒人要有这种自觉，做人格修养的工夫，然而这种气概是要不断自我反省的，故此不容易变成凌驾于他人之上的骄傲。有了这气概，中国知识分子便可以发心立志，尽性立诚，了解中西文化，通古今之变，解决百年来中西文化冲突的问题，创造中国文化的前途了。我们每个人只要放下假借夹杂，便可以有这个做人的气概。这种工夫没有特定的内容，不一定要学具体的技术知识或积累财富，其具体内容人人不同，每个人只要在自己的实践过程中，不断充实，不断反省，不断增加，这样，多活一日，便充实一日，没有停止的一天。这个实践的过程是无穷无尽的，是极艰难的。它不假借外力，只凭自己。它又是最简易，当下现成，当下具足的。《中庸》说的，便是这个道理。

《荀子》导读

开出一个人文世界

方世豪

香港新亚研究所哲学组博士，
香港人文哲学会会长

一、荀子其人其书

荀子，名况，字卿，又称荀卿、孙卿，战国时赵国人，生卒年不详，重要活动大约在公元前二九八年至前二三八年。荀子生逢乱世，十五岁游学于齐，在稷下留居了较长时间。齐威王、宣王当政时期，招贤纳士，学者云集，是齐国最繁荣时期。到齐愍王时，开始衰败，学者离去，荀子到了楚国。到齐襄王时，稷下又再度兴盛，荀子又回到齐国，成为齐国最有名望的学者。荀子也曾经向秦昭王和赵孝成王推销他的政治主张，但都没有被采用。后来到了楚国为官，到春申君死而免官。以后就一直著书立说，教学授徒，直至去世。

《荀子》一书流传至汉朝，经刘向整理，定为十二卷，三十二篇。到了唐朝，杨倞为《荀子》作注，定为二十卷，就是我们今天看见的《荀子》。《荀子》现在通行的是清代卢文弨校勘本，而清末王先谦撰《荀子集解》集清代学者之大成，是清代最著名注本。近人梁启雄所作《荀子简释》是近代著名的注本。

二、荀学简史

荀子说自己的学问是继承孔子而来的,又常常把孔子和周公相提并论。这是因为荀子认为自己和孔子一样,是发扬周代的人文文化制度的,其重点和孟子不同。孟子也是继承孔子,但常说尧舜是创造人伦文化的人,所以重点是在人伦文化,而不是周公的制礼作乐。《荀子》书中有《尧问》篇,有荀子门人的记录,说荀子的善行,孔子也不能超过,为荀子辩护,认为荀子并非不如孔子。可见荀子门人并不认为荀子是继承孟子,而是直承周孔。

汉代传授五经的儒者,多数自认为是继承荀子,遥承荀子门户。例如:解释《诗经》的三家,《鲁诗》是传自浮丘伯,《韩诗》是传自韩婴,《毛诗》是传自毛亨;而《礼》传自后苍,《春秋左氏传》是传自张苍,《春秋穀梁传》是传自申公。这些儒者的师承,都可以上溯到荀子的弟子。这些说法可参考清代学者汪中的《荀卿子通论》。

汉代时,董仲舒已经质疑过孟子的性善论说法。刘向的《孙卿书录》就称赞荀子,又说董仲舒是大儒而写书称赞荀子。后来,王充也有质疑孟子的文章。由此可见,汉初时,荀子的地位在孟子之上。

汉代只有扬雄曾以孟子自比，而反对道家、墨家。

汉代也很少主张孟子的性善论。董仲舒说性是天生的气质，可以同时贯通善恶；扬雄说性，主张"善恶混"，都是综合孟子、荀子的主张而说的。王充主张性分三品，认为人性有善，有恶，有居中，也是由综合孟子和荀子的主张而进一步说。

经典方面，由汉至唐，儒者都很重视五经。五经有多种注释，但《孟子》就只有赵岐注一种，和《荀子》只有杨倞注一样，他们的学问都未曾受到当时的重视。

到了唐代，韩愈著《原道》，认为孟子是"醇乎醇"，而荀子是"大醇"而有小疵。这就是赞扬孟子而稍为贬抑荀子。但韩愈对性的主张就和汉代王充大约相同。

到了宋代初期，学者仍然是大多数把孟子、荀子和扬雄、文中子相提并论。但《宋元学案》的《安定学案》中，安定门人徐积，就开始批评荀子的性恶论。苏轼的《荀卿论》更加认为李斯焚书坑儒的罪行，就是由于李斯的老师荀子主张性恶。二程更加大力斥责荀子的性恶论，二程说："其学极偏驳，只一句性恶，大本已失。"这就是认为荀子的性恶已失去了儒学的大本。朱子的《近思录》也有引用二程的说法。由宋代到明代,学者大多数都认为孟子才是孔子的嫡传,荀子是杂学而已。

到了清代,戴震主张心知,凌廷堪主张礼,说法其实和荀子大约相同,但他们都没有说明是宗于荀子。而汪缙的《汪子二录三录》,主张归宗孟子作标准来衡量荀子,但书中仍然有采用荀子主张的地方。姚鼐著《李斯论》,驳斥苏轼的说法,不赞成把李斯的罪过归咎于荀子。钱大昕、郝懿行为荀子辩护,认为荀子之学,没有违反孔孟的主张。卢文弨、王念孙就对荀子的文章多做校注的工夫。汪中著《荀卿子通论》,综述了荀子承传经学的功劳,又为荀子作《荀子年表》。而到了清末,王先谦集合了卢文弨、王念孙等人的校注,撰《荀子集解》。书中前二卷是考证,当中也备录了由钱大昕、郝懿行到汪中等人的文章。章太炎著《国故论衡》,用佛家的唯识宗义理来讨论孟、荀的人性论主张,认为孟子和荀子是各自得到偏向一面的人性意义。所以章太炎的说法有些类似汉代董仲舒、扬雄对孟子和荀子关于人性主张的评论。与章太炎同时,谭嗣同著《仁学》,一方面注重孟子所说的民贵主张,一方面斥责荀子的尊君、君统的主张,认为中国二千年来,君主专制制度都是荀子学说的流派形成的。这是荀子所始料不及的。

而近年以来，学者常常提到荀子所主张的正名和关于心和天的解释，因为可以用来和西方哲学思想比较，所以渐渐又觉得荀子学说有价值了，孟子和荀子的地位又大约相等了。这就是荀子之学的简史。

三、荀学在现代中国的意义 *

我在司徒华先生的书中，看到一个天堂与地狱的故事①。

话说有一个人死了，灵魂在路上飘荡，心里想：这条路是上天堂，还是下地狱呢？他自己无法估计自己功过，不知应上天堂或下地狱。走了一会儿，看见一座金碧辉煌的宫殿，中门大开，守门人请他进内，带他去见宫殿主人。

主人很殷勤招待，对这人说："这里有最华丽的

---

* 本节内容主要根据唐君毅先生著《中国人文精神之发展》和《中国哲学原论·原道篇》的内容写出。如想作更详细的了解，请参看唐先生原著。

① 见司徒华著《竦听荒鸡》。

房间，最舒适的床铺，最美味的食物，只要你说得出，就有用人煮给你吃。这里有很多用人侍候你，听你吩咐。你叫他们做什么就做什么。没有人打扰你，你什么也不用做。相信你从来没有试过这样的生活，你来这里住一下，试一试吧！"

这个人听了，很高兴，就住了下来。果然，宫殿里面的生活确是如此。想吃什么，有什么，要睡多久，就多久。但他渐渐不习惯，最不习惯的，是这里没有朋友。用人只是为他做事，从来不说话。另一个不习惯是这里没有一本书，没有报刊。宫殿外的消息，一点也不知道，整个人好像离开了这个世界。不久，这个人寂寞得想死，好像在监狱中生活。

他忍无可忍，问了用人："我可不可以做一些事呢？"

用人答："不可以，这里是不准做事的。"

这个人问："我可不可以负责担水、烧饭、洗衣服呢？"

用人答："不可以，我不是说过，这里不准做事，只准吃喝玩乐吗？"

又过了一段时日，这个灵魂实在无法再忍受，走去见那宫殿主人，说："我在这里无所事事，虽然生活无忧，但我不能够再留下了。我现在觉得，原来寂寞是最痛苦的。当初，我在这里确是觉得很快乐，无忧无虑，不用工作，好像在天堂一样。但现在，却觉得像在地狱一样。你可以给我一些工作来做，令我不至于那么寂寞难受吗？"

宫殿主人说："你想错了，这里不是天堂，而是地狱。地狱就是这样，就是寂寞，就是无事可做。在天堂才有事可以做，生活才有意思。"

这个灵魂说："那么，我要离开这里，我情愿去那个有很多事做的地方！"

为什么这个灵魂不愿意留在这个天堂一样的地方？因为这里无事可做，没有朋友，没有沟通，生活没有意义。生活怎样才有意义？就是在人世间，做人间的事，有朋友，有沟通，生活才有意义。在人世间有很多事可以做，可以从事科学、文学、哲学、宗教、艺术、体育、经济、烹饪等各式各样的活动，这就是人文世界的活动。有这些活动，就是有人文世界，生活才有意义。所以，人文世界才是真正的人间天堂。

历史上，甚至今天，还常常有人用无事可做的天堂，来吸引人，甚至吸引了很多知识分子，由此而为世人带来灾祸。例如：有人以为一个财富完全平等的世界就是天堂，忽略了全幅人文世界的价值，一切都为经济服务,世上好像只有经济意义,只有物质的意义。这就是一个寂寞、空虚的天堂。所以,我们要重新确认,真正的天堂是全幅人文世界的开展。荀子所说的礼义,就是人文世界,就是人文统率各种文化而形成的道。

看荀学的意义,就要看荀学开展出的人文世界的意义了。

(一) 荀子人文精神的来源

人文精神就是多元文化组织的基础。什么是人文精神呢?

用唐君毅先生的解释,人文,就是一切人的思想、人的学术、人的文化,一切文化都是人的文化,都是由人创造的。所以一切文化精神都是人文精神。但这样说好像没有什么特别意思,没有对照,人文精神的特征就显不出来。因为除了人文思想、人文精神之外,还有反人文的思想和精神。本来人文的思想不必特别提出来说的,但因为每个时期都有反人文精神的存在,所以每个时期都要提倡发扬人文精神。

中国人文精神发展的第一阶段,是孔子以前的时期。这时期的中国人文精神是表现在具体的日常生活中。这时期其实并没有很多人文学术思想，但中国人文精神的根源就在这时期确定下来。中国后来的人文思想，包括荀子的人文思想，都是由这时期的中国人心灵中孕育出来的。中国的人文精神，和西方的人文主义不同，并不是和神本、物本相对。所以人文精神不是没有宗教信仰，不是不重视自然。中国人文精神重视的，是要看人对宗教性的天、帝和对自然物的态度。这种形态和西方的形态是不同的。

唐先生认为人对自然物的态度，简单说，可以有三种：第一种是利用厚生的态度，第二种是欣赏或表现人情感、德性、审美的艺术态度，第三种是视自然物为客观对象，人对客观对象有好奇、惊讶，要求对对象加以了解的态度。第三种态度可以产生出纯粹客观的自然思想，这就是西方古希腊的科学、自然哲学的开始。这种态度的思想是直接倾向自然，趋向忘记人自己的。

中国古代既缺乏纯自然的思想，也缺乏死后世界、神界的思想，所以中国文化的本源就是人文中心的文化。这种人文文化在周朝时具体形成。"周尚文"，就是说到周朝才有人文的文制，就是礼乐制度。中国古人发明器物，表示古人能够首先控制自然物，这是实用方面而言。但到了周朝，有了礼乐制度之后，器物就渐渐礼乐化，变成礼的器物和乐的器物，变成用来表现人情意、德性的工具。器物世界也增加了审美艺术的人文意义。周代以前，比较重视祭祀鬼神，表明中国人要求和神灵协调，礼乐的作用是要令神人关系和谐。但到了周朝，礼乐的意义就偏重于人的伦理关系，用来协调人与人之间的秩序。荀子肯定的礼乐文化，就是周朝发展出来的人文文化。

根据唐君毅先生的意见，中国人对这种人文精神的自觉，是春秋以后由孔子开始的。春秋以前人文精神自觉到什么程度，是不确定的。但西周时期这种礼乐文化是一种生命力极其健康、充盛，又文雅有度的文化。西周时期，人的精神和内心德性都是直接表现在文化生活之中的，而自觉反省的思想是不需要的。真正对中国人文中心思想有自觉反省，能够阐明人文精神的价值和意义的人，就是孔子。孔子开出了先秦儒家的人文思想。由孔子到孟子，再到荀子，是中国儒家人文思想自觉形成的时期。所以荀子要做的，是继承孔子的使命，就是要重建中国传统的人文中心文化。

1. 孔子的努力

春秋时期的时代问题是周朝势力衰落，夷狄势力兴起。周朝贵族堕落、无礼，士人、庶人逐渐要求提高社会地位，礼乐传统崩坏了。即是说，中国传统人文世界内部开始崩坏，而外面世界的夷狄势力又形成威胁。要解决这个时代问题，孔子作为知识分子，他一方面很佩服周公的制礼作乐，建立人文世界，一方面又佩服管仲的尊王攘夷，令中国人不至于"被发左衽"。孔子又要求当时的士人，即知识分子，要负起保护和重建中国人文世界的责任。士，本来是武士，武士的责任是保卫社稷。

孔子认为当时礼乐制度崩坏是因为人僭越礼乐，所以孔子要人知道礼乐之本。礼乐之本就是人内心的仁德，所谓："质胜文则野，文胜质则史。文质彬彬，然后君子。"（《论语·雍也》）孔子重视文，不是说重视礼乐的仪文，而是重视成就礼乐仪文的德性。这德性就是文之质。孔子重视文之质，重视德性，就是想挽救当时文制的毛病。所以在"人文"两字之中，孔子是重视人多于表现在外的礼乐仪文。孔子要人自觉自己内在的、人之所以为人的德性，令人自己先成为能够被礼乐仪文依附的质地，才能成就真正有意义的礼乐仪文。这才是孔子一生讲学的精神所在，也是孔子人文思想的核心所在。孔子在整个周朝传统的礼乐人文世界的底层，发现了一个人的纯内心德性的世界。这个世界就是人文世界的基础。孔子和他的弟子亲身实践，以德性互相勉励，孔子师门就已形成一个人格世界。孔子和弟子反省讨论德性问题，讨论人格世界如何形成，后来的儒者，包括孟子、荀子、宋明理学家等，也加入讨论德性和人格问题。这些讨论形成的智慧，又会形成一个人文思想的世界。这个儒学的人文思想世界，意义和价值很广远，比孔子上论古人、作《春秋》、对时人作褒贬的活动，又更进一步。

2.孟子的努力

孔子以后，孟子把孔子的人文思想又推进一步。孟子的人文思想是要回答墨子对儒家的攻击。孟子重新说明儒家礼乐和家庭伦理的价值。孟子之所以能够说出这个价值，是因为孟子能够肯定人的心性。孟子由人的心性要求来说明礼乐的表现。礼乐其实就是人心性不容已的表现。孟子又说到人性的仁爱流行的次序，是由近至远。人人皆是亲其亲，长其长，最后可达到天下太平。孟子说的人性是天所赋予我的，由此而说尽心知性知天，把人道和天道贯通起来。所以中国儒家的人文思想，发展到孟子，就可以为孔子说的人文价值、内心德性找到一个既是先天的，又是纯内在的人性基础。儒家的人心性世界的存在，可以说是由孟子的反省自觉而加以树立。

3. 荀子的努力

中国先秦的人文思想，孟子以后再进一步的发展，就是荀子的思想。荀子思想的重点是说明礼制。礼制其实是包括各文化的统类，所以荀子是说明人文世界的结构。孔子的重点是说明礼乐的本意，孟子的重点是说明礼乐的源头，荀子说礼制，重点是说明礼乐制度的实效。所谓实效，就是要树立起整幅的人文世界，令自然世界的天地、自然的人性，都可得到条理化。荀子在《王制》篇说"天地生君子，君子理天地"，就是说自然世界的天地被人文世界的君子所主宰。这种说法是庄子以天为主宰的倒转。庄子崇尚自然，不重视人文思想、人文世界。但后来的《中庸》《易传》《乐记》等所说的天地的德性，礼乐的和谐秩序，都是以人文世界作为中心概念而说的。这正是用人文世界的概念来说明天地的价值意义。这就是先秦儒家人文思想的发展过程，通过人文世界，由人道而通天道。

（二）现代中国问题的来源

中国人文精神发展到现代，变成被重视现实物质的思想所主宰。现代人都以为政治经济就是人类文化形态的决定原因。现代重视政治和市场经济发展的思想正是如此。这样就抹杀了政治经济以外其他人类文化的独立性,否定了一切政治经济以外的文化思想本身的真理价值,包括人格尊严、个性价值等等,甚至不把人当作人看待,人也只是一个物、一个人力资源、一个工具,只有工具价值。人类整幅的人文世界大部分都变得毫无意义了。

1. 清代的问题

现在的问题是,何以中国人的人文思想发展到现代,竟然会被反人文的思想征服呢?原因有政治性的,有军事性的,有经济性的,但更深层的,其实是文化学术思想的缘由。从中国的文化思想发展来说,就是因为清代的学术文化中的人文精神没有力量。因为清代学术思想太注重文字文物考据的枝节末项,清代学人太局限于书斋,这就是一种偏蔽。原本清代哲学重点是要人注重实际的民生日用,这个方向本来不错。但清代哲学要反对宋明理学就错了。宋明理学要人学做人,做一个顶天立地的人。而清代哲学则注重要人做事务。现代人的学术文化,都是要人学做事,可以求职赚钱,也是如此,只是比清代更重视个人利益。宋明理学的末流,变成

"无事袖手谈心性",这是毛病,是应该反对的。但真正第一流的宋明理学家,虽然不重视"做事",实际上却很能做事。清代哲学家反对宋明理学家提倡的心性之学,希望人能够去空谈,多做事。但实际上,清代哲学家中,除了颜元(习斋)外,其他都只是在书斋中著书。其实清代学者的做事精神反而不及宋明儒者。因为真正能够做事的人,一定要先做人。清代中叶以后,曾国藩、罗泽南等人比较能够做事,正是因为他们的讲学是以宋明理学精神为本。所以反对宋明理学的清代哲学和考证训诂之学,表现出来就成为一股没有力量的精神。因为清代学者只用心在人文的枝节末项和人生实际事务的枝节末项,没有用心做工夫建立深厚的本原,结果就没有力气。回看现代都市人不正是只顾人生的事务枝节,而不是先学做人,不言心性之学吗?这就是清代人文精神的流波,一直贯注到新文化运动,再到现在。

新文化运动的学者,很多仍然推崇清代学者,反对宋明理学。新文化运动推动的是"整理国故"的风气,其实一直未脱离清代的琐屑考证风气。这个风气一直沿至现在的研究中国文化的大学学者,大学学院中的中文系仍然是延续清代的考证风气,但加上西方式的论文格式而已。这种人文精神当然抵挡不住崇尚物质的强大思想文化。所以清代这种有所偏的人文精神也是应该反对的。于是，重新看看先秦荀子如何建立全幅人文世界就有意义了。

2. 新文化运动的问题

至于新文化运动提倡的科学和民主自由，都是由西方文化输入的，不是继承清代精神而来。民主自由本来都是好的，但只说民主，而没有人文人格的根基，也不能够形成一个好的政治制度。就好像选民和候选人都是人文人格基础不好的人，选出来的领袖也不会是理想的人。没有人文世界的开展，民主制度也没有坚实的基础。所以新文化运动时，只是喊民主自由的口号，喊了多年，中国人仍然开不出民主自由的政治。结果民主自由的口号，只成为新文化运动时破坏和打倒原有社会文化的力量。新文化运动时只有科学的口号，但不重视科学研究，只说科学方法、逻辑分析，用来批判传统文化，威吓中国传统知识分子而已。所以民主和科学的口号不能帮助中国文化的发展，反而为中国文化变得物质化而开路，扫除传统的障碍。这就是中国文化思想变得普遍重视物质的原因。

中华民族有数千年历史，中国人文精神的发展也有多次的曲折，最后被重视物质的文化征服，这就好像秦代被反人文的法家征服一样。但人类文化的发展，从来都是在艰难中奋斗出来的，在迷惑中找出路的。所谓道高一尺，魔高一丈，文化的曲折起伏是寻常事，但魔高一丈，道也可以再高十丈。光明和黑暗是互相对照而发展的。道因为有魔对照就会加以发展，人认识到这是黑暗时代，就清楚光明快要来临。人如果知道这是魔鬼的时代，就会去追求道。一切反面的事物，都一定会被反对的。因为人性总是要向光明、向道而发展，这是人性的必然。所以中国人文精神发展在现代的不幸，并不是未来的不幸。正因为这发展的不幸，令中国人更加能够反省到中国传统人文精神的价值。这样中国人才明白传统人文精神的价值是什么，缺点是什么。于是，中国人就会发挥、保存传统人文精神、人文世界的价值，并且会补足传统人文精神缺乏的地方。由此而发展民主自由和科学，反而更能见到民主自由和科学的价值。由此而看，中国人文精神未来发展的前途是远大的。所以这时回顾荀子的人文世界思想，就能让人由中国传统人文精神中，发展出真正的民主自由科学的中国。

中国传统人文精神，如周朝的礼乐精神，孔子重视的仁道，孟子重视的心性，荀子重视的人文世界主宰自然世界等，都可以互相融合，应该保存下来，重新为中国文化发出光辉。故而，荀子的人文世界精神，在现代社会是有重新彰显的意义的。

（三）荀子的人文世界

先秦时期，孔子说仁道，墨子说义道，孟子说兴起人心志之道。而道家的田骈、彭蒙、慎到，说顺应物势之道，老子说法地法天之道，庄子说由生命心知而成为真人、至人、神人之道。而荀子所说之道和他们又有不同。荀子说的道属于儒家传统，但明显又和孟子不同。孟子只注重人和禽兽的分别，但荀子同时说人和自然天地万物的分别。《王制》篇云：

> 水火有气而无生，草木有生而无知，禽兽有知而无义，人有气、有生、有知，亦且有义，故最为天下贵也。

人的尊贵，是相对于一切自然天地万物而见到的。而人尊贵的原因，不似孟子的说法。孟子认为人之尊贵是由人和禽兽不同的主观心性来说的。但荀子是由人和自然天地万物的不同而说，是由人的客观的礼义而说。荀子所说的礼义，就是人文世界，人文统率各种文化而形成的道。人文能统率各种文化，表示人在自然世界之上，开出一个人文世界。这个人文世界，在人的自然生命和人所知的自然物之间，同时也是在自己与他人之间。这个人文世界也贯通古今，而有自己的历史。所以说，荀子的人文统类形成之道，和孔子、孟子都不同。孔子只说自己与他人相处的伦理之道，孟子只说人怎样自己兴起自己的心志而做圣贤之道。荀子和老子、庄子就更加不同，老子说的是法天法地之道，庄子说的是人自己调理自己的心知生命而成为真人、至人、神人之道。荀子所说的，是用心于各种人与不同类自然事物的关系，人与各种类的人间事物的特殊关系，和古今历史的变化。明白这些关系，然后才能够知道怎样形成人文统率各种类事物之道。这样，荀子就可以说出，人在自然世界之外，其实开出了一个人文世界。而人文世界的形成，一方面要建立各种类的人伦关系，人要尽人伦。而另一方面，要令各种类人文可以互相限制，由此而互相配合，互相统率，互相成就，由此而尽人的文化制度。人能实践制度，就成为政治。尽人伦，就可以成为圣人。尽文制，就可以成为王者。所以荀子说的尽伦尽制之道，就是圣王之道。墨子说圣和王，注重用力于公义，要兴起天下人民的利益。孟子说"大而化之之谓圣"，能够保卫人民，兴起人民的人，就是王者。老子就认为圣人没有常心，而以百姓之心为心的就是王。庄子说游心于恬淡的圣人，是顺物自然而没有私心，这就是应帝王之道。诸子之中，只有墨子注重在事业上见到公义和对人民有利，其余都是着重在内心上说道。但荀子说圣王，着重在尽伦尽制，要成就客观的人文统类、人文世界而不是着重在一件一件的具体事情。荀子也不只是着重说心，而是着重说心之知而贯通各类，由实践而成就统类。荀子正是希望由此而令世界，由偏险悖乱而归于正常之理、和平之治，成就人文世界所有具体的事业，令人的事业都合乎礼义，人就是天下最尊贵的。所以荀子《礼论》篇说："礼者，人道之极也。"这就是荀子学说的特质。

道家

《老子》导读

「道」：万物的本原

北京大学哲学系教授 陈鼓应

老子姓老，名聃，春秋末道家学派的开创者。老聃与孔子同时代，年长孔子约二十岁，哲学上的老子和文化上的孔子，其关系亦师亦友。

老子是中国哲学的创始人，《老子》一书为老聃自著，近年湖北荆门郭店出土并公布的竹简《老子》——这件在地下埋藏了二千多年的实物证据的问世，有力推翻了《老子》晚出说的谬误。

一、老子其人其书

老聃，世人尊称为老子（约前五七〇—？），一如尊称孔丘为孔子、墨翟为墨子（"子"为先生之义）。司马迁说："姓李氏，名耳。"这是汉人的说法。根据高亨先生考订，春秋二百四十年间并无"李"姓，但有"老"姓。"老""李"一音之转，老子原姓老，后以音同变为李。而"耳""聃"字义相近，故称作耳。总之，"老聃"被尊称为"老子"在先秦典籍中屡见，毋庸置疑。

老子是陈国人，后陈被楚灭，故称楚人。"楚苦县厉乡"，即后来的安徽亳州府，现在隶属于河南省鹿邑县。老子曾为周朝史官，《史记》称他为"周守藏室之史"。"守藏史"相当于国家图书馆馆长。司马迁说:"孔子之所严事,于周则老子,……于楚,老莱子。"(《史记·仲尼弟子列传》)孔子分别问学于老子与老莱子,二者都有著作传世,著书篇目各不相同("老子著书上下篇","老莱子亦楚人也,著书十五篇")。但梁启超、冯友兰等人出于粗心或有意扭曲,以至于把老子和老莱子混淆不清。

老子与孔子同时代,孔子生于鲁襄公二十二年(前五五一),老子生于公元前五七〇年左右,比孔子年长二十岁上下。《史记》记载"孔子问礼于老子"之事,当属史实。先秦典籍如《庄子》《吕氏春秋》及《礼记·曾子问》等不同典籍都曾提及此事。

《吕氏春秋·当染》说:"孔子学于老聃。"老子和孔子的关系亦师亦友,在多种文献记载中值得我们留意的有这几点:一、同源异流:老子与孔子同是殷周文化的继承者与创新者。同源中的"异流"则是孔子为中国文化史上继往开来的第一人,其"有教无类""诲人不倦"的精神,更使他成为教育史上的"万世师表"。老子则是中国哲学的开创者,他所建构的"道"论,不仅发先秦诸子所未发,更成为中国古典哲学的主干。二、文化与哲学的对话:文化的孔子与哲学的老子进行对话,二人谈论的细节虽不得而知，但从各书记载中可以窥知孔子的问题属于文化层面（"礼"）；而老子的解答则总会从文化的议题引向哲学层面（"道"）。故孔、老间的对话就是属于文化与哲学的对话。三、对话的开放心态：儒、道开创人首次的对话，彼此学术间的立场与观点虽异，而对话的心态则是真挚而开放的。这和后来孟子恶意攻击杨、墨，以及宋明儒者为了维护道统而排斥佛、老的狭隘心态相较，真有天壤之别。故老、孔之间的对话诚为思想史上令人神会的一个开端。

老子是中国哲学的开山祖，老聃自著的《老子》是先秦哲学中最早的一本哲学著作。《史记》明确记载老子"著书上下篇，言道德之意，五千余言"。司马迁这里所说老子著书的篇目、主旨和字数，都与通行本《老子》相吻合。一九九八年北京文物出版社印行《郭店楚墓竹简》，首次公布湖北荆门郭店出土的竹简《老子》，这件在地下埋藏了二千多年的实物证据的问世，有力推翻了《老子》晚出说的谬误。

陈楚文化圈是孕育老子思想的原乡，中年以后他入朝任史官，长期沉浸在中原文化的核心地带。他长于思索宇宙的奥秘及人生的哲理，在孔子到周室拜访他时，他已是当时学术界的泰斗。随着他那精简而深刻的著作流传各地,我们从先秦典籍广泛引用《老子》书中的重要概念与文句,可以证实它成书之早与影响之广。如《论语·宪问》明确引用《老子·六十三章》"以德报怨";其后,《墨子》引用《老子》观念与文句约十条,《管子》引用《老子》观念与文句多达三十一条,《庄子》引用《老子》观念与文句多达一百二十二条,《荀子》引用《老子》观念与文句十三条,《韩非子》引用《老子》观念与文句达七十二条,《吕氏春秋》引用《老子》观念与文句多达二十九条。由此可见,《老子》思想对道儒墨法各家各派影响的广远。

二、老子思想

林语堂在他的英文著作《老子的智慧》中说:"孔子的学说过于崇尚现实,太缺乏想象的意涵。""孔子的哲学是维护传统秩序的哲学,主要处理的是平凡世界中的伦常关系,不但不令人激奋,反易磨损一个人对精神方面的渴求,以及幻想驰奔的本性。"这里隐约道出儒家是透过社会规范的建立,以提高人的道德价值;而道家是透过哲学精神的建立，以提升人的心灵境界。林语堂又说："儒道两家的差别，在公元前一三六年，汉武帝独尊儒术后，被明显地划分出来：官吏尊孔，作家与诗人则欣赏老庄。"这里指出汉以后，儒道分途：儒家在中国政治社会中成为显文化及官方哲学，而道家则成为潜文化及民间哲学。

陈荣捷在他的英文著作《中国哲学文献选编》中说："假如没有《老子》这本书的话，中国文化与中国人的性格将会截然不同。假如不能真正领会这本小书里的玄妙哲思，我们就不能期望他可以理解中国的哲学、宗教、政治、艺术和医药。"又说："在某些层面，道家进入生命之道更深更远，所以虽然古代从诸子百家都各道其道，但道家却得独享其名。"

进入老子的思想领域，让我们先从他的"道"谈起。

（一）可道之道与不可道之"道"

"道"不仅是中国文化的象征，也是中国哲学的最高范畴。而第一位将道视为最高范畴的哲学家就是老子。《老子》第一章便指明"道"是天地万物之始源："道可道，非常道；名可名，非常名。无，名天地之始。有，名万物之母。"

老子是第一个将道提升至形而上地位的哲学家,他认为一切万物皆由道所出,甚至连天地都由道而来。但是道一开始并非具有形而上意味,因此我们有必要先说明"道"的原义及如何转化到形而上的道。

"道"这个象形文字就具有特殊的意涵。道从"首"从"走",象征着人从四肢落地的动物群中抬起头来,当人类昂首挺立开始活动,便在天地间创造出一部辉煌的历史。所以在"道"的字源中,就隐含着行走的意象与创造的意义,所以老庄说"道行之而成",又说道创生万物("道生之")。

"道"的字义由行走、运行引申出秩序、方法、规准、法则等意涵。这些重要意涵,为老子之前的思想家及老子之后的战国诸子所共同使用,并各自赋予以特殊的内涵。自殷周以降,人们探索日月星辰等天象运行的规律,称作"天道";建立人类社会行为的规范,叫作"人道"。各家的关注虽有所不同,如孔子罕言"天道"而用心于"人道";老子则不仅借"天道"而彰显"人道",而且进一步将"天道"与"人道"均统摄于其形上之道中。

老子是第一个提出形上之道的概念和理论的哲学家。老子之前的思想家都只思考"形而下"的存在问题,也就是只探讨现实世界(亦称现象界或经验界）的问题。一切"形而下"的事物都有名字，都可以命名（所谓"物固有形，形固有名"）。老子却指出，除了"可以命名的"（"可道之道"）之外，还有超乎形象的"形而上"存在。这"形而上"的存在是现象界万物之所由来——称之为"道"。

人不是一个无头无根的存在，老子的哲学正是要探究人之存在的源头与根由，并试图在纷纭的万物中寻找其活动的法则及始源。当我们读到前面引用的《老子》第一章文句时，思考就从常识世界中被带入另一个新天地。

《老子》书上不只提出万物本原（"天地之始""万物之母"）的问题，还提出宇宙生成的问题（如四十二章谓"道生一，一生二，二生三，三生万物"），并提出宇宙变动历程的问题（如四十章谓"反者道之动"，二十五章谓"周行而不殆，……大曰逝，逝曰远，远曰反"）。

作为万物本原和本根的"道"是无形、无限性的，因此老子简称它为"无"；它是实存而且万物都由它以生，所以又称之为"有"，《老子》第一章的"无""有"乃"异名同谓"的指称形上道体的两个面向。

每个哲学家都有他的一套理论预设，老子的

"道"便是为了给现实世界提供一套合理的理论说明而创构的。老子除了在形而上学的领域内肯定道是万物的本原和本根之外，他还赋予道几层重要的意涵：一、道为万有生命的泉源。老子认为万物都是由道所创生的（如五十一章谓"道生之，德畜之"），所以庄子称它为"生生者"（《大宗师》），称赞大道神奇的"刻雕众形"，天地间各类品物万种风情，使宇宙宛如一个无尽藏的艺术宝库。二、道为一切存在之大全。老子说："万物得一以生"（第三十九章），这里以"一"喻道（《韩非子·扬榷》说："道无双，故曰一"）。其后庄子以"一"指宇宙整体、一切存在之大全。老庄视宇宙为有机的统一体，庄子说："道通为一"（《齐物论》），即视宇宙为无数个体生命关系之反映，而生命的每个方面在整体宇宙中都是彼此相互依存、相互汇通的。三、道为大化流行之历程。老子认为道体是恒动的（四十章谓"反（返）者道之动"），道的存在是广大无边的，道的运行是周流不息的（二十五章谓"周行而不殆"）。老子用"逝"、"远"、"反"（"返"），来形容"道"在宇宙大化发育流行中依循着终而后始法则运转的无穷历程。四、道为精神生命之最高境界。老子说过这样一句令人瞩目的话："为学日益，为道日损。"（四十八章）

这是说对外在世界探讨所得的知识，越累积越增多；对道的体会越深，主观成见和私心就会越来越减少。这里所说的"为道"是属于精神境界的修养。在人生境界的修养上，老子提到要"挫锐""解纷"，消除个我的固蔽，化除人群的隔阂，从亲疏贵贱之别异层次中，提升到"和光""同尘"的"玄同"境界（参见五十六章）。老子的"玄同"之境为庄子所弘扬，而将形上之道作为提高人类精神生命和思想生命的最高指标。

（二）有无相生

《老子》第二章开头的一段话，讨论到现象世界事物之间相互对立、相互关联及价值判断相对性的问题。它说："天下皆知美之为美，斯恶已；皆知善之为善，斯不善已。故有无相生，难易相成，长短相较，高下相倾，音声相和，前后相随。"

这是说没有美，就不会有丑（"恶"）；没有善，就不会有不善；同理，老子认为没有"有"，就无所谓"无"；没有"难"，就无所谓"易"；没有"长"，就无所谓"短"。我们以"有无相生"这一重要哲学命题为代表，来叙述老子对现象世界观察的一些洞见：第一，事物存在的相互依存。老子看到一切事物都有它的对立面：事物有显的一面，也有隐的一面；有其表层结构，也有其深层结构。因而观察事象不能流于片面，思考问题不可出于单边。老子说："三十辐，共一毂，当其无，有车之用。……故有之以为利，无之以为用。"（十一章）一般人只看到事物的显相（"有"），而没有看到事物的隐相（"无"），事实上"有""无"是相互补充而共同发挥作用的。第二，事物对立面的相互转化。老子认识到事物的对立面不是一成不变的，它们经常相互转化。他说正常能转化为反常，善良能转化为妖孽（五十八章"正复为奇，善复为妖"）；又说：委曲反能全，屈枉反能伸直，低下反能充满，敝旧反能更新，少取反能多得，贪多反而迷惑（二十二章"曲则全，枉则直，洼则盈，敝则新，少则得，多则惑"）。用这道理来看我们上层政治人物，恰恰栩栩如生地呈现出如此情景。第三，事物相反而皆相成。老子说："祸兮福之所倚，福兮祸之所伏。"（五十八章）表明对立面双方的联系性。老子系统地揭示出事物的存在是相互依存的，而不是孤立的。如有无、美丑、动静、阴阳、损益、刚柔、强弱、正反等等，都是对反而立又相互蕴涵。老子说："万物负阴而抱阳，冲气以为和。"（四十二章）在老子相反相成的辩证思想中,"阴阳冲和"和"有无相生"是两个最具代表性的命题。

逆向思维是老子辩证法中另一个特殊的思想方式。老子说:"正言若反。"(七十八章)——合于真理的话却与俗情相反。《老子》整本书所表达的都是切合于道的正言,但乍听时好像在说反面的话。

(三)为无为

"无为"的概念是老子逆向思维的一个范例。在《老子》一书中,"无为"这一个特殊用词几乎都是针对统治者而发的。老子期望掌握权势的在位者不妄为、"弗独为"(《鹖冠子·道端》,要"以百姓心为心"(四十九章)。其后庄子学派更将老子告诫治者勿专权、毋滥权的"无为"理念,延伸为放任思想和不干涉主义。

老子说"无为",又提出"为无为"(三章)。像"为无为"这类正反结合的词语所蕴含的深意,屡见于《老子》一书,如谓:"生而不有,为而不恃,长而不宰。"(十章、五十一章)英国的罗素就很欣赏老子这些话,认为人类有两种意志:创造的意志和占有的意志,老子便是要人发挥创造的动力而收敛占有的冲动——"生而不有,为而不恃"正是这层意思。老子还说:"为而不争"(八十一章),也与"为无为"同义,要治理阶层以服务大众("为人""与人")为志,而不与民争权夺利。

(四)道法自然

人们一提起老子,就会想到他自然无为的主张。简言之,这主张就是听任事物自然发展。"自然"是老子的核心观念,乃是自己如此的意思,它被英译为"spontaneous"(自发的),名词则为"spontaneity"(自发),但原文不是名词,而是副词;也就是说,自然不是指具体存在的自然界(天地),而是形容"自己如此"的一种情状。《老子》二十五章有这样一段重要的话:"故道大,天大,地大,人亦大。域中有四大,而人居其一焉。人法地,地法天,天法道,道法自然。"

这里的引文分两段来讨论,前段是在提升人的地位,后段则在申说"道法自然"的意涵。老子把人列为"四大"之一,如此突出人在宇宙中的地位,这在古代思想史上实属首见。

老子说:"死而不亡者寿。"(三十三章)这当指人的思想生命与精神生命之传承延续而言。老子将人的地位如此高扬,为历代道家所承继,庄子对生命境界尤多发挥。老子在提升人的地位之后，接着讲人之所以为贵，在于他能法天地之道，使他成为一个不断把外界存在的特性内化为自己本质的过程。

人能成为四大之一，在于他能不断地充实自己、拓展自己，他能从外在环境中吸取经验知识以内化为自己的智慧。老子谓人法天地，便是意指人效法天地之清宁，效法天地之高远厚重，进而效法道的自然性。

道的一个重要特性便是自然性。所谓"道法自然"，正是河上公注所说的"道性自然"。即谓"道"以它自己的状态为依据。而道性自然即是彰显道的自发性、自为性。所谓人法道的自然性，实即发挥人内在本有的自主性、自由性。

道性自然及人分有道的自然性，这学说有它特殊的意义：道也者，自由国度。人法其自性，则人处于自由自在的精神乐园。

（五）柔弱胜刚强

《吕氏春秋》论及诸子学说特点时，强调"老聃贵柔"（《不二》）。"柔弱"是"无为"的一种表述。老子之所以倡导柔弱的作用，是鉴于人类行为自是、自专而失之刚暴，权势阶层尤然。

老子生当乱世，他一方面从人性的正面处去提升人的精神层次，另一方面从人性的负面处去洞察社会动乱的根源。人类所以胜出别的动物，在于他能从学习中累积经验以改善自身，并协和同群改造环境。但人类也比其他动物更为狡诈，更多心机；别种动物不知设计同类，不会陷害同类，更没有本事发明器械去猎杀异类。尼采说："人类是病得很深的一种动物。"这话可十分恰切地用来形容主政者权力运用不当，发动侵略战争而导致大规模杀戮行动的现象。这正是老子"无为"学说谆谆告诫主政者不可揽权滥权的用心，也正是老子谆谆告示主政者要"不争"、"柔弱"、处下、谦虚为怀的用意。

老子喜欢用水来比喻理想的治者表现出柔弱不争及处下的美德："上善若水。水善利万物而不争，处众人之所恶，故几于道。"（八章）"大邦者下流，……大者宜为下。"（六十一章）"江海所以能为百谷王者，以其善下之。"（六十六章）

这些话虽然出自老子对他所处那个时代的感发，但更像是说给我们当代那些"权力傲慢"的霸主听的。

身处新世纪的我们，耳闻目睹两次世界大战及中东两次海湾战争之大规模屠杀行径，不禁想起老子对穷兵黩武者发出的警告："兵者，不祥之器，……夫乐杀人者，则不可以得志于天下矣。"（三十一章）"坚强者死之徒，柔弱者生之徒。"（七十六章）老子的"柔"道，无论用在治身或治国，都有益人群。老子所说的"柔弱"，并不是软弱不举，而是含有柔韧坚忍的意味。我们今日所处的世界，一方面普遍传播着尊重人权的"地球村"观念，另一方面又屡屡出现霸强"军事单边主义"的刚暴作风，在这相互矛盾的情景下，老子所倡导的柔道，犹不失为东方智慧所发出的人间天籁之音。

《庄子》导读

我读《庄子》的心路历程

北京大学哲学系教授 陈鼓应

一

庄子名周，生活在战国时代中期。宋国蒙人，曾为蒙地漆园吏。当时周朝名存实亡，诸侯纷争，战事频仍，社会动荡。身处政治黑暗、尔虞我诈、民不聊生的环境中，庄子感同身受，对昏君乱相及趋炎附势之徒无比的憎恶，而对苦难中的平民弱士寄予了无限的同情。

我们现在看到的《庄子》，都源于晋代郭象注本《庄子》，此本分内篇七、外篇十五、杂篇十一，共三十三篇。最早的著录见于《汉书·艺文志》，著录为"《庄子》五十二篇"，可见庄子的著作未能完整地流传下来。关于《庄子》三十三篇的真伪问题，始出于宋代的苏轼，他认为杂篇中的《让王》《说剑》"浅陋不入于道"，而《渔父》《盗跖》诋毁孔子，均属伪作。一般说来，内篇为庄子自著，外篇则除庄子自著外，也有部分为庄子后学所作，至于杂篇又要复杂一些，如《说剑》显为纵横家言，与庄学无关。

庄子思想秉承老子而有所发展、有所变异，但在核心学说"道"的认识上完全是一脉相承的。老庄所谓的"道"，简单说可以归纳为两点，一是指宇宙的本原，即宇宙最根本的存在，宇宙万物产生于"道"；二是指自然客观规律。关于"道"的"无为而无不为"的特性，由于庄子在阐述中，从自然层面扩大到社会生活层面，致使这一思想出现了片面化和消极的倾向。我们常说的"老庄哲学"这一概念，无形之中就打上了这一烙印，往往忽略了"老庄哲学"最本质的内核，对宇宙与自然的唯物认识。

这里主要介绍我读《庄子》的心路历程。

二

每个人在不同的阶段接触《庄子》，都会有不同的体验与理解。

最初，我是由尼采进入《庄子》的，时间跨度大约从二十世纪六十年代初到七十年代初。这是很长的一个阶段，对于《庄子》，我主要是从尼采的自由精神来阐发，同时思想上也受到了存在主义的影响。第二个比较重要的阶段，起自一九七二年夏天我初次访美。在美期间的所见所闻，使我的注意力渐渐从个体充分的觉醒，开启了民族意识的视域，而对《庄子》的理解也随之转移到"归根"和"积厚之功"的层面上去。第三个明显的思想分界标志则是"九·一一"。它使我更加看清了霸权的自我中心和单边主义,由此推到《庄子》研究上,也使我更加注重要多重视角、多重观点地去看待问题。以上三个阶段并不是完全割裂的三部分,而是随着时空环境的转化才慢慢呈现出来的状态。前一节的思路到了后一节也免不了会余波犹存,或者一条线索起伏地发展着。

《庄子·逍遥游》第一段:"北冥有鱼,其名为鲲。鲲之大,不知其几千里也;化而为鸟,其名为鹏。鹏之背,不知其几千里也;怒而飞,其翼若垂天之云。是鸟也,海运则将徙于南冥。南冥者,天池也。"最初我的理解侧重在"游",在"放",在"精神自由",这里我可以拿尼采的观点来对应。尼采曾经自称为"自由精神者",他说:"不管我们到哪里,自由与阳光都绕着我们",而庄子"逍遥游"正是高扬的自由自在的精神活动。

尼采和庄子所散发的自由呼声,使我能够从中西传统文化的观念囚笼中走向一个没有偶像崇拜的人文世界中。我在大学时代,台大哲学系的教学以西方哲学为主,四年所修的课程,使我一方面极其赞赏西方哲人具有如此高度的抽象思维,但又令我深深感到西方传统哲学确如尼采所说：注入了过多的神学血液。尼采宣告"上帝之死"及其进行"价值转换"的思想工作，使他背负了西方二千多年沉重的历史承担。相形之下，庄子浸身于诸子相互激荡下的人文思潮中，在老庄的人文世界里，没有尼采所承受的神权、神威所沉浸的宗教和神学化的哲学漫长历史重担。庄子的人文世界里，天王消失了，连人身崇拜的人王也不见踪影："其尘垢秕糠，将犹陶铸尧舜。"（《逍遥游》）

我的青年时期，正处于新旧儒家重塑道统意识及其推波助澜于个人崇拜的空气中。这时，尼采的这些话语使我听来眼明心亮："生命就是要做一个人，不要跟随我——只是建立你自己！只是成为你自己。"（《愉快的智慧》）"留心，别让一个石像压倒了你们！你们还没有寻找自己，便找到了我。一切信徒都是如此，因此，一切信仰都不值什么。""我教你们丢开我，去寻找你们自己！"（《查拉图斯特拉如是说》一卷《赠与的道德》）庄子的人文世界里，"独与天地精神往来"，"洸洋自恣以适己"，既没有康德式的"绝对命令"，也不见膜拜"教主"的幻影崇拜症。

尼采和庄子都是热爱生命的。尼采说："世界如一座花园，展开在我的面前。"(《查拉图斯特拉如是说》三卷《康复者》)他借查拉图斯特拉唱出如此热情的歌声："我的热爱奔腾如洪流——流向日起和日落处；从宁静的群山和痛苦的风暴中，我的灵魂倾注于溪谷。我心中有一个湖，一个隐秘而自足的湖，但我的爱之急流倾泻而下——注入大海！"（二卷《纯洁的知识》）"你得用热情的声音歌唱，直到大海都平静下来，倾听你的热望！"（三卷《大热望》）庄子则说："若人之形者，万化而未始有极也，其为乐可胜计邪！""善吾生者，乃所以善吾死也。"（《大宗师》）庄子善生善死的人生态度，忽然使我想起泰戈尔的诗句："愿生时丽如夏花，死时美如秋叶。"不过，尼采和庄子属于两种不同的生命形态，尼采不时地激发出"酒神精神"，庄子则宁静中映射着"日神精神"。

尼采《查拉图斯特拉如是说》首章《精神三变》，认为人的精神发展有三个阶段：一开始是骆驼精神，之后是狮子精神，最后再由狮子变成婴孩。骆驼具有忍辱负重的性格，狮子代表了批判传统而获得创造的自由，婴孩则预示着新价值创造的开始。我们的人生历程常会是如此由量变而质变的，《庄子》的鲲鹏之变也是如此渐进的。

尼采所说"狮子精神"在《庄子》外、杂篇中随处可见。不过，我还是较欣赏骆驼精神和婴儿精神。虽然如此，尼采的酒神精神仍然不时激荡在我的心中，因而理解《庄子》，心思多半还是放在鲲鹏之"大"上，放在大鹏"怒而飞"的气势上。

随着年龄与阅历的增长，我的心思就渐渐由当初的激愤沉淀下来，进而体会到"积厚"的重要性。鲲在海底深蓄厚养，须得有积厚之功；大鹏若没有经过心灵的沉淀与累积，也不可能自在高举。老子说："九层之台，起于累土。千里之行，始于足下。"（《老子》六十四章）走千里路，就得有一步一步向前迈进的耐心。同时在客观条件上，如果没有北海之大，就不能蓄养巨鲲，也就是说如果没有深厚的文化环境，也就不能培养出辽阔的眼界、宽广的心胸。而蓄养巨鲲，除了溟海之大，自身还得有深蓄厚养的修持工夫，要日积月累地由量变而质变。"化而为鹏"，这意味着生命中气质变化所需要具备的主客观条件。

大鹏"怒而飞"，晓谕人奋发向上，发挥主观能动性；"且夫水之积也不厚，则其负大舟也无力"，"风之积也不厚，则其负大翼也无力"，这是鹏飞之前需储蓄足够起动的能量，而后乃能待时而兴，乘势而起。同样，我们行进在人生道路上，主观条件的创造，确实是很重要的。在人生旅程中，即使举步维艰，也要怀着坚韧的耐心继续向前走。疗伤也要有耐心，受的挫折越多越大，就越需要有积厚之功，让你重新站起来。

我是念哲学的，对于鲲化鹏飞寓言中所蕴含的哲理，除了从人生不同历程来解读之外，久之又会从哲学专业的角度作出诠释：其一从工夫到境界的进程来解读；其二，从"为学"到"为道"的进程来理解；其三从视角主义（Perspectivism）多重观点来解释。这里简略说说前两项。

从工夫到境界的进程：鲲的潜伏海底，深蓄厚养经由量变到质变，乃能化而为鸟；鹏之积厚展翅，奋翼高飞，这都是属于工夫修为的层次。而鹏之高举，层层超越，游心于无穷，这正是冯友兰先生所说的精神上达"天地境界"的层次。工夫论和境界说是中国古典哲学的一大特色。而鲲化鹏飞的寓言，正喻示着由修养工夫到精神境界层层提升的进程。

为学向为道的进程：《老子》四十八章出现两个重要的命题："为学日益，为道日损。""为学"是经验知识的累积，"为道"是精神境界的提升。老子似乎并没有把这两者的关系联系起来，而且《老子》还说过"绝学无忧"(十九章),这样"为学"和"为道"成为不相挂搭的两个领域。严复就曾经批评《老子》"绝学无忧"的说法:好比非洲的鸵鸟,被敌人追赶奔跑,无处可逃,便埋头到沙堆里。"绝学"就能"无忧"吗?严复的批评有道理。总之,老子提出"为学"与"为道"的不同,这议题确实很重要,但两者如何衔接,是否可以相通?这难题留给了庄子。在鲲化鹏飞的寓言中,庄子喻示了修养工夫到精神境界的一条进程,同时也隐含了"为学"通向"为道"的进程。《庄子》书中,写出许多由技入道的寓言,如"庖丁解牛""痀偻承蜩""梓庆为鐻""大马之捶钩者",这些由技艺专精而呈现道境的生动故事,都表达出"为学日益"而通向"为道"的神高超妙境界。

三

尼采说:"一切决定性的东西,都从逆境中产生。"一九六六年,我开始在中国文化大学哲学系教书,由于在一个非正式的场所说了几句被视为禁忌的话,暑假期间就在特务机关的压力下遭到解聘，直到一九六九年才在台湾大学哲学系获得专任讲师的职位。这三年处于半失业状态，东奔西跑，兼课过日子，心情上可谓煎熬度日，就在生活的逆境中，我专注到老庄的研究上，经历六七年的工夫，终于先后完成《老子注译及评介》及《庄子今注今译》。借着注译的工作，跟古代智者进行对话。委实说来，我投入老庄的思想园地，跟自己在现实生活上追求自由民主的理念是相应的。然而这条思路在一九七二、一九七三年之间，起了一个很大的转折。

一九七二年访美，因故而匆促回台，第二年就发生台大哲学系事件，使我再度被迫离开台大教职，跌入前所未有的困境中。不过，现在看来，倒是如《老子》所说："祸兮福之所倚。"

一九七二年夏天我初访美国时，从西部到东部游历了三个月，所见所闻，一方面有如《庄子·秋水》所写河伯流向北海，大开眼界；另一方面，所听闻和目睹的，却不断冲激着我的思维。

我赴美国的第一站，到加州圣地亚哥探望我的妹妹和妹夫。几天后，留美学生在校园放映有关南京大屠杀的纪录片，我前往观看。这是我生平第一次看到一群群日本士兵手持军刀疯狂屠杀老弱妇女的镜头，纪录片中外国记者还拍摄到一卡车、一卡车地搬运平民尸体的实况。这使我联想起幼年时期日军轰炸我家乡的惨景，也使我回想起大一、大二所读的中国近代史的课程——自鸦片战争之后，我们的国家不停地受到列强的侵略，一百多年来，不止一个国家欺凌你，而且多国欺凌你！外战刚完，内战又起，这又使我想起大学毕业时的光景，我被分派到金门服兵役，那是我头一回上"前线"。我站在古宁头碉堡上，遥望着对岸，那就是我的故乡，我出生在厦门鼓浪屿（"鼓应"这个名字，就来自于"鼓"浪屿），那时我忽然产生这样的想法：我哥哥就在对岸，一旦发生战争，我们兄弟就要被迫对阵，但是我有什么理由，要拿起枪杆，枪口对着我的亲人？在金门服役的八个月里，我经常想着这类的问题。我和大批的留学生都属于大战后成长的一代，我们亲身经历过战火给家园带来的灾难，目睹苦难人群的流离失所，南京大屠杀的实录片，给我巨大的冲激，我身处保钓运动反帝民族主义的思潮，也不免反省到同胞相残的内战有什么意义。《庄子》不是早就说过吗："君独为万乘之主，以苦一国之民……夫杀人之士民，兼人之土地，以养吾私与吾神者，其战不知孰善？"（《徐无鬼》）庄子还以"触蛮相争"的寓言来讥刺当时的内战:"有国于蜗之左角者,曰触氏;有国于蜗之右角者,曰蛮氏。时相与争地而战,伏尸数万。"(《则阳》)我旅美期间沿途接触到许多港台的留学生,都是当时最优秀的知识分子,他们投入保钓运动,在同胞爱的思绪与情怀中,发出民族团结的呼声,我们为什么还要背负上一代政治人物的恩怨?保钓运动中的留学生,多从政治文化的角度进行反思,当时的我,则只从人性的立场来省思,一直到我对美国的政情有了进一步认识之后,我对问题的思考,才提到政治的宏观角度。

到美国之前,基本上我是个激进的自由主义者。由于倡导言论开放和维护人民的基本权利,在当时的环境及师承渊源上,我常被划归为"亲美派",确实我那时内心也相当倾慕美国,但我环绕美国一周之后,发现我心目中的"自由民主圣地"居然运送大批坦克大炮去支持全世界那么多独裁国家,而且全球性地在别人的国土上进行分裂活动。我们在白色恐怖时期从事民主活动的"党外人士",哪一个不把美利坚当成主持正义的"理想国"?美国之行,使我对西方式的"民主"和生活方式有了新的认识和"价值重估",同时方兴未艾的保钓运动,也开启了我的华夏思维和社会意识,两者激荡下,对我原先所支持的自由主义和个人主义产生了很大的冲击。简要地说,就是由原先的个体自觉,扩大到社群的关怀;由怀乡意识,走向反帝的民族主义者。

一九七二年以前,由于我生活在白色恐怖的专制政治之下,而学术界又笼罩在"道统"意识的低沉空气中,因而个体自觉和个性张扬成为我那时期的用心所在。而庄子"万物殊理"的重要命题,便成为我倡导个体殊异性的理论根据。

那时期台湾当局将海峡对岸全盘性地以"敌我矛盾"看待,亲人音讯全被隔断,偶而由第三地传达信息,总是感到心惊肉跳,若被特务机关听到风声,便会即刻以《惩治叛乱条例》逮捕。

我到了美国,身处异邦,遥望祖国大陆,那里传来的每个景物风情的画面,都激起我的思乡情怀,"旧国旧都,望之畅然;虽使丘陵草木之缗入之者十九,犹之畅然",《则阳》篇这句话中后半句意为:"即使被丘陵草木遮住了十分之九,心里仍觉舒畅。"这话在当时想来,格外有弦外之意。《庄子·徐无鬼》还有一段写游子思乡的心情:"子不闻夫越之流人乎?去国数日,见其所知而喜;去国旬月,见所尝见于国中者喜；及期年也，见似人者而喜矣；不亦去人滋久，思人滋深乎？"思乡之情，更加能触发我的民族意识。

民族意识可以朝两个不同的方向发展，一个是强权扩张性的民族主义，一个是反殖民、反侵略的民族主义。我从一九七二年访美到二〇〇一年"九·一一"事件前后，可以越来越看得清楚这两个方向的发展脉络。这时我忽然想起柏拉图的"洞穴比喻"。我有机会走出"洞穴"，看到了世界的真相，也回想起我从中学时期开始，就喜欢看电影，特别是西部武打片。电影中的西部开拓者，经常成为我们心中的英雄。剧中的"红番"被当成被猎的对象，剧情也常把白红人种看成是绝对善恶的两方。当我们走出洞穴后，才明白价值的颠倒，才知道所谓的西部开拓史，其实是一部美国原住民的血泪史。印第安人的美好山河、宝贵生命，一寸寸地、一个个地被带着先进武器的白人烧杀掳掠。走出"洞穴"之后，我更能深刻体会到，在全球化的发展过程中，我们应该要破除单边思考的模式，要学习尊重地球村中各个不同的民族，并欣赏与包容不同的文化特色与生活方式，应该透过多边思考来相互会通，并在相互会通时仍保有各自的独特性。走出洞穴之后，我经常能够体会到《齐物论》中的哲理。比如说我读到"齧缺问王倪"的寓言中"孰知正处？""孰知正味？""孰知天下之正色哉？"的发问时，很早就注意到应该打破个人的自我中心主义与人类中心主义，但这还只是思想观念上的意义。而这二十多年来，数十次地往返于太平洋东西两岸之间的亲身经历，对人同类相害、异类相残的所见所闻，与人类对地球生命的漠视与毁损，让我更深刻地意识到庄子齐物思想的现代意义。

现实经验的历程和我对道家，乃至对中国哲学的研究态度，却有直接和间接的关系。现在我再举庄子"鲁侯养鸟"和"浑沌之死"的寓言，来说明多边思考的意涵。先说"鲁侯养鸟"(《至乐》)。鲁侯将一只飞落在郊外的海鸟，迎接到太庙，宰牛羊喂它，送美酒给它喝，这只鸟不敢喝一口酒，不敢吃一块肉，目眩心悲，三天就死了。这是用养自己的方法去养鸟，不是用养鸟的方法去养鸟（"此以己养养鸟也，非以鸟养养鸟也"）。所以庄子说"先圣不一其能，不同其事"。我很喜欢这寓言所蕴含的道理，我总要借它来张扬人的智慧才性之不同，教育方式和为政之道都不可用一个模式去套，我们传统的教育方式包括父母对待子弟的教养，通常不是采用庄子式的顺性引达的诱导方法，而多惯用儒家规范型的训诫方式。为政之道也如此，领导者常出于己意制定种种政策和法度，政策和法度若不适民情民意，自然容易酿成灾难；"九·一一"之后的美国，对中东发动的一轮"十字军东征"，以输送"自由""民主"为名，其后果也正是"具太牢以为膳"而强"以己养养鸟"。

"浑沌之死"的寓言（《应帝王》），和"鲁侯养鸟"故事有相通之处，南海的倏和北海的忽相遇于中央的浑沌之地，"浑沌待之甚善"。为了报答浑沌的美意，倏与忽为浑沌"日凿一窍，七日而浑沌死"。早先我会从真朴的自然本性来解释"浑沌"，从"有为"之政导致人民灾害来解释"凿"所产生的恶果。后来世事经历多了，眼界开些，心思广些，就越能体会老庄相对论的道理。不仅仅在政治层面，不能流于专断、独断，当博采众议；社会层面，也要留意过度自我中心常会导致意想不到的流弊。鲁侯的单边思考，用意是好的，却造成鸟的"眩视忧悲"以至"三日而死"。倏与忽"谋报浑沌之德"，立意是善的，但使用"凿"的方式，却造成"七日而浑沌死"。庄子的相对思想和多边思考是相联系的。

四

尼采使我积极，庄子使我开阔。这里我以庄子《则阳》和《德充符》篇中的两句话为例，来说明我在不同的历程中解读的侧重面。其一是"万物殊理，道不私"（《则阳》）；其二是"自其异者视之，肝胆楚越也；自其同者视之，万物皆一也"（《德充符》）。前者在道物关系中蕴涵着殊相和共相，个体和群体关系问题；后者谓自"物"的世界中，不同的视角可得出不同的观点。

前面说过，一九七二年以前，由于我生活在一个视个体生命如草芥的政治环境中，而排斥异端的道统意识又弥漫着学术园地，因而庄子"万物殊理"的哲学命题成为我伸张个体殊相的重要理论依据。再加上当时校园里分析哲学学术空气的影响，所以比较偏向"自其异者视之"这一视角来看待事物，这里当然隐含着我对专制政体推行的集体主义吞噬个体的反抗意识，因而庄子《齐物论》中"万窍怒呺""吹万不同"的名言，成为我由衷赞赏的典故。但一九七二年之后，我渐渐地由"万物殊理"执着进而理解"道者为公"的意义，以及两者间的相互含摄性。我渐渐地认识到如果只由"自其异者视之",就容易对事物流于片面观察,也容易局限于自我中心,因而也需要"自其同者视之"才能扩大自己的视域。河伯自得于一方"以天下之美为尽在己",那就成了"拘于虚""笃于时""束于教"的井底之蛙,要等见到海若才知天地之大,而海若却"不敢以此自多"。每回读《秋水》篇,就会反思自己努力要从河伯的视阈走向海若的视域。这是长期对世界不同文化的观察和自我反思所经历的一段漫长道路,而庄子的思想观念也不时地开拓我的心胸。再从《齐物论》和《秋水》举例来说明。我先前讲《齐物论》,特别欣赏"十日并出"象征开放心灵的比喻,这和儒家"天无二日"的主张刚好形成鲜明的对比(从这里也可窥见儒、道在以后成为官方哲学和民间哲学的不同走向)。讲《齐物论》的过程中,我会一直强调"相尊相蕴"及"物固有所然,物固有所可"的齐物精神,但对于"道通为一",要通过一段相当长的生活经验,才能贴切领会庄子的同通精神。庄子不仅认识到"物之不齐,物之情也"(《孟子·滕文公》),同时肯定各有所长,并且将不齐之物提升到更高的层次上来相互会通。正如从地域观念来区分,就有上海人、江浙人、闽南人、客家人,这是"自其异者视之",但若从"同者视之",

那么"四海之内皆兄弟也"。从庄学的多重视角、多重观点来看，生活在现实世界中的人，既有其区域文化的独特性，也有其作为宇宙公民的共通性。

在齐物的世界中，万事万物是千姿百态的（"万窍怒呺""吹万不同"），但彼此之间不是孤立而不相涉的，而是相互含摄，相互会通的——这是庄子之"道"的同通特点。《齐物论》最后两则寓言"罔两问景"和"庄周梦蝶"，也可以从个体生命在宇宙生命中的会通来理解。以前我读"罔两问景"时，老感到困惑难解，只好依照郭象的说法讲：影和形，"天机自尔，坐起无待"，但从文本上却又找不出和原义相对应的解释。其实，庄子的人生论是建立在他有机整体的宇宙观的基础上——宇宙间一切存在都有其内在的联系，彼此层层相因，相互对待而又相互依存。"罔两问景"的寓言，并不在于强调物各"自尔""无待"，反之是说现象界中物物相待相依关系，庄子意在"以道观之"来会通万物。

《齐物论》篇尾是一则家喻户晓的"庄周梦蝶"的寓言："昔者庄周梦为胡蝶，栩栩然胡蝶也。自喻适志与，不知周也。俄然觉，则蘧蘧然周也。不知周之梦为胡蝶与，胡蝶之梦为周与？周与胡蝶，则必有分矣。此之谓'物化'。"这则寓言，正是呼应开篇首段主旨"吾丧我"的。从"吾丧我"到"物化",首尾相应:"丧我"是破除成心,破除我执,"吾"("真宰""真君")是将自己从封闭心灵中提升出来而以开放的心灵("以明之心")与宇宙万物会通的大我。《庄子》谈"我",不同的语境有不同的意涵,有时指自我中心的个体,有时指社会关系中的存在,有时指参与宇宙大化的我,"庄周梦蝶"承接开篇"吾丧我"之旨,写个体生命在人间世上的适意活动及其"翛然而往,翛然而来"(《大宗师》)融合于宇宙大化流行之中("此之谓'物化'")。

不过,早年我读"庄周梦蝶"最引发我兴趣的,却是这一古代"变形记"中所描绘的"栩然适志"的生活情景,它立即使我想起卡夫卡《变形记》写主角格里戈有一天醒来忽然变成一只甲壳虫,想爬出卧室赶早班车去上班,但感到自己言语不清,行动迟缓,只能在室内爬行度日。这篇小说描绘出现代人空间的囚禁感,时间的紧迫感及现实生活的逼迫感,这正反映了现代人的生活心境。对比之下,"庄周梦蝶"道出人生快意适志,如蝴蝶飘然飞舞,悠然自得,世界宛如一座大花园,无所往而不乐,我们所体会到的是庄子达观的人生态度。我先前对"庄周梦蝶"的故事,是出于文学性的领会。后来,才留意最后这两句话的哲学义涵:"周与胡蝶,则必有分矣。此之谓'物化'。""分"与"化"是这则寓言中所使用的重要哲学关键字。"分"是讲每个个体生命,时空中的存在体;"化"是讲宇宙的大化流行。"庄周梦蝶"这寓言,和"罔两问景"寓言一样,不能孤立地作解,要从《齐物论》的主旨来领会。前面说到的"恢恑憰怪,道通为一"——个体生命千差万别,但在宇宙大生命中,可以相互会通。这里也说庄周和蝴蝶"必有分矣",庄子巧妙地借着梦境来打破彼此的区分——在庄子的气化论中,死生存亡为一体,无数个体生命起起落落,时而化成庄周,时而又化为蝴蝶,个体生命总是要融入宇宙大生命中,而个体生命在宇宙大生命中总是有内在联系的。"物化",要联系着"道通为一"来讲。"化"和"通"是了解庄子哲学重要的概念范畴:鲲可以化而为鹏,庄周可以化而为蝴蝶,在大化化育流行的过程中,个体生命在宇宙大生命中是不住地流通变通的。

和"庄周梦蝶"对比,我个人更欣赏"濠梁观鱼"的故事。我刚到大学教课时,因为课程的需要,除了老庄之外,教了五六年以上的逻辑,所以我对惠子与庄子的论辩,初读时会注意两者的论辩,哪一个比较合乎逻辑推论的程序。比如说我会觉得惠子的逻辑理路比较清晰，同时我也注意到他们的论辩好像火车轨道是平行的，而没有交集的地方。后来我会进一步注意到他们的论辩，提出了哪些重要的哲学问题，比如说他们提出主体如何认识客体的问题，这虽然是哲学议题，但主客观问题是重要的，也看出惠子是出于理性来看问题，而庄子则站在感性思维观赏这世界。原先我认为在逻辑理路上庄子是流于诡辩，之后我慢慢体会到"请循其本"，应该不是我所说的"话题从头解释起"。庄子是站在从感性同通的角度来观看事物，因此"本"是指从心、性、情的角度来观看，乃是说人的情性可以相互交通的，与外物也是如此。

惠子与庄子游于濠梁之上，"游"是心境，"濠梁"是美景。以如此的心境，遨游于如此美景，寄情托意，庄子看到小白鱼，就说小白鱼也很快乐。惠子则提出了一个非常重要的哲学问题：你怎么知道小白鱼是快乐的？说主体如何了解客体？主客体关系问题是庄、惠论辩中的一个重要的哲学议题，也是西方哲学中的一个重要问题。惠子从理性的角度来分析事物，庄子则是站在感性的角度来观赏世界，两个人的个性与世界观本就不同。惠施的逻辑理路很清晰，但我又喜欢庄子感性"同"与"通"

的美感情怀。

念哲学也好,念文学也好,彼此要互补。哲学系太重视理性与抽象思维,文学系更重视情感和形象思维。两边需要调节互补,让情与理兼顾。我欣赏"异",承认不同的人会有不同的智慧才性,要张扬个体的优点长处;但是另外一方面,我们也需要相互沟通,既能用惠施的理性去研讨论文,又能用庄子的情感,彼此有更多的"同""通"精神。

人物御龙图。出土于长沙子弹库楚墓,是一幅描绘墓主人御龙升天的铭旌。

《列子》导读

虚无与实在的人生
——《列子》寓言的现代启示

梁万如

香港浸会大学哲学博士、人文及语言学部高级讲师按《汉书·艺文志》所记,《列子》一书共有八篇。原本曾由刘向校订,后散佚,东晋时经张湛搜寻、整理及编录,就成为现在我们所看到的《列子》。《列子》又名《冲虚真经》《冲虚至德真经》。唐玄宗崇尚道教,对道家思想推崇备至,于是在天宝元年(七四二)封列子为冲虚真人,尊称《列子》为《冲虚真经》。后来,宋真宗景德四年(一〇〇七)加"至德"二字,《冲虚真经》更名为《冲虚至德真经》。

一、列子其人

列子,按张湛所说,姓列,名御寇,又叫圄寇,战国时郑人,属道家人物。《汉书·艺文志》说:"名圄寇,先庄子,庄子称之。"《庄子》有《列御寇》《至乐》《达生》及《让王》等篇,当中都有提及列子可以御风而行的文字。《尔雅疏》提及《尸子·广泽》:"墨子贵兼,孔子贵公,皇子贵衷,田子贵均,列子贵虚,料子贵别,囿其学之相非也数世矣。"《吕氏春秋》在《审分览·不二》篇之中概括诸子的学说:"老耽贵柔,孔子贵仁,墨翟贵廉,关尹贵清,子列子贵虚，陈骈贵齐，阳生贵己，孙膑贵势，王廖贵先，兒良贵后。"从这些引述可略知列子其人及其学说的主张，列子与诸子并列，可见列子在古代的学术思想界占有一定的学术地位。

《四库全书总目提要》更说过："此书皆称'子列子'，则决为传其学者所追记，非御寇自著。其杂记列子后事，正如《庄子》记庄子死，《管子》称吴王西施，《商子》称秦孝公，不足为怪。"用"子"放在"列子"之前来作称呼语，是学生敬师的表现，单单由称呼，已可见尊称列子的后学记录老师学说事迹的一鳞半爪。

二、《列子》的真伪

日本学者南郭服元乔在延享本的序言中说《列子》与《庄子》同出并行，但太史公只记录《庄子》不传《列子》，令后世把《列子》视为伪书。服元乔认为二书各有所长，现在的版本受注释所影响，有不少后人所加的言说，读者需要自行分辨。

《冲虚至德真经》开首有刘向的《列子书录》和张湛的《列子序》。刘向把校订《列子》篇章的经过，简单说明了一遍，并定性列子的思想为清虚无为，属道家一派。至汉孝景帝（前一八八—前一四一）时，由于上位者崇尚黄帝、老子的思想，《列子》在当时颇为流行。此书后来遗落民间，流传不广，书中多载寓言，与老庄思想相类，司马迁不作记录。张湛则在序中简述了收集及整理《列子》的经过，也把书的旨趣概括了一下。特别之处是张湛提到此书大概同属老庄的思想之余，也说看此书可以与佛经相参。张湛更说，庄子、慎到、韩非子、尸子及淮南子多处引述《列子》，所以此书有一定的学术价值。张湛为此书作注释并非偶然。

自唐代以来，《列子》的真伪成为研究和讨论的重点。翻开《列子》，不难发现书中掺杂了不少其他典籍的文字，抄袭剽窃成为争论的焦点。最早的讨论文字见于唐代柳宗元《辨列子》一文，柳氏怀疑《列子》有些内容不尽不实，但是他又赞扬《列子》一书表现出的淡泊隐逸和质厚的文字风格，更肯定书中的文辞与庄子类同。其后，很多学者都一面倒质疑《列子》的内容并非原创，继有朱熹、高似孙、叶大庆、黄震、宋濂、姚际恒、钱大昕、姚鼐、钮树玉、吴德旋、俞正燮、何治运、李慈铭、光聪谐等。综合他们的观点，有以下这些：

（1）《列子》一书乃由抄袭而来；

（2）并无列御寇此人，其人乃虚构人物；

（3）《列子》书中所表现的思想，看似接近老庄，其实骨子里不是老庄的思想；

（4）该书糅合了佛教轮回的思想；

（5）书中某些用语出现在先秦之后，似汉代的文字等等。

及至近代，有关《列子》真伪的研究更形炽烈，有陈三立、梁启超、马叙伦、顾实、吕思勉、刘汝霖、陈旦、陈文波、杨伯峻、季羡林等。当中马叙伦提出二十个疑问，证明《列子》成书，是出于魏晋好事之徒，抄袭《管子》《晏子》《论语》《山海经》《墨子》《庄子》《尸子》《韩非子》《吕氏春秋》《韩诗外传》《淮南子》《说苑》《新序》和《新论》等，作成八篇。日本学者武义内雄却提出相反的意见，不认同马氏所说。还有学者如马达，为《列子》翻案，提出还《列子》本来面目的观点。

这些有关《列子》真伪的研究，提供了不少思维向度，优化了读者的阅读策略，丰富了阅读《列子》时所可以采取的阅读立场。当然，考证太过，往往容易忽略典籍的思想内容；但是无视考证，人云亦云，全盘接受，也并非好方法。因此，在阅读前不妨先了解一下古籍的背景资料，做些资料搜集，辨别一番再下判断。阅读若得其法，理解的层次必定提高不少。

三、《列子》的篇章

今本《列子》共有八篇，合共一百四十三章。据张湛在《列子序》中说，自己由于种种因缘，辗转得到王粲家中书将近万卷，后来为了逃避战乱，想载运所有书本离开，但是载运近万卷书实在不是易事，于是取其重要和稀有的，当中就有《列子》八篇。及后到了江南，不少书已失佚了。后来在王氏的外甥刘正舆家中得到四卷，又从王弼女婿家得到六卷，参校之下，张湛就编成现在的八卷。书本失落的事情暂且不去探究，但是今本《列子》是后来的结集，并非原来的《列子》却是很清楚的。据统计，今本《列子》说理文字有三十五章，故事文字有一百零八章。学者马叙伦、杨伯峻、钱锺书、岑仲勉、严灵峰、萧登福、许抗生、季羡林及谭家健已经关注到，在一百零八章之中，有五十八章与先秦、汉、魏晋的古籍相同，依谭家健综合分析，可表列如下：

《列子》各篇	与古籍相同	章数
天瑞	《庄子》《孔子家语》《荀子》	4
黄帝	《庄子》《山海经》《吕氏春秋》《博物志》《淮南子》	17
周穆王	《穆天子传》	1
仲尼	《孔子家语》《说苑》	1
汤问	《淮南子》《山海经》《墨子》《新论》《论衡》《博物志》《吕氏春秋》及佛经	7
力命	《国语》《史记》《庄子》《晏子春秋》《战国策》	4
杨朱	《说苑》	1
说符	《吕氏春秋》《韩非子》《庄子》《说苑》《淮南子》《荀子》	23

既然著作并非出自一人之手，内容难免驳杂不纯。至于谁引用谁，或谁抄录谁，或需更多的考证材料才能确定。但是从上表可以推知，张湛的校订并不在还原《列子》的真貌，而今本《列子》反倒可以看作是经历汉、魏晋人增益的本子。如果暂时放下这五十八章不看，余下的八十五章大抵是《列子》所独有，这些章节就成为可资讨论和可供研究的根据。

"新视野中华经典文库"之《列子》所选的章节，就以此八十五章为对象，排除了与其他古籍相同的部分，还《列子》一个真面目。

四、《列子》的学术特点

(一) 两行的道家思维方式

列子所思考的问题与先秦道家有吻合之处。列子一般被认为是道家人物，因为《列子》的运思方式，跟老庄有不谋而合之处。《天瑞》篇有杞人忧天的寓言故事，杞国人忧天会塌下来，但有相反的意见，认为天不会这样。会塌或不会塌，是二元思考方式，非此即彼，即逻辑的排中律。问题是，任取一边，各持己见，就会造成是非不休、纷争不断的情况。《庄子·齐物论》就提出过两行的概念，教人不取两边，免却纷扰，安住于自然闲静的境地。列子用了杞人忧天的故事，把这个道理实践出来。究竟天地会不会崩坏？列子在最后补充说，说天地崩坏不对，说天地不崩坏也不对。列子认为我们不应选取是与非的任何一边，参与"对或不对"的判断，因为选取任何立场，都难免陷入纷争之中，使自己不得安宁。就正如我们不知生，也不知死；不知来，也不知去。既然不知，何必费心呢？

《力命》篇有西门子与北宫子的故事。北宫子与西门子比较，认为自己的辈分、家族、年龄、容貌、言行都与西门子相若，但贱贵、贫富却大大不同。

因此北宫子以自己为辱，很不开心。北宫子后来碰见东郭先生，得东郭先生的开解，才明白一切非关天意，也非人为，无所为而为。北宫子最后以贫穷为富有，以弱胜强，不去分别荣辱，得自然之道。

是也对，不是也对，不着两边的思考，道家叫两行。

（二）列子的贵虚思想

古今学者都提过列子贵虚，列子怎样理解"虚"呢？这与人生有什么关联？老子在《道德经》中说过："致虚极，守静笃。万物并作，吾以观复。"人能虚，人才能藏；人能静，人才能动。能虚能静，万物才有可以运作的根本。《列子·仲尼》说："得意者无言，进知者亦无言。用无言为言亦言，无知为知亦知。无言与不言，无知与不知，亦言亦知；亦无所不言，亦无所不知，亦无所言，亦无所知。"无言是虚的表现，因为无言，所以才可以得意和进知。试问终日游谈无根，心会有闲暇去接受新的事物吗？真正的无言和无知并非单凭所说，说"无言"仍是运用了言语，并非真正的无言，仍是有言，仍占据言说的空间，使人不得进言；同理，说"无知"仍是运用了知识，并非真的无知，仍是有所知，仍然占住了思维空间，新的知识不能接受，就是不知。

要无所不言，无所不知，必须要无所言，无所知。因为无言，才能虚，才能让言语自然流出，有了空间，言语自然有表达余地。因为无知，才能虚，才能让新知自然进入，有了空间，新知自然有汲取的可能。淘空了，才可以盛载。对于有言与无言、有知与无知的理解，与《庄子·齐物论》所说无异。解决彼亦一是非，此亦一是非，其方法是不着重任何一方，却掌握是与非、虚与实两者的互动，这样就可以"得其环中，以应无穷"。

（三）列子对人生阶段的思考

对于人生，列子所着力的并非货财、名利、权位、美色的获得，列子从变化的角度看人生，不从"获得"去看人生。在《天瑞》篇中，列子概括了人的一生。他从两个方面去看人生：一是变化；二是阶段。他认为天地默默运转，不停起着变化，有谁会察觉得到？事物不会一下子就出现，其间有一个漫长的过程，就像人一生下来，身体渐渐起着变化，人的外貌、气色、智力、形体，没有一天相同；皮肤、指甲、头发，接着出现，接着脱落，自婴孩时期开始，一直到人徐徐老去，最后死亡。其间的变化不可觉察，通常人在后来反思，才得知变化已经开始了。

人生的变化可以从人生的不同阶段体现出来，人由出生到老死，有四个变化的阶段：婴孩，少壮，老年，死亡。人在婴孩的阶段，心志专一，不会受物欲所牵累。到了少壮阶段，血气方刚，容易受到物欲蒙蔽。及至老年，欲望退去。到了死亡的阶段，一切都要停下来。列子很看重这四个阶段，认为是人生阶段不同的变化。重要的是，物欲影响着人生的变化，令人由高尚变成低俗。当人年纪渐长，物欲的支配力又会减弱，一直到人死去。

（四）列子谈死亡

因为人生不断在变化，人由出生到死去，是变化的规律，既然是规律，就没有什么可以说的了。谈到死亡，列子也以人生的规律去看。不过，他将死亡比喻为休息，把死亡视为回家。《天瑞》篇提到隐士林类，林类跟孔子弟子子贡说了一番话，带出生存和死亡其实是同一回事。死不是终结，是另一阶段的生活。生存不必胜过死亡，死亡也可胜过生存，没有谁比谁更有价值，所以不必对死亡特别产生困惑。如果真要对死亡产生困惑，也会对人生感到忧伤。活在当下，满足于既有条件，不汲汲营求名位与货财，各种事物都有自身的价值和位置，安于生也安于死，这才是生死之道。

依列子的看法，死亡与生存，两者只是人生的阶段。生存有快乐，也有痛苦；老去有疲惫，也有安逸；死亡有厌恶，也有安息。看事物不能只看一面，要从事物的相对性看，看到快乐和忧伤，疲惫与安逸，厌恶与安息，失去与获得，甚至毁与誉。因此，死亡是人生的一个阶段，就像离开家园后，再次回到家园的一个阶段。回家是必然的，是必经的，不回家反而是放任，流连在外。同时，留恋世间，在世间营营役役，有太多责任，不想离开，也同样是放任，是流连不返。

（五）神人、至人的形象

《列子》多处提及拥有超凡能力的理想人格。首先是《黄帝》篇记录了有关神人的故事：在列姑射山上，有神人居住。这位神人吸风饮露，不吃五谷；心中洁净，形象高尚；不亲，不爱；不畏惧，也不发怒；不施与，也不受惠；不积聚，也不收取；四时大地变化一切如常。这位神人不落入凡尘，超脱于现实的相对性。形象近似神仙，不食人间烟火。如此神圣的描述，令人眼前一亮。

然后是有关至人的描述。有别于上述的神人形象，这位理想人格就亲民得多。他叫商丘开，是个平凡的农夫。从外表看来他只是个普通小人物，一旦遇上奋发的目标，平凡的人就变得不平凡，甚至能突破物理的极限，在水中不会窒碍，走入火中不会灼伤，在万物之上行走不会害怕。华胥氏之国里面的老百姓也一样，入水不溺，入火不热。为什么他们可以做到水火不侵呢？依照《列子》所说，只要本性不杂无染，心中没有死生的惊恐，遇事就不会害怕。圣人怀抱自然，顺应自然，事物不能伤害他。所谓顺应自然，就是不停留于只看事物的开始与终止的现象变化，不执于两端，顺着事物的规律，自然而然，事物就不能伤害了。

虽然神人、至人形象也在《庄子》和《山海经》两书之中出现过，但是以叙述详尽来说，《列子》的确表达得更为鲜明，可以说，《黄帝》篇的理想人格形象，对道教塑造成仙的形象影响至巨。

（六）保留杨朱为己的思想

《列子》有《杨朱》篇，以追求快乐为人生的目标。这一点与道家所说的应世思想不太相同，但是其论说的方式，则又接近道家的二元相对思考。

杨朱认为人既出生，不必去想长生和死亡，因为那是无法掌握的事实，不如听任自己的欲望，不去理会这些人生的限制，让自己安逸快活，直至寿终。特别是人生的毁誉，毁誉是人爱名声所产生的，名声是好是坏，往往令人无所适从，令人不得安逸。有时虚伪一下，顺应自己的本性，会活得更踏实。

孟孙阳曾问杨朱爱惜身体，祈求不死，可以吗？杨朱回答说没有不死的道理。孟孙阳又问那么祈求长生可以吗？杨朱回答说没有长生的道理。于是孟孙阳说如果这样，立即死去比长生还好，对吧？杨朱则认为既然生存，就不管了，听任他，满足自己的欲望，直至死亡。就算行将就木，也不用去管，全都听任自然，不必害怕生命的长短。

因此，自己的快乐更比其他重要，自己所拥有的更比他人重要。一根毫毛的价值比全体价值更大，所以杨朱说损自己分毫去救助他人，他是不会去做的。禽滑釐曾问杨朱："拔去你身上的一根毫毛来救济世间，你做吗？"杨朱说："世间本来就不是一根毫毛所能救济的。"禽滑釐说："假设可以救济，你做吗？"杨朱不回应。后来禽滑釐问孟孙阳，才得知杨朱的价值取向。

（七）精辟的寓言

《列子》最精彩的地方在于记录了百多个寓言故事，很多故事成为脍炙人口的经典。这些故事有些表达了深刻的哲理，有些充满科学、医理的构想，某些故事情节更带出心理分析的概念，影响后世的文学创作。

《说符》有个故事说齐国的贵族田氏祭祀祖先，前来祭祀的客人有上千人。他们都献上鱼和鹅作为礼物。田氏说来有点感慨：上天对百姓的恩德深厚啊！种植五谷、养殖鱼鸟来供我们吃喝享受。在座有个鲍家的孩子，他只有十二岁，回应说：天地万物和人一起生活，同属生物一类。人和万物没有贵贱之分，只是形体大小和智力的不同而互相牵制，互为食用，更不能说某某是为对方而生。物无贵贱的思想在《庄子·秋水》中也有，即"以道观之，物无贵贱"的观点。这个生而同等，没有高下贵贱的看法，是对以人为尊，以人为天地的中心，其他为贱为边缘的想法的否定。一如齐物的思想，体现了万物平等的普世价值。

再如扁鹊换心的故事，也让人大开眼界。扁鹊是位大圣手，为了把两个求医的人医好，施行了换心的手术。病人吃药酒，失去知觉，医生动手术，病人醒来,整个过程,与现代的医理颇为类近。后来手术成功,二人各自归家,可是家人不认得他们,吵至对簿公堂,经扁鹊解说后事情才告终。读懂这个故事,可能要花点力气——换心不同换脸,为什么家人认不了?《列子》似要说明人心的重要。心是整个身体的枢纽,心换了,整个人就换成了另外一个人,虽然样子不变,但是思想感情已经不同了。这个换心的构想,在古代的医学上是空前的。

在《周穆王》之中,有个关于梦境的故事,对后世小说以梦境为题阐述人生颇有启发。故事说周国有位姓尹的富翁,常常吩咐仆人做这做那,让他们忙个不休。有个老仆人,白天辛苦干活,夜里睡觉梦见自己当了国王。身在万人之上,管理全国之事。在宫廷中寻欢作乐,非常开心。但是,早上醒来又要继续干活去。白天当仆人,夜里做国王,没有什么可以埋怨的了。与此同时,那位富翁白天为了打点事情,劳累得很,晚上睡觉梦见自己做了仆人,四处奔走,苦不堪言。富翁求助于朋友,朋友说这是自然而然的事,人想在白天和梦里同时拥有快乐是不可能的。朋友的心理分析对富翁起了不小的作用,富翁听后,就减少仆人的工作,也减少自己的劳累,痛苦就减少了。这个故事用了对比的手法，带出事情相反亦相成的道理。要去掉现实人生的相对性，把极端的想法抛开，由此解开心中的郁结。梦境与真实，一虚一实，由虚说实，指导人生。

《汤问》篇有替父报仇的曲折故事。魏国的黑卵杀死了丘邴章，丘邴章的儿子来丹想替父报仇。但是来丹瘦弱得很，只吃数粒饭而已，弱不禁风。黑卵则凶悍无比，可以以一敌百，刀枪不入。来丹就去找卫国人孔周借宝剑。孔周说宝剑不可杀人，只能伤人。来丹没有多做考虑，就在含光、承影及宵练三把宝剑之中，选了可以察看形状的宵练。来丹拿着剑，跟踪黑卵，趁黑卵酒醉卧在窗下时，将他从头颈到腰部连斩三下。黑卵毫无知觉，来丹以为黑卵已经死了。恰巧在门外碰见黑卵的儿子，来丹又连斩他三下。黑卵的儿子以为来丹在戏弄他，来丹才知这种宝剑不能杀人，叹着气回去。黑卵及他的儿子后来感觉身体剧痛，而故事就此结束。这是以弱胜强的一个故事。来丹瘦弱无力，竟可借宝剑伤黑卵于无形。

至于《汤问》篇的殷汤与夏革的对话，透视了世界的无穷无尽，龙伯国国民由巨大变矮小，令人神往。而大禹误入终北国，令人想起《桃花源记》。究竟自己的国家好些，还是他国较好呢？中心国强盛，还是边缘国物阜呢？《说符》篇提及宋国的兰子，即杂技艺人，表演技艺求取宋元君的赏赐。兰子用两根比身体长一倍的长杆连接在小腿上踩高竿，手上还抛接飞剑。这些异想与奇技，足以令人大开眼界。《列子》所载故事，纵横恣肆，创造力非同凡响。

五、总结

《列子》的真伪，当代学者仍然争论不休，不过有一点可以肯定，就是由于历史的积淀，《列子》一书得到后世的增益，令这本古籍的内容很接近当代的通识书籍，书中对哲学、文学、神话、科学、医学、心理学等范畴的涉猎，让这本古籍的学术价值仍对今人有借鉴和启迪的作用。

六、历代《列子》注疏举隅

（一）晋代

张湛《列子注》是最早编订及注释《列子》的重要著作。张湛所编的《列子》从内容上看，掺杂不少其他典籍的章节，我们无须把它看成与《汉书·艺文志》所提及的《列子》同出一辙，加上唐宋两代把张湛所编成的《列子》专称为经，时人更对其加以注解，对《列子》已不必拘泥于真伪的问题，而应把焦点放在它的思想内涵上。

张湛所作的注释，除援引当时的学者郭象、向秀所说，更加入老、庄及佛教的思想概念，在在反映魏晋玄学的特点。

（二）唐宋

唐代有两本注疏。卢重玄《列子注》，共八卷，最早见于《通志》，文字解释主要采用张湛所说。殷敬顺《列子释文》见于《文献通考》和《清史稿·艺文志》。殷氏旁征博引，引用了许多唐代以前的逸书资料，正文之下又附以不同的版本文字，增加研究的价值。

宋代的注疏较多见，重要的有：宋徽宗政和御注《列子解》，有六卷，注解还未完成《仲尼》篇就已经阙文，又称《冲虚至德真经义解》，是帝王亲注的本子。范致虚《列子解》是备受宋代学者推崇的注本。宋代高守元编辑《冲虚至德真经四解》，罗列张湛、卢重玄、宋徽宗、范致虚等解说，阐发列子的思想。江遹《列子解》，又名《冲虚道德真经解》，引述儒、道各家的思想作解说。林希逸《列子鬳斋口义》，又名《冲虚至德真经口义》，用浅白的话语解说。

（三）明清

明代有朱得之《列子通义》，全书分一百三十章，条理明晰。清代的注释工作做得比较多，跟清代学风有很大的关系。对《列子》的整理，基本上走考证及义理两路。前者有陈梦雷《列子汇考》、王太岳《列子考证》。这两本注疏较偏重校订及考据字义，不同本子的解说，凸显清代考据学风。也有重义理的解释与评议，如焦竑、朱之蕃《列子品汇释评》，俞樾《列子平议》及杨文会《冲虚经发隐》等。

（四）现代

现代著作更丰，重要的有王重民《列子校释》及杨伯峻《列子集释》。王重民本条分缕析，是不错的注本。而杨伯峻兼采众说，把一众注释并举，书后更附以张湛事迹，辑录了重要的序论和辨伪文章，对于研究及掌握《列子》的面貌，较为全面。

最后，严灵峰《列子庄子知见书目》广采《列子》有关的书目,上至先秦,下至民国,再由中国、日本,遍及欧美,甚至《列子》的不同版本也罗列了,是很实用的工具书。

法家

《管子》导读

《管子》其书其人与现实主义精神

赵善轩　香港明爱专上学院通识教育及语文学系助理教授

现代人对道德价值的追求日趋淡薄，一些家长生儿育女时就已考虑子女他日的回报，某些父母从小就栽培女儿准备嫁入豪门，许多学生选科以前途作考虑而忽略个人志趣。套用德国社会学家马克斯·韦伯（Max Weber，一八六四—一九二〇）的术语，这些都是"工具理性"（instrumental reason）的考虑，即以事件能带来利益多寡为衡量标准，其重点在于事情发展的现实效益，而非抽象的安身立命价值观。反之，传统文化被视为陈义过高，不切实际，原因是我们从小所接触的传统文化乃以正统儒家为主，孔子主张"志士仁人，无求生以害仁，有杀身以成仁"（《论语·卫灵公》）；孟子坚持生与义有矛盾时，"舍生而取义"（《孟子·告子上》)，这种传统价值理性思维，可以为了抽象原则而放弃现实利益，甚至牺牲性命。许多人认为，儒家思想在当下社会重视追求利益的风气下显得格格不入，更会被视为浪漫的理想主义。所谓现实主义精神，即是把效益凌驾于原则之上的思维模式，此在《管子》一书中，随处可见。

历来不少人把《管子》的治国思想部分归入法家一支，而传统法家思想把统治者的效益最大化视为根本考虑，这近于西方的工具理性主义，惟法家进一步认为只要能达到目的,就不惜采取任何手段,为了国家稳定,可以打压少数人,甚至草菅人命,这在现实政治中,一向为专利统治阶层所乐此不疲。《商君书·更法》说:"愚者暗于成事,知者见于未萌。民不可与虑始,而可与乐成。"其实,威权管治乃基于人民愚昧而设定,古今如一,当代社会,几乎没有一个高教育水平的国家,专政机器能够长期运作。专政者假设百姓无知,故须由"贤人"领导,称呼上级为领导人,就是设定了人民需要被领导,而无权参与政治,政府的透明度亦相当低,中央与地方之关系,不是自由主义下的平等关系,而是上位与下位者的不平等关系。《管子》一书载有"贤人"一词共二十三次,并屡次提到贤人管治的好处,"贤人政治"(philosopher politics)是传统中国政治文化的核心底蕴,"民之所好好之,民之所恶恶之"本身即含有施者与受者之主从关系,其背后的理念是贤人管治的效果,国家利益重于个体的自由意志,政府与人民、中央与地方,都看成主客关系,而非现代人所理解的平等关系。此思维模式的另一称呼为"臣属文化",即人民乐于臣服于威权者之下,中国千百年来,皆奉行此政治思想,至今仍挥之不去,而《管子》作为贤人政治思想的奠基者，即对这一理论的建构有着不可或缺的影响。简单来说，"贤人政治"属现实主义的一类，它把结果置于原则上，即使它有原则，也是以实际效果来衡量。

近年来，知识界、文艺界仍然不乏人为这种思想重新造势，试图制造威权管理的合理性，甚至透过强大的宣传机器，渐渐成了一种主流声音。文学、影视作品为这样的历史人物塑造伟大的历史形象，秦始皇、汉武帝不再是杜甫《兵车行》里的负面人物，而成了一代伟人，清代的雍正皇帝也一改凶残成性的历史形象，成了用心良苦的国家领导人。为了社会利益而不计较个人名声，当然包括压倒道德、人性、公义，这都是臣属文化的具体表现。至于择善固执又讲价值理性的人物，反被人视为不识大体、阻碍社会发展，例如竟有电视剧把岳飞、文天祥说成妨碍民族融合的障碍，守护家园的被视为钉子户。这些人往往重视效果，却轻视手段，譬如不问子女考试的方法，只关心是否能考出好成绩；认为工作性质不重要，能养家糊口即可；不在乎官员如何得居大位，只管其施政的成效是否彰显；一味发展经济，而忽略了人文关怀才是人类的核心价值。这都是现实主义大行其道的后遗症。

一、《管子》主要思想内容

（一）义利之辨

经济思想史学者赵靖指出，先秦诸子如管子、孔子、孟子、荀子等人亦认可求利是人类之本性。① 《管子·侈靡》篇更明确提出"上侈下靡"的主张，即富人大量消费以造就贫民、工匠、女工的就业机会，使之有衣食可得。② 孔子曰："富与贵，是人之所欲也，不以其道得之，不处也。"孔子讨论的重点是"义利"之关系，属于伦理学层面的阐述。《史记·管晏列传》亦有相类的记述："管仲既任政相齐，以区区之齐在海滨，通货积财，富国强兵，与俗同好恶，故其称曰：仓廪实而知礼节，衣食足而知荣辱。上服度，则六亲固。四维不张，国乃灭亡。下令如流水之原，令顺民心。"其实，《管子》既是集

---

① 赵靖主编:《中国经济思想通史·卷一》（北京:北京大学出版社，二〇〇二年），页六〇〇。

② 巫宝三:《管子经济思想研究》（北京：中国社会科学出版社，一九八九年），页一五〇。张固也:《〈管子〉研究》（济南：齐鲁书社，二〇〇六年），页二五一。

各家大成，在义利观方面比起儒家更具弹性，它不像孔孟式的儒家般视道德价值凌驾于生命之上，动辄讲"饿死事小，失节事大"或"饿死于首阳山"，而是试图把倾向价值理性的儒家思想，以及类近于工具理性的法家思想，合而为一，破除非黑即白、二元对立的逻辑谬误，有意建构成两者并重的思考系统。

许多人以为管仲既是现实主义者，故此书多是宣扬唯利是图的思想。事实上，《管子》绝非只讲利益，而是认为道德要在满足基本需要后进一步实现出来。当代哲学家殷海光提出了人生的意义可分为四个阶段，分别是物理层、生物逻辑层、生活文化层和价值层。人类需要拾级而上，充实基本需要后升华至道德理想的层次，人生才活得有意义。《管子·牧民》篇也说："仓廪实则知礼节，衣食足则知荣辱。"就是为"义利观"建立序列，它既注意实质利益，又看重抽象概念，主张先现实后理想，如此不但较符合人性，更是易知易行，正是提倡在满足生活文化层后，必须发展道德伦理一层，乃由下而上的道德观，有别于儒家讲牺牲小我、完成大我的一套。其实，这种思想正是现代人的明灯，人们既渴望生活安稳，又想为社会出一分力，他们既不喜空谈理想，认为过高的目标犹如空中楼阁，但又希望在道德实践上有一番作为，衣食足而知荣辱似乎是合理的人生目标。顺带一提，法国启蒙运动时期思想家孟德斯鸠（Charles de Secondat, Baron de Montesquieu，一六九八——一七五五）也提出相似的说法，世称"孟德斯鸠命题"，认为当经济发展起来，摆脱野蛮阶段，人们才有能力追求精神上的满足。①

一言蔽之，《管子》所提出的说法是对人性体察极深的洞见，它易知易行，不像儒家般知易行难，它也不是绝对排斥道德的现实主义，而是强调"现实优先"、道德次之的中国式现实主义。在道德沦丧几乎无所不假的社会里，在路见不平拔足而走的当代社会，较容易引起向来不关注道德的人们的反思，提升现代人的德性。

（二）经济思想

《管子》一书所提出的治国思想最为可观，历代学人多有引用，尤其体现在经济方面，而此可见其现

---

① 白鹭：《货殖列传经济学》（台北：海鸽文化出版图书公司，二〇〇九年），页三〇至三一。

实主义思维。中国传统经济思想有两大路径，一是放任主义，以黄老思想为代表，司马迁的"善者因之"[①]是为佼佼者；二是干预主义，具法家色彩的《管子》就是一大滥觞。赵靖指出，《管子》主张国家对经济行为进行干涉，此方面可见于《管子》之四民不得杂处说[②]。士农工商的阶层说在中国历史上有极大的影响，日本德川幕府亦以为国策，其实《管子》是这方面的首倡者。对此，明末清初学者顾炎武《日知录》中，"士何事"条对此亦有所分析，其谓：

"士、农、工、商，谓之四民。"其说始于《管子》。三代之时，民之秀者乃收之乡序，升之司徒而谓之士……则谓之士者，大抵皆有职之人矣，恶有所谓群萃而州处，四民各自为乡之法哉。春秋以后，游士日多。《齐语》言桓公为游士八十人，奉以车马衣裘，多其资币，

[①]《史记·货殖列传》："太史公曰：夫神农以前，吾不知已。至若诗书所述虞夏以来，耳目欲极声色之好，口欲穷刍豢之味，身安逸乐，而心夸矜埶能之荣使。俗之渐民久矣，虽户说以眇论，终不能化。故善者因之，其次利道之，其次教诲之，其次整齐之，最下者与之争。"

[②]《汉书·货殖传》："《管子》云古之四民不得杂处。士相与言仁谊于闲宴，工相与议技巧于官府，商相与语财利于市井，农相与谋稼穑于田野，朝夕从事，不见异物而迁焉。"

使周游四方，以号召天下之贤士。而战国之君遂以士为轻重，文者为儒，武者为侠。呜呼！游士兴而先王之法坏矣。

《国语·齐语》亦记载了管仲与桓公的对话："四民者，勿使杂处，杂处则其言哤，其事易。"《管子》一书与此条史料大抵相合。《管子》的现实主义还带有强烈的干预味道，反映其不重视顺乎自然之"道"，不重视抽象原则，而追求短期的实时效益。因"道"不似干预主义，其难见实时效果，而效果亦不易于量化。《管子》认为政府的公权力可以不断扩张，因为政府是由贤人掌管，而贤人又是处处为人民着想，其学说完全忽视了个体的重要性，以及个人选择的自由意志，同样见其以效果压倒自由意志的思考方法。管仲本人及《管子》一书都反对四民杂处，此乃出于政府管治的考虑，其认为易于控制各阶层，以及堵塞社会流动，实大大有利于社会的"超稳定结构"[①]，而国家稳定是其学说的重中之重。

相反，另一学派是以司马迁为首的自由主义，

---

① 叶启致:《从"中国中心"史观到"超稳定结构"论》，载《二十一世纪》，一九九五年十二月，总三十二期，页三九。

其主张"善者因之",认为市场放任是最好的办法,尊重个体选择是合乎"大道",反对政府直接干预,此与《管子》提出的轻重理论大相径庭,轻重论提倡由政府设置机构,监管市场经济。数十年来,西方诸国大讲"新自由主义",最后令各国债台高筑,引发经济危机。可见物极必反、过犹不及乃千古不易之道理。西汉初年行黄老之术,然汉兴七十余年后因放任不管,导致富者田连阡陌,贫富悬殊,民不聊生。汉武帝时积极改革,却因与民争利而令人民生活无依,此即历史发展的规律。观乎历史,历史是一个懂调节的摆钟,当人心思变以后,又会人心思安,在自由主义下生活得太久,人民又渴望转向社会主义。南美洲近三十年来,就是不断游走在左派与右派之间,政权不断更替,政局长期不稳,就是不明白中国哲学中不偏不倚的道理,也说明了没有一套理论能放诸四海皆准。

二、作者及成书

众所周知,《管子》约成书于战国中晚期,大部分篇章皆非出于管仲之手,而是后人集体编辑而成。

部分内容是后人托管仲之名而作，也有一些章节与管仲其人没有直接关系。据陈鼓应研究，《管子》一书的部分篇章，是战国晚期齐国稷下学者的作品，与管仲其人的思想并非完全一致，书中内容很大程度上是属于道家取向，并且主张道法结合，由老庄的理想主义走入现实社会，对后来的黄老思想有深远影响。①

由此观之，《管子》是先秦诸子的思想集成，是众多学者共同书写的百科全书，涉及治国、经济、军事、社会、哲学、人口、农业等领域，触及法、儒、道、农、兵、阴阳诸子学说。

据现有的材料得知，《管子》一书最早被《韩非子·五蠹》提及："今境内之民皆言治，藏商、管之法者家有之。"《史记》也有详细记载，此书可能是司马迁的手边读物。到了晋代，学者傅玄对《管子》的作者提出异议，他说："管仲之书，过半是后之好事者所为，轻重诸篇尤鄙俗。"傅玄对托名篇章的评价不高，认为是鄙俗之作。唐代孔颖达在《春秋左传正义》"庄公九年"条云："世有《管子》书者，或

---

① 陈鼓应:《管子四篇诠释——稷下道家代表作解析》(北京: 商务印书馆，二〇〇九年)，页三至二七；参见陈佩君《先秦道家的心术与主术——以《老子》、《庄子》、《管子》四篇为核心》(台湾大学博士论文，二〇〇八年)，页二四五。

是后人所录，其言甚详。"可知作者不是管仲。宋代的叶适《水心集》说："《管子》非一人之笔，亦非一时之书，以其言毛嫱、西施、吴王好剑推之，当是春秋末年。"《四库全书总目提要》说："今考其文，大抵后人附会多于仲之本书。"当代学者一般认为，书中出现战国或后代流行的文字，大部分内容非春秋时代的作品，此已成学界共识。①

其实，不独此书，近年出土大量战国至汉代的竹书、帛书，内容文字与今本流行的大有不同，因我们所读之版本，多为汉代的改版，多非春秋战国的原著，故一些学人认为出土文献使中国哲学史、思想史有改写的必要。

今本《管子》与大部分先秦诸子一样，乃经汉代学者刘向编辑而成。《管子》共八十六篇，今本十篇已佚。全书十六万余字。《经言》九篇，《外言》八篇，《内言》七篇，《短语》十七篇，《区言》五篇，《杂篇》十篇，《管子解》四篇，《管子轻重》十六篇。《汉书·艺文志》将其作为道家一类，而《隋书·经籍志》则将其改列法家一类。其实，这部

---

① 张固也：《管子研究》（济南：齐鲁书社，二〇〇六年），页二一至二二。

书包罗万有，从不同角度看，就有不同的看法，故仁者见仁，智者见智。

这不禁要问，何以后世学者要冒管仲之名而作书呢？主要是因管仲平生乃是现实主义的代表人物，其功业对春秋时代有举足轻重的作用，世人对他高山仰止，故不少学者都借管仲之名来发挥，希望建立一套现实主义与道德价值俱备的学说。孔子曾说："微管仲，吾其被发左衽矣。"可见就连孔子也肯定了管仲对抗夷狄、使华夏免受夷狄侵害的伟大功绩。《论语》中记载了孔子对管仲的人格批评，虽然孔子鄙视管仲为人"小器"，但对于他的功业，孔子却是肯定的，他客观地指出："桓公九合诸侯，不以兵车，管仲之力也。如其仁，如其仁。"（《论语·宪问》）孔子也认同管仲尊王有功，其一生贯彻他的现实主义精神，首先是建功立业，之后也不忘发展道德，对于维护周室统治权威有着不可磨灭的作用。

此外，司马迁又说："天下不多管仲之贤而多鲍叔能知人也。"认为世人只赞美鲍叔能识别人才，却少有人认识到管仲的才能。他还说："管仲世所谓贤臣，然孔子小之。岂以为周道衰微，桓公既贤，而不勉之至王，乃称霸哉？语曰：'将顺其美，匡救其恶，故上下能相亲也。'岂管仲之谓乎？"（《史记·管晏列传》）司马迁反驳了孔子对管仲的批评，认为管仲即使有过，也是功大于过。由此可见，对管仲持肯定态度者，乃基于其功业成就，欲以实际作用掩盖其行事动机，这与西方哲学中的"义务论"凡事以动机作判断很不同。孔子式的儒家思想往往以动机作判断，故有些学者认为孔子类近于西方哲学家康德式的"义务论"一类的思考方式。近百年来，"义务论"被人们视为难以实行的一套，反之"功利论"大行其道，人人计算如何将利益最大化，讨论社会政策时，目的正义性不再是立论之首要考虑，而成效反是必要条件，这种思维在《管子》一书大量存在。然此书却非近于狭义式的功利主义，只求发展个人利益，而是以社会利益最大化为终极追求。

三国时代的诸葛亮也常自比管仲，诸葛亮也是另一现实主义的代表者，史家多将其置于法家人物之中。他为求达到目的，不计较手段，对付李严等蜀国本土派毫不手软，诸葛亮对管仲的推崇，足见其历史影响。管仲不像大多数诸子般属文弱书生，而是战功显赫的齐国相国，桓公以仲父尊称他，他也是经世治国的典范，故后世学者借他的大名来著书立说，实能大大提升作品的说服力。这是古人与今人之别，古人喜托他人之名著书，今人却有人把别人的作品强冠自己的名字，可见古代著者志在阐述己见，非为沽名钓誉而写作。

三、管仲其人

管仲（前七二五—前六四五），名夷吾，字仲，谥号"敬"，史称管子，颍上（今安徽省颍上县）人。其祖先是姬姓的后代，与周王室同宗，其父为齐国的大夫，后来家道中衰，至管仲时已很贫困。管仲年轻时曾经商，又曾辅佐齐国公子纠（齐桓公之兄），几经周折，由鲍叔牙举荐，得以辅佐齐桓公，封为上卿，最终帮齐桓公建立霸业，被尊为"仲父"，有"春秋第一相"之誉。管仲处身列国并峙、征战不休的春秋时代，凭着济世匡时的理想和经天纬地的才能，他从实际出发，重视发展经济，反对空谈，主张改革以富国强兵，使齐国慢慢强大起来。对于管仲的功业，《史记·货殖列传》有详细的记述：

> 其后齐中衰，管子修之，设轻重九府，则桓公以霸，九合诸侯，一匡天下；而管氏亦有

三归，位在陪臣，富于列国之君。是以齐富强至于威、宣也。

齐国自太公望（姜子牙）立国以来，一直兴盛不绝，直至平王东迁后中衰，而令齐国重振雄风的人，不是家学渊源、累世公卿的士大夫，而正是管仲。《史记·管晏列传》对管仲的成就也作了详细的说明：

> 管仲既用，任政于齐，齐桓公以霸，九合诸侯，一匡天下，管仲之谋也。……管仲既任政相齐，以区区之齐在海滨，通货积财，富国强兵，与俗同好恶。……其为政也，善因祸而为福，转败而为功。贵轻重，慎权衡。……管仲富拟于公室，有三归、反坫，齐人不以为侈。管仲卒，齐国遵其政，常强于诸侯。

职是之故，管仲为相期间致力振兴齐国经济，利用商业的路径，使得商货流通不绝。他又对齐国的财政制度进行改革，设立监管机构，大力促进经济发展，对社会做严密监督。如此一来，励精图治，使国家兴旺起来，为齐桓公奠定了春秋霸主的地位。

司马迁在《史记·管晏列传》中，转引了管仲

的自白:

> 管仲曰:"吾始困时,尝与鲍叔贾,分财利多自与,鲍叔不以我为贪,知我贫也。吾尝为鲍叔谋事而更穷困,鲍叔不以我为愚,知时有利不利也。吾尝三仕三见逐于君,鲍叔不以我为不肖,知我不遭时也。吾尝三战三走,鲍叔不以我为怯,知我有老母也。公子纠败,召忽死之,吾幽囚受辱,鲍叔不以我为无耻,知我不羞小节而耻功名不显于天下也。生我者父母,知我者鲍子也。"

这段话反映了三点:首先,管仲不属于"知其不可为而为之"一类人物,而是现实主义者,因家中有老母需照顾而在战场上退却,他显然不是情操高尚的典型人物。其次,管仲也非不事二主的忠臣,他不计较个人名声,只在乎是否能实现他的治国宏图,心中只有天下,国家倒是其次,此处也见其现实压倒原则的处事方式。再次,管仲年轻时曾经与好友鲍叔牙一起做生意,可见其与太公望一样,又是一个商人出身的政治家,且在他为相期间,致力发展齐国的经济,最终使齐国称霸于春秋。

值得注意的是,传统中国知识分子的典范,大多出身士人世家,或是身家清白的书生,鲜有像管仲有商贾的背景,再凭借自身的努力而达至社会上流,与他背景相似的有吕不韦(约前二九〇—前二三五)。如此看来,管仲被列为法家人物,实在是基于他的实质功绩,因其名声之大,影响之巨,而奠定了《管子》一书的学术地位。然而,与管仲背景相似,地位相近,影响力相当的吕不韦,不入司马迁的《史记·货殖列传》,管仲与太公望等人却一同入选,这是因为他们功业显著而且有益于人民,非只为个人私利而治国。司马迁乃继承了"孔子著春秋,乱臣贼子惧"的传统,借史书来品评人物,对管仲其人作了崇高的致敬,同传的其他人物,也多才德兼备,对社会有很大的贡献,故古时富贵是两回事,富者未必贵,贵者须得社会各界肯定。今天,有些暴发户、官二代、富二代横行霸道,目中无人,富而不贵,究其原因,就是不懂义利俱重的道理,这大概是没受过传统中国文化洗礼所致。

管仲治齐国的经历,司马迁在《史记·齐太公世家》又说:

> 桓公既得管仲,与鲍叔、隰朋、高傒修齐

国政,连五家之兵,设轻重鱼盐之利,以赡贫穷,禄贤能,齐人皆说。

《史记》多次引用"仓廪实而知礼节,衣食足而知荣辱"一语,反映了历史学家司马迁与《管子》的作者一样,认为政府应当先让老百姓享受物质文明的成果,进而追求精神文明的发展,最后得以"利民"。[1] 这可说是现实主义与道德价值结合的一大尝试,当为过分追求利益而忽略道德的今人所注意。

《史记》中尚有不少对管仲的溢美之词,《史记·管晏列传》中说:

> 太史公曰:吾读管氏牧民、山高、乘马、轻重、九府,及晏子春秋,详哉其言之也。既见其著书,欲观其行事,故次其传。至其书,世多有之,是以不论,论其轶事。管仲世所谓贤臣,然孔子小之。岂以为周道衰微,桓公既贤,而不勉之至王,乃称霸哉?语曰:"将顺其美,匡救其恶,故上下能相亲也。"岂管仲

---

[1] 周俊敏:《管子经济思想伦理研究》(长沙:岳麓书社,二〇〇三年),页八七。

之谓乎？

司马迁认为管仲是"世所谓贤臣"，这一点是对他的功业作出肯定，尤其是管仲对齐国经济发展所做的贡献。他又在《史记·平准书》中说："齐桓公用管仲之谋，通轻重之权，徼山海之业，以朝诸侯，用区区之齐显成霸名。魏用李克，尽地力，为强君。"其实，历史上真正的盛世，经济发达、物阜民丰是必要的条件。然而，管仲治下的齐国不但国力强大，更重要的是以国力优势来维护国际秩序与社会正义，带领盟国维护周室的统治地位，又不与丧德败行之国为伍，也绝不欺压无辜者而换来国家稳定，这样的盛世才能令人心悦诚服。反之，一味以军事力量和经济力量自诩的君主，如汉武帝、唐玄宗、清高宗等，免不了会遭史家批判。借古鉴今，本是贤明者应当效法。反之，一再重复历史的教训，受苦的永远是平民百姓。

四、历代研究

《管子》研究方面，自唐代尹知章注《管子》至今，至少有四十多种注本，其中尤以石一参的《管子今诠》（上、下），许维遹、闻一多、郭沫若的《管子集校》，马非百的《管子轻重篇新诠》影响最深。"安徽省管子研究会"集合了数十位专家，多年来累计发表论文数百篇，数量甚丰。《管子》的哲学研究，台湾学者陈鼓应及其学生陈佩君有专书及博士论文讨论。至于经济思想研究，香港学者宋叙五有开拓性的贡献，大陆学者赵靖、石世琦等人的研究成果备受学界肯定。上述作品，皆是《管子》研究的必读之作。

车马壁画。反映秦王兵马出行之盛。

《商君书》导读

以法治国的原则、推行与实践
——《商君书》的现代意义

梁万如

香港浸会大学哲学博士、人文及语言学部高级讲师

《商君书》,又叫《商君》《商子》《商君子》,作者是谁仍有不同说法,但是学术界一般认为,此书是由商鞅及其后学所著。《汉书·艺文志》所记,在法家的分类之下,《商君》共有二十九篇。现存二十六篇,其中两篇只有存目而没有内容,也就是说,具有完整文字记录的实际只有二十四篇。

一、商鞅其人

商鞅(约前三九〇—前三三八)属前期法家的代表人物,姓公孙,名鞅,卫国人,所以又叫卫鞅。而商鞅一名,则来自他曾助秦孝公伐魏有功,秦孝公把商一地十五个城邑封赐予他,并赐号商君。

在战国初年,国与国之间争雄掠地,为了自保和拓展,变法图强是各国的主要任务。当时魏、楚等国为了安邦定国,变法不断。商鞅熟读儒家、墨子和兵家等思想,受到当时变法风潮影响,对法家思想尤有好感。卫国是个弱小的国家,要实践治国之能,对商鞅来说,没有太大的发挥余地。商鞅后来去了重用李悝、实践变法的魏国,投靠魏国相公叔痤。公叔痤很赏识商鞅的才华，想推荐他给惠王，可惜不被接纳。这时，秦国实行改革，商鞅就入秦去，受到秦孝公的重用。

《史记》的《秦本纪》及《商君列传》就记载了商鞅在秦国施行变法的事情。而变法的内容主要是制定明确的法令，赏善罚恶，强化管治。商鞅曾助秦孝公推行两次改革，建立完整的法治制度。法制在秦孝公在位时推行，前后二十多年。商鞅重视农战，全民皆兵。耕作自给的同时，也作为军事补给之用，两全其美，令秦国对外的扩张节节胜利，在当时颇为瞩目。

可是，《史记·商君列传》对商鞅的评价，似乎并不正面："商君，其天资刻薄人也。迹其欲干孝公以帝王术，挟持浮说，非其质矣。且所因由嬖臣，及得用，刑公子虔，欺魏将卬，不师赵良之言，亦足发明商君之少恩矣。余尝读商君《开塞》《耕战》书，与其人行事相类。卒受恶名于秦，有以也夫！"太史公的论断，认为商君刻薄少恩，最终声名狼藉。这个评价与商鞅破魏用了诡计及言而无信有关；另外，孝公死，惠文王继位，商鞅秉公执法，对惠文王的老师施刑，受到狠批，也不为无因。

二、《商君书》其书

西汉之前,并未有《商君书》一名。司马迁在《商君列传》说过:"余尝读商君《开塞》《耕战》书",《开塞》与《耕战》被视为单篇的文字,一直流通及流传。而《商君》作为定本,正式被编入经籍之中,可以说是由班固编《汉书》开始的。后来,《三国志·蜀书·先主传》的注释之中,曾经引述《诸葛亮集》,说过:"可读《汉书》《礼记》,闲暇历观诸子及《六韬》《商君书》,益人意智。"从各条资料可见,辑录成《商君书》是在汉以后的事情。

《隋书·经籍志》及《新唐书·艺文志》已把《商君》改叫作《商君书》。《旧唐书·经籍志》则叫作《商子》,并说"商鞅撰"。《新唐书·艺文志》称为《商君书》,而下注说:"商鞅。或作《商子》。"《群书治要》则称《商君子》。

到了宋代郑樵的《通志·艺文略》,又作《商君书》;而北宋的官修目录《崇文总目》、私人藏书家晁公武所写的《郡斋读书志》和陈振孙《直斋书录解题》都称作《商子》。

清《四库全书》说过《商子》这个名称是来自《隋书·经籍志》,不过翻阅《隋书·经籍志》则只有

《商君书》一名。清人严万里著有《商君书校》,踵事增华,他在总目说:"隋、唐志及唐代注释家征引,并作《商君书》,不曰《商子》,今复其旧称。"及后,学者高亨也以《商君书》为通行的书名。

三、《商君书》的篇章

《商君书》于《汉书·艺文志》记载共有二十九篇,现存只有二十四篇,另有两篇存目而没有内容。各篇章由于是后来的结集,经学者研究所得,以为有些篇章出自商鞅,有些出自秦史官,也有出自商鞅的门客门徒等。

台湾学者全卫敏于二〇一四年著《出土文献与〈商君书〉综合研究》,参采现、当代学者的各种说法,推论并总结出以下的看法:商鞅亲著的篇章有《垦令》《农战》《去强》《算地》《开塞》《战法》《立本》《兵守》《修权》《境内》《外内》《君臣》《慎法》;出自商鞅门客或门徒的篇章有《更法》《说民》《弱民》《壹言》《禁使》《靳令》;出自商鞅再传弟子的篇章有《画策》《错法》《徕民》《赏刑》;也有撷取法家言论而写成的《定分》。

这样看来，《商君书》是从单篇文章综合整理而成的。而文章内容所出现过的语言、事物都能反映文章的成篇时代。历来都有不少学者就这些方面做过研究，也做过不少分析，各篇文章的作者是谁？各篇文章在什么时候写成？各篇章的来源又如何？这些问题值得我们讨论之余，也让我们对阅读古籍的方式有多点认识。

现综合目前的研究说法，把各篇章、作者及其特点，表列如下，俾便综览：

篇章	作者	篇章特点
更法第一	秦国史官	讨论变法的主张，一破一立，疑后人编辑《商君书》时加入。属论辩文字。
垦令第二	商鞅	叙述了商鞅的重农政策。属法规政策文字，共二十项条文。
农战第三	商鞅	以农战为国之兴亡的重点。属政论文字。
去强第四	商鞅及其后学	讨论强国之道。是《说民》及《弱民》两篇的指导思想。
说民第五	商鞅后学	谈及治理民众的方法。
算地第六	商鞅	讨论因地制宜的治国之策。
开塞第七	商鞅	讨论国家的变革与发展。
壹言第八	商鞅后学	提出国家的事务和政策要一致和统一。
错法第九	商鞅后学	谈论推行法治的手段。
战法第十	商鞅	讨论战争的原则、将帅及攻取之法。属法律政策文字。
立本第十一	商鞅	国家能于战争制胜的根本方法。
兵守第十二	商鞅	战争时防守方法的讨论。
靳令第十三	商鞅后学	论述法治的原则、内容及目的。

续表

篇章	作者	篇章特点
修权第十四	商鞅	讨论君主以法治国的权力问题。
徕民第十五	商鞅后学	招徕别地的民众从事农业,为秦国农战补给。
刑约第十六		存目
赏刑第十七	商鞅后学	提出赏、刑、教是治国之道。
画策第十八	商鞅后学	讨论赏罚的问题,要得其法。属政论文字。
境内第十九	商鞅	讨论军功爵位制度。与《垦令》同属法律政策文字。
弱民第二十	商鞅后学	讨论国家的政治力量要比民众强。
御盗第二十一		存目
外内第二十二	商鞅	论述农战的对外(兵)及对内(农)事务。属政论文字。
君臣第二十三	商鞅	确定君臣尊卑,建立法治制度。
禁使第二十四	商鞅后学	讨论用刑赏推行农战。
慎法第二十五	商鞅	讨论法治,反对贤能的问题。
定分第二十六	商鞅后学	论述法律、法令等制度。

不少篇章内容互有关联,例如《去强》《说民》及《弱民》都讨论强国之道,可一起阅读。《农战》又跟《徕民》《外内》在观点上一致。《境内》与《垦令》两篇所讨论的焦点,以至文章性质也相同。篇章之间在思想上表现一致,让人觉得《商君书》的编成颇为完整。虽然如此,但某些篇章明显不是出自商鞅

之手，所以历来引起不少关于此书真伪的讨论。

四、《商君书》的真伪

《商君书》由于编订时已糅杂不少非商鞅的文章，此书真实性一直为学者所诟病。最早提出疑问的是宋朝学者黄震，他在《黄氏日抄》中，提出《商君书》内容可疑之处。《四库全书总目提要》已经说《商君书》并非出自商鞅，只是法家学派等人言论的编集。现当代学者如胡适、钱穆、吕思勉、傅斯年、齐思和、陈启天、高亨、张觉、郑良树、张林祥、仝卫敏等都做过这方面的讨论。如果要概括各学者对《商君书》真伪的观点，大致可以分为三类：第一，全书是商鞅后学所造，有些可能是商鞅的弟子，有些可能是秦国人或官员，只是托商鞅之名写文章而已。而且商鞅是法家前期的代表，《商君书》则保留不少战国末期的资料，说此书由商鞅后学所撰写并非无因。第二，有部分篇章是由商鞅所写，有部分则由其弟子所撰，也非一时一地可以编成。第三，此书的真伪无法确定，因为可争议之处甚多。

商鞅变法促进了秦国统一六国，妇孺皆知商鞅改革带来的转变。《韩非子·五蠹》:"今境内之民皆言治,藏商、管之法者家有之。"另外,《淮南子》与《史记·商君列传》均分别提及《启塞》和《开塞》,用语虽然不同,《商君书》在汉代仍具影响力却是可以看到的。汉之后,法家学说已经式微,没有得到应有的重视。明朝学者归有光、清代学者孙星衍、严万里、孙诒让等都曾校释及整理这本古籍。章太炎在一八九八年发表文章《商鞅》,重述商鞅的功过,引起了众多学者的关注。疑古思潮一度兴起,《商君书》的真伪就成了学者关注的课题,《商君书》研究热兴起了。由这时开始,出现了不少校注本。

五、近代《商君书》注疏举隅

清代学者严万里著《商君书校》《商君书新校正》,成为一众校释的底本,是现在最为通行的本子。近代最早出版的校注本是一九一五年王时润的《商君书斠诠》,引起了校释研究的风潮。一九一六年朱师辙出版《商君书解诂》,这本子在严万里的基础上,参考其他清人的校释本以及明代目录学书籍、《群书治要》、《太平御览》等书,之后又不时增补。

一九四八年出版《商君书解诂定本》，又较之前的本子进了一大步。尹桐阳《商君书新释》、支伟成《标点注解商君书之研究》、王时润《商君书集解》、陈启天《商君书校释》、简书《商君书笺正》等都是后来涌现的注本。这些本子主要采严本、朱本的校释为基础，再提出新的看法。

一九四五年蒋礼鸿的《商君书锥指》以严本为基础，博取各家所说，是为集大成之作。一九七四年出版的高亨《商君书注译》除校注外，更收入作者所写几篇与《商君书》有关的论文，除了对前人所作的校释工作有所增润之外，也厘清了不少问题。

值得一提的是，一九七四年山东大学《商君书》注释组出版《商君书选注》；一九七六年，增订为《商君书新注》；后来更出版《商子译注》，是根据《商君书选注》及《商君书新注》修订及增补而来。一九七五年，辽宁第一师范学院朝阳重型机器厂朝阳县王营子公社的《商君书》注释组，校释了《商君书选注》。校注方向偏向改革斗争，政治意味相当浓厚。同期有西北国棉一厂工人理论组等人校释的《商君书新注》，以朱师辙本子为底本作校释。既谈学术，也重政治。这些校注，意识形态都非常一致，可以对研究国家改革的趋向有一个侧面的认识。

二十世纪九十年代，学者张觉的用力最多，先后出版大量论文、校释本及导读，于一九九三年写成《商君书全译》，为重点研究计划；二〇〇九年出版《商君书导读》，讨论《商君书》的内容价值外，又注释了全书，对推广古籍阅读不遗余力。台湾学者贺凌虚所作《商君书今注今译》，贝远辰注译、陈满铭校阅《新译商君书》，均以复兴中华文化为目的，参考严万里等学者的说法，校注《商君书》。"新视野中华经典文库"之《商君书》也在这个基础上，注重文理一致，思想会通而成。

六、《商君书》的思想特点

商鞅是个原创力很强的思想家，对于怎样治理国家，他认为效法古代，不一定成功，因为古代治国之法不一而足。在《更法》《算地》和《修权》等篇章之中，他引述尧、舜、禹治国之法都不一样，治国无定法一样可以称王，既然如此，那就没有必要效法古人，只要找对自己所走的路，国家也一样可以治理好。《更法》篇就说明了这个意思："治世不一道，便国不必法古"，又说"三代不同礼而王，五霸不同法而霸",没有一个特定的方式用来管治,不一定要效法古人,正如三代、五霸各以不同的方式称王一样。《开塞》篇更说:"圣人不法古,不脩(或曰当为循)今。法古则后于时,脩今者塞于势。周不法商,夏不法虞,三代异势,而皆可以王。故兴王有道,而持之异理。"为什么不要效法古人呢?因为效法古人会令国家追不上社会的实际发展要求,拘泥于现状则困窘于形势。夏、商、周三代尚且不互相效法都可以称王,所以治理国家的方法,不必相同。

这个立论,成为商鞅所提出的以法治国的理论根据,他继而摒弃儒家的治道思想,开创另一个治国的思维格局,那就是以法治国。

七、以法治国的理念

以法治国,即制定不同的规章制度管治民众,驾驭人心,由此整顿国家,对内对外,达致国富兵强的目的。《去强》曾说:"以治法者,强";《慎法》又说:"法任而国治矣。"同样认同以法治国的重要性。《开塞》更认为法制与君主两者同样重要:"古者民藂生而群处乱,故求有上也。然则天下之乐有上也，将以为治也。今有主而无法，其害与无主同；有法不胜其乱，与不法同。"能够把散乱的民众管治好，是天下人所乐见的。但是国家有君主而没有法制，等同没有君主，就算有法制，但是制定或执法不妥当，等同国家没有法制一样。这就把法制提到一个颇为重要的层次，法制体系不健全等同没有法制，也等同国家没有君主一样。

商鞅为推行法制，批评维系纲纪伦常的儒家思想，为立法铺路。《画策》提出："圣王者，不贵义而贵法。"在《靳令》中更大力反对儒家："六虱：曰礼乐，曰《诗》《书》，曰修善，曰孝弟，曰诚信，曰贞廉，曰仁义，曰非兵，曰羞战。国有十二者，上无使农战，必贫至削。"儒家经典、纲常礼教是令国家积弱的主要原因。儒家不能实现管治，确立良好的法制，国家才可以得到治理。如何立法？立法要因应时机和生活习俗，《算地》说："故圣人之为国也，观俗立法则治，察国事本则宜。不观时俗，不察国本，则其法立而民乱，事剧而功寡。"立法也要明白易知，人人懂得。《定分》说："故圣人为法必使之明白易知，名正，愚知遍能知之。"为什么人人都要懂得法制？无谓智愚，人人皆懂，法制更易推广，更易为人所共守，犯法的人就会大大减少。

八、以刑去刑的赏罚原则

商鞅重视赏罚,在赏善罚恶两者之中,更重视用重刑,认为重刑能有效阻止民众犯法。民众怕严刑而不犯法,不犯法就反过来不需用刑了,这就是以刑去刑的意思。《赏刑》说:"夫先王之禁,刺杀,断人之足,黥人之面,非求伤民也,以禁奸止过也。故禁奸止过,莫若重刑。刑重而必得,则民不敢试,故国无刑民。"定立重刑的原意并非要伤害民众,原意是要禁止人民干犯任何奸邪过失。所谓重刑,其实就是酷刑,《境内》说:"不能死之,千人环,规谏,黥劓于城下。"如果怕死不上战场,就要在众目睽睽下,接受在脸上刺字和割下鼻子的刑法。重刑之中,甚至会株连那些与犯罪者有关系的人,他们虽然没有犯错,但一样会受牵连,也要受刑,《垦令》篇中接着说:"重刑而连其罪,则褊急之民不斗,很刚之民不讼,怠惰之民不游,费资之民不作,巧谀、恶心之民无变也。"就是说,在株连的重刑下,那些心胸狭窄而暴躁的民众不会争斗;很凶残的民众不起争议;怠惰的民众不闲逛;奢侈的民众不浪费;谄媚和令人厌恶的民众不谋事变。

相对于施行重刑,也要论功行赏,但是要重刑少赏。为什么呢？《勒令》有这样的解释："重刑少赏，上爱民，民死赏；重赏轻刑，上不爱民，民不死赏。"《画策》又说："故善治者，刑不善而不赏善，故不刑而民善。不刑而民善，刑重也。刑重者，民不敢犯，故无刑也。……赏善之不可也，犹赏不盗。故善治者，使跖可信，而况伯夷乎？"如果赏赐少，人民就珍惜赏赐，努力于赏赐；如果赏赐多，人民会轻视赏赐。所以，对奸恶之人加以用刑，不会赏赐那些没有犯罪的人。也由于刑罚重，人民不敢犯事，因此犯罪的人也没有了。为什么不可以赏赐没有犯罪的人呢？赏赐好人，就好像对没有偷窃的人赏赐一样，赏赐的真正作用就没有了。

《境内》更说明了爵位制度，爵制等级，论功行赏，以在战争之中杀人的数量作为标准，多杀多赏，可以获得田宅土地，也可以任官或者减刑，是赏赐机制的具体落实。商鞅不是不赏赐，而是赏赐得其法，不滥赏，对于那些委身于农战的人，赏赐就多了。《外内》说过："故欲战其民者必以重法。赏则必多，威则必严，……民见战赏之多则忘死。"恩威并施，赏罚得其法，在重刑和厚赏之下，使人民为战事而出死力，才是懂得管治。

九、壹赏、壹刑、壹教的执法方案

就国家管治的层面来说，商鞅很看重"壹"的治道概念。立法、执法、法制教育等方面都要一致。《赏刑》说："圣人治国也，审壹而已矣"；《垦令》说："上壹而民平"；《农战》也有："身作壹"，"国作壹一岁者，十岁强；作壹十岁者，百岁强；作壹百岁者，千岁强"；而《壹言》曾说："圣王之治也，慎为、察务，归心于壹而已矣。"治国之道在于上下一致，人民就会安定，法则的适用范围、法则的执行、法则的推广和教化等都要全国一致。这样的话国家就能一直强大下去，十岁、百岁，甚至千岁。

《赏刑》说到"壹赏，壹刑，壹教"。壹赏和壹刑，就是赏罚一致，不论地位与阶级，赏罚无等级。篇中说："圣人之为国也，壹赏，壹刑，壹教。壹赏则兵无敌，壹刑则令行，壹教则下听上。"赏赐无等级，无论智愚、贵贱、勇怯、贤与不贤，只要肯出死力，则论功行赏，所以兵力无敌；在重刑之下，人人守法，无论身份与地位，上至卿相，下至庶民，有过失就用刑，就算有功劳都不能抵消恶行，这样法令更易执行。至于壹教，《赏刑》说："夫故当壮者务于战，老弱者务于守；死者不悔，生者务劝。此臣之所谓壹教也。民之欲富贵也共阖棺而后止。而富贵之门必出于兵，是故民闻战而相贺也，起居饮食所歌谣者战也。"对于人民的教化，商鞅认为无论是壮健的或老弱的，一主攻一主守，同为战斗出力，都是通向富贵的大门。人民因着富贵这个目的，所以听闻战事就互相恭贺，起居饮食都在唱和战争。这就是壹教，就是说教化的内容一致，要教导人民，农战是达致富贵的手段。

此外，也要教导人民知法守法，从而自治。《农战》说："君修赏罚以辅壹教，是以其教有所常，而政有成也。王者得治民之至要，故不待赏赐而民亲上，不待爵禄而民从事，不待刑罚而民致死。国危主忧，说者成伍，无益于安危也。"君主教导人民赏罚的真正意义，人民不等待赏赐而拥戴君上，不等待爵禄而办事，也不等待刑罚死命去干。《定分》更说："故圣人立天下而无刑死者，非不刑杀也，行法令明白易知，为置法官吏为之师以道之。知万民皆知所避就，避祸就福而皆以自治也。"订立刑罚而没有人因此受刑，不是因为刑罚本身有问题，而是因为法令明白易知，所有民众都知道如何避重就轻，最后可以自己治理自己，实现自治。当然，为了执法方便，除了保证执法的效率，建立官僚制度，也可以让官员教导人民守法的重要。壹教就是这个意思。

十、作为国家策略的农战

农战是重要的国家策略,是国家兴亡的主因。所谓农战,是农业与战事的合成语。没有战事,人民回到田里从事农务,自给自足。若有战事,就共同对外抗敌,战事完结,论功行赏。农务与战事合一,互为表里。没有农务作为战争的资本,就没有能力战争。所以《农战》说:"故治国者欲民之农也。国不农,则与诸侯争权,不能自持也,则众力不足也。"国家如果没有农业,实在没有资本与诸侯各国竞争。

《商君书》非常重视那些影响农业,影响人民耕作的因素。从消极面说,儒家重视温柔敦厚,无益于战事,所以《靳令》说:"六虱:曰礼乐,曰《诗》《书》,曰修善,曰孝弟,曰诚信,曰贞廉,曰仁义,曰非兵,曰羞战。国有十二者,上无使农战,必贫至削。"礼乐、诗书、仁义道德对农战无补于事,就要大加否定。从积极面说,君主大力推崇农战,奖励农战,则有助加强国家的实力,《壹言》说:"见上之尊农战之士而下辩说技艺之民,而贱游学之人也。故民壹务,其家必富而身显于国。"农战可以令国家富强,而人民也可以因为农战而得到赏赐和富贵,国家与人民达致双赢的局面。具体的措施就是秦国制定了土地制度、户籍制度，分配土地予人民，让他们安于农务，奋勇争战。而且，为了奖励人民农战的功劳，也以授田为奖励赏赐的主要项目。

国家希望人民可以参与农战，一看到战事，就如饿狼看到肉块，要立刻扑过去吃掉一样，但是现实往往未必能够这样。《画策》提过："民之见战也，如饿狼之见肉，则民用矣。凡战者，民之所恶也；能使民乐战者，王。"战争因为会有死伤，民众一般都憎恶，可是，作为君主，怎样可以使民众投入农战之中呢？《徕民》提出招募别国的人民来到秦国协助耕作，让秦国的农民可以在战时无后顾之忧。此外，《外内》就提到提高食物的价钱；对不参与农务的人征收重税；对商贩大征重税，鼓励人民不从商改务农，最后参与农战。《垦令》更提到抑商的政策，限制商贾的活动；又不让大夫招聘佣工，令人怠惰不事农务；也限制那些游离、胡乱迁徙的民众，要他们参与农战。种种措施，目的只有一个，就是防止务农的人减少，影响国家的稳定。《君臣》说："农战之民日寡，而游食者愈众，则国乱而地削，兵弱而主卑。"游食者就是指那些逃避参与农务，也不参军的人，游食者增加，意味着参与农战的人减少，后果就是削弱国家的力量。

十一、权与术所体现的大公无私

谈到管理国家的三种重要因素,《修权》认为法、信、权各有地位,而三者之中,法居首位。《修权》说:"国之所以治者三:一曰法,二曰信,三曰权。法者,君臣之所共操也;信者,君臣之所共立也;权者,君之所独制也。人主失守则危,君臣释法任私必乱。故立法明分而不以私害法则治,权制独断于君则威,民信其赏则事功成,信其刑则奸无端。"法制是君主和臣民所共同遵守的;而信任则是君主和臣民所共同建立的,就例如刑赏的制度建立之后,犯了罪就要受刑,有战争的功劳就要犒赏,信任一旦破灭,君臣关系就会出乱子;而权柄则由君主独自拥有,君主掌权失守,或君臣执法偏私,破坏信任,都会危及国家,而两者都是个人的问题。但是法制建立,却有其客观的条件在,因为法制人人都必须遵守,大公无私,具有普遍意义,因此法制于三者之中最为重要。

法制的大公无私,于《修权》讨论私天下和非私天下的问题时,再次得到印证。商鞅认为治理天下是为天下而治天下,并非以私有天下来治天下,前者是法制的根基,是令国得治的先决条件;而私有天下,往往是国亡之本。《修权》:"故三王以义亲,五霸以法正诸侯,皆非私天下之利也,为天下治天下。……今乱世之君臣,区区然皆擅一国之利,而管一官之重,以便其私,此国之所以危也。故公私之交,存亡之本也。"历史上的三王和五霸管治天下都是为天下而治天下,并非为自己而治天下,出发点是为公而非为私。为私而治天下,则容易陷入个人私利的纠缠之中,令国家的管治生乱。对于商鞅来说,公与私,是国家存亡的根本因素。

权柄是私有的,但是在实践法令时,却要无私,以私有的权柄实现无私的法令,当中需要"数"的管治策略。"数"即是"术",是君主驾驭臣子,或管治人民的策略,更是落实法令、执法时的具体策略。《算地》说:"数者,臣主之术而国之要也。故万乘失数而不危,臣主失术而不乱者,未之有也。今世主欲辟地治民而不审数,臣欲尽其事而不立术,故国有不服之民,主有不令之臣。"术是治国的重要策略,是推行法的要素,推行法制得其术,则人民与臣子都可以在推行法制时收事半功倍之效。

另外,法制一旦建立,怎样执行才可令臣民觉得平等和无私呢?《算地》:"今国立爵而民羞之,设刑而民乐之,此盖法术之患也。故君子操权一正以立术,立官贵爵以称之,论劳举功以任之,则是上下之称平。上下之称平,则臣得尽其力,主得专其柄。"建立爵位制度令人民感到羞愧,设立刑罚令人民感到快乐,这些事情都与事实相反,这是没有用术的后果。君主立法之余,也要立术,定下策略,建立官位与爵位,论功行赏,一视同仁,全国上下平等对待,臣子尽力做好,以求升迁,如此则君主自可专享权柄,国家不生乱。因此,在国家的管治架构里,作为君主要考虑各个社会阶层的角色和位置,运用权责时,要利用策略,推行法政自然水到渠成。

十二、总结:以法治国与现代社会

以法治国的管理原则是,建立制度要考虑人性的特点。治国先要订立目标及其所能达到的成效,立法规管人的行为,并引导他们向着国家的目标进发,要考虑推行的成效,就要考虑人性的因素。《画策》提过人民讨厌战争，因为容易死伤，那是人之常情。把这个人性特点考虑进去，在立法时就要从几个方面考虑：首先，引入非本地的人民来参加农战；继而奖励本地人民一起参与。而且，若有人因为害怕、懒惰、声色犬马等因素而逃避农战，政府要立法令把那些影响国策推行的种种因素，一一清除。谈到如何鼓励农务，其中一个方法就是不准商人售卖粮食，也不准农民买进粮食。由于农民买不到粮食，懒惰的农民就要努力务农。也由于商人不可出售粮食，利润就不能增加。这时，商人就会想到务农。懒惰的农民努力务农，商人也想去务农，那么荒地就一定能得到开垦。另外，政府提倡俭朴，不允许鄙俗的声色和华美服饰，主要考虑克服人性的躲懒和不专心，当农民心无旁骛，努力工作，荒地就能开垦了。从人性上订定立法制度，看似限制人身自由，但是从教育的角度看，又并非完全不可取，这是现代公民教育可以讨论的课题。

推行国家法令，要顾及不同的社会阶层的参与。也就是说，要达成国家的目的，要考虑推行新政时所有社会阶层的责任和义务。《垦令》篇之中指出，国家要开垦荒地，按不同社会阶层的具体情况，定立法令。例如针对贵族的服役法令，贵族子弟都不可豁免服役。国家大臣、众大夫不可以利用广博多能、辩才无碍来影响农民的思想，影响他们下田工作。那些轻浮懒惰的人不能在军市游荡，不能迷惑农民。要求官员要正当善良，从属官员减少征收税项，令农民不劳累，下田时间就多。扩大可参与徭役的人的范围，不把重担放在农民身上，商人的奴仆也要负担，多些人可参与公田与私田的开垦。这些法令和措施，考虑所有社会阶层的责任和位置，聚焦在国家的建设目的上，一下子把全国人民动员起来，对于当时社会来说，所产生的力量不可谓不巨大。

商鞅是古代政治改革家，在战国时期，助秦国成功推行国家政治改革，订立法制，建立土地制度、户籍制度、爵位制度及官僚制度，推行农战，以法治国，订立刑法，赏善罚恶，以刑去刑，达致国富兵强的目的，商鞅变法使秦国在短短二十年间成为一个强大的国家。秦国由边缘地进侵中原，最后一统六国，建立秦朝，商鞅变法政道与治道兼备，成就了强秦霸业，对整个古代中国的政治发展影响极为深远。商鞅从立法、执法及教化三方面入手，简化法令，使人人皆懂，人人守法，以法治国的理念由秦国一直沿用至今。

《韩非子》导读

独裁专制者的秘笈

陈耀南

香港大学中文系教授,现居澳大利亚

西人当初只因听说"遥远的东方有个'秦'",于是就称之为Chine或China,不知道这王朝竟如此短祚——从尽并诸国到亡灭,只不过十五年(前二二一—前二〇七),但又如此幽灵不散——"祖龙魂死秦犹在","百代多行秦政法",君主世袭、专制独裁竟绵延了二千多载!

毛泽东这两句诗(《读封建论》,一九七三),描绘了中国政治历史核心,查究下去,就必然迎出了"祖龙"("始皇"的同义词)以至历代专制政治的辩护士和总设计师"韩非子"。

一生可悲的韩非,死于他的知音人秦王嬴政狱中(前二三三)。十二年后中国统一于"地形利害"和"号令赏罚"都远超六国因而最后成功的秦。秦王遂有"始皇"尊号。又十一年,始皇死(前二一〇)。再三年,秦亡汉兴。八十多年后,司马迁在《史记》中将韩非与老子、庄子、申不害合传,这样记述:

> 韩非者,韩之诸公子也。喜刑名法术之学,而其归本于黄老。非为人口吃,不能道说,而善著书。与李斯俱事荀卿,斯自以为不如非。非见韩之削弱,数以书谏韩王,韩王不能用。……故作《孤愤》《五蠹》《内外储》《说

林》《说难》十余万言。……人或传其书至秦。秦王见《孤愤》《五蠹》之书，曰："嗟乎，寡人得见此人与之游，死不恨矣！"李斯曰："此韩非之所著书也。"秦因急攻韩。韩王始不用非，及急，乃遣非使秦。秦王悦之，未信用。李斯、姚贾害之，毁之曰："韩非，韩之诸公子也。今王欲并诸侯，非终为韩不为秦，此人之情也。今王不用，久留而归之，此自遗患也，不如以过法诛之。"秦王以为然，下吏治非。李斯使人遗非药，使自杀。韩非欲自陈，不得见。秦王后悔之，使人赦之，非已死矣。

申子、韩子皆著书，传于后世，学者多有。余独悲韩子为《说难》而不能自脱耳。

一个"悲"字，真的贯串了韩非的人生！

非常聪慧、早熟、敏感的他，却生在高贵、堂皇而又复杂、虚伪的宫廷环境，听厌了美妙的言谈，看惯了丑恶的真相；不想逃遁于情欲，放逸于艺术，他关心政务，热切改良，却又生于世局大转型的前夕，处身君庸臣贼而又贴近虎狼之秦、国亡在即的弱乱之邦，却又不忍、不能如他人的暮楚朝秦，舍离祖国。先天与童年的原因，严重的语言障碍，使他好学、能文，从业于大儒荀卿，交上了同学李斯，从性恶、隆礼之说一滑而下，变本加厉，对人性、仁政，全失信心，卒之转到任法、尊君的极端，以至残酷寡恩，害人害己！

早已有许多人慨叹：聪明饱学如他，竟想不到（或者不以为意）：李斯本是小吏，富贵权位所在，事秦事楚无别，所以英主可以羁縻；韩非是国之世族，休戚相关，血浓于水（即如屈原之于楚），所以雄猜之君，终不能信他可以为己所用。韩非轻身入秦，不免与李斯（以至姚贾）利害冲突，更以疏间近，难怪宋代黄震《黄氏日抄》讥叹："送死秦狱，愚莫与比！"韩非死后，李斯权位更固，继续辅佐秦王推行韩非理论。到秦皇一死，李斯又被所矫旨拥立的二世信更奸恶的赵高而害得全家惨死！

李斯、韩非，以至前此的商鞅、吴起等法家人物下场往往如此！不过，因为书写得动人，又从未掌握得位，所以多一点获得同情的，还是韩非。

中国第一个极权皇帝，欣赏他，自然也疑忌他；第一个全国的权相，畏忌他、害死他，但更贯彻、执行他的计策。汉以后历朝政治莫不阳儒阴法，于是韩非死了，而又还没有死。

二千年来无数评论者，斥骂他，惋惜他，嘲笑他，但是对他文章的清通、健锐，特别是推理和比喻的灵巧，都一致赞赏。论到历代散文的论说一类，他与孟轲是先秦诸子的两座巅峰。所不同的是他们相反的人性与民权信仰，相同的是他们所共历的时世趋向，"定于一"，和自任以天下之重、以思想救世的学术承担。

时世不断在变，也不断呈现种种病征，有理想的人总觉得要想法医治。理想高、抱负大、才能出众而又富有使命感与同情心的人，更自觉是义不容辞的大国手。先秦诸子之学，就是由此而起。

首开晚周私家讲学之风而为诸子之首的，是仲尼孔丘。墨翟、韩非，这两名儒家死敌，最初都学于孔丘的再传弟子。据《论语·述而》篇，儒学精要是"志于道"（以探求人生真理为职志）、"据于德"（以天赋人性为根据）、"依于仁"（以道德良知为凭借）、"游于艺"（在各种学问汇成的文化江洋里涵泳自得），循此发展，以尊天爱人为旨归，以本心原性为基础，以孝亲敬长为起始，以勤学尚思为修养，以兴仁复礼为功效，以君子贤人为典范，至于内圣外王，就最崇高尊贵了。这就是二千多年来作为中国文化骨干的儒学大纲。历代因之尊孔子为大成至圣先师，而继承光大孔子之学的，是被称为"亚圣"的孟轲。孟子以

"仁"为人心安宅,"义"为行事正途,有志之士,必当"居仁由义",以尧舜禹汤文武周公孔子一系列圣人为典范,而弘扬道统。其后荀子,最称大师,教学既久,成就亦众。他虽反孟轲"性善"之说,但仍极尊孔子而讲"儒效",劝"学"隆礼以成君子。所以,整个儒家体系就是:以仁心为基源,义理为原则,礼文为细目,交织拓扩,以显示人之所以为人的"心性"主宰,建立巩固"尚德"传统,而发扬"人文"精神,这便是理想社会的共同规范了。

社会要讲求荀子所谓"群居和一",公德是必需的;东洋西海,心同理同,共识也是可能的。不过,"同"与"异"是矛盾而又并存的;"人心不同,各如其面",个别差异在自然、在人间,都是有目共睹,不容否认,无可抹杀。一笔抹杀,强异为同,只会造成无限而无情的痛苦。世间许多坏事是自以为"好心"而做出来的,许多罪恶是自以为义、强人从己而发生的,许多误会是一厢情愿的所谓"忠恕"而招致的,许多劳累、烦恼、纷争以至罪过,是因为喜居人上而造成的。(以上埋念,许多与后来传入的佛家所信有相同相通之处,所以被反对的儒者称为"二氏"。)所以,与儒家孔孟之道相异(不一定相反)而又相辅相补的,有老庄之徒,揭示一个形而上意义的"道",其大无外,作为万事万物的总和;而物各有性,性各自足,都是得于自然的"德";所以不必、也不可能以此例彼或以彼代此。一切差异以至矛盾对立,都是无比伟大的"道"的一部分,永远共存而又不断互相流转。(后来那神奇的"太极图"就是这个道理的最佳象征。)所以任何人间的共同规范,都没有意义。作为万物之一,人不配也不应有为,以免自扰扰人、欺人自欺。只有清静无为,逍遥观赏,顺应自然,才是道理。他们把"道"讲得又多又动听,特别是春秋战国动乱了几百年,继之以统一者嬴秦苛暴之政,和跟着的楚汉之争,贤愚上下所有人都痛苦得不得了,到后来文景之世,把应时而兴、合乎众望的无为而治、与民休息的政策,标举为"黄(帝)老(子)之道",于是就被称为"道家",居于司马谈所谓有得而无失的"六家"之首了。

另一派思想:从儒家反出来另立门户的墨家,厌病儒者烦扰奢费的礼乐丧葬种种仪文,他们对道家的玄虚之理也没兴趣,而只崇奉一个笼统的宗教意味的"天",认为天的意志就是要人兼相爱、交相利,所以反对战争,他们相信鬼神,但又反对音乐、命运,主张节用、节葬,信仰的朴素和矛盾,基层大众并不充分明白,也并不计较,他们只是感动、信服和跟从教主式领袖墨翟与接任的历代"鉅子","摩顶放踵,利天下,为之"的行侠仗义,以及民间帮会私人武力的团结互助。风从既众,就与儒家并称"显学"。急公好义的墨者极重集体,与老庄道家同调的杨朱偏于个人,二者各趋一端而并斥于孟子。此外,除了不谈政治的阴阳家,又有不像上述儒道墨三家之讲究终极关怀,只是游走列邦,把握其间的利害矛盾,驰骋舌辩以劝导诸侯或和或战、或合或分,最终成就策士个人功名利禄的所谓"纵横家",以苏秦张仪为冠冕人物。这就是韩非成长和活动时期,法家以外的诸子要略了。

儒道墨纵横诸派,法家人士都不喜欢,认为他们大害于国——或者,最重要的,是不利于最高统治者。特别是处战国末世、集法家大成的韩非子,对前述各家思想都了解,但都不满意,甚至看不起、反对、唾弃。儒家讲从自心发出的由亲及疏的"推爱";墨家认为应该是"天志"之下,无有差等的"兼爱"。韩非提醒领导人:"爱"就不利于统治。儒家以"亲亲""尊贤"为治国用人两大基准,韩非指出:这两者之间一定矛盾,而且,"亲亲"就偏私,所谓"贤"也可以虚诞;还有利之所在,什么"亲""贤"都可以反戈攻击君主!韩非认为,只有自己归纳综合的那一套"凭势、用术、行法",才是明主的唯一妙方!

前期法家之书,《管子》《商君书》《申子》等,虽或伪托,或不传,但考核其中言论,与史书所记其人其事,则性格主张仍然可知,大抵都是从政务实,急功近利,不喜欢(也不擅长)抽象理念的探索和价值体系的建立——或者说:唯一价值,就在所效忠的国君当下的实际利益。什么人性陶冶、道德自觉等,都嗤为迂阔,绝少关心,即有所谓教育,亦止于信赏必罚,训练操控,以作生产和战争的工具。到集大成的韩非子,更是如此。其思想渊源和学术演变之迹,示如下表:

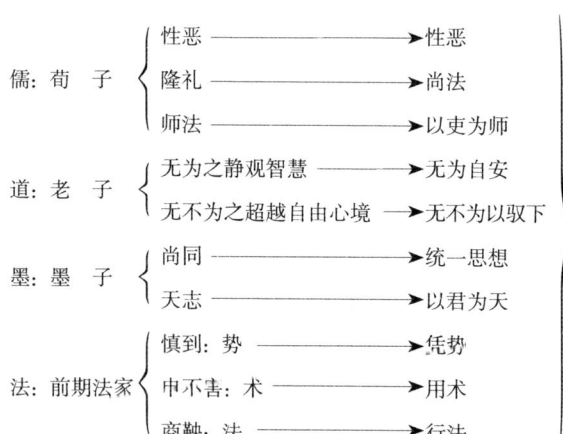

今本《韩非子》，大体可信为其自撰，间中有问题者，亦多为后学之所缀补或者拟作。作为学术研究，"韩非本人思想"与《韩非子》书所表现之法家思想"是两个有同有异的课题；作为导读，则重点在于后者。个别作品的考据问题，不能多费篇幅了。以下表列《韩非子》全书大要，继而精选条列最有代表性的言论，以见其主张：

	原书篇目次第	作者与释题	各篇论旨
*	初见秦第一	与《战国策·秦策一》作"张仪语"者几全同，而文更清浅畅备，然所说皆仪死后事，韩非志存韩，而此篇劝攻韩，情理不合，故或疑他人之作。	劝秦用法，使谋臣尽忠，以兵强地利破六国合纵而霸天下。
	存韩第二	后半为李斯之文。	前半韩非求秦存韩，后为李斯上秦王驳韩非，及李斯上韩王劝依秦王书。
	难言第三	或疑早期之文，或疑囚秦之作。	论进言之难。
	爱臣第四	或疑早期之作。	明君必防臣，不可爱之太亲。
*	主道第五	押韵、多黄老思想，或后期之作。	明主执虚静、用权术、明赏罚的政治。
*	有度第六	多近《管子·明法》，疑是其他法家所作。	能行法度则国治。
*	二柄第七	多"刑""德"对举，以代"赏""罚"，疑非韩子自作。	明君以"杀戮""庆赏"为二柄以导制其臣。

续表

原书篇目次第	作者与释题	各篇论旨
*扬权第八	情况同《主道》。	扬举君权之道。或谓"权"当作"権","扬権"即"显扬而扼要论述"之意。
*八奸第九	盛年之作。	权臣欺国误国之八术：同床、在旁、父兄、养殃、民萌、流行、威强、八方，明主防之。
*十过第十	文甚繁芜，似近杂家者之作。	君臣危国亡身之十种过失，各举史例。
*孤愤第十一	韩非自著。	智术能法之士，与当道营私之人，势不两立，因人主昏昧而孤独、悲愤。
*说难第十二	韩非之作。	进说君主之各种困难，总在如何了解、打动对方心理。
和氏第十三	韩非之作。	玉师和氏，献真玉而受诬遭刖，法术之士，危祸亦如之。
*奸劫弑臣第十四	早年之作。	奸邪、劫势、弑主之臣种种欺君之术。
亡征第十五	后期入秦前之作。	人主之国衰亡祸乱之征兆。
三守第十六	离儒入法之作。	人主待臣有三原则，守之则国安身荣，失之则三劫至。
*备内第十七	韩非之作。	妻近子杂，犹不可信，人主信人则制于人而患祸至。

续表

原书篇目次第	作者与释题	各篇论旨
*南面第十八	韩非之作。	人主以明法、责实、变古而治国。
饰邪第十九	颇有来自《吕氏春秋》文字,或是入秦后之作。	治国在明法,不在卜筮鬼神。
*解老第二十	选解《老子》要语。或疑他人之作。	
*喻老第二十一	以史事传说喻示《老子》之意。同《解老》,而作者又异。	
*说林上第二十二	广举史事名言为例,其多如林,明世道人情真相。早期搜材抒论之作。	
*说林下第二十三	同上。	
*观行第二十四		明主以道观己之过,以法术观人之限。
安危第二十五		明主求安去危之术。
守道第二十六	篇幅特小,尊儒近道,殆是韩非早年尚在荀门之作。	明主守法术之道。
用人第二十七		明主以赏罚法术用人。
*功名第二十八		明主以天时、人心、技能、势位而立功成名。
大体第二十九		致治立功成名之总原理。

续表

原书篇目次第	作者与释题	各篇论旨
*内储说上七术第三十	韩非自撰。左上下及右下三篇颇多错乱，或晚岁入秦事变甚急，未遑整理。简册重多，故分为内外左右上下数篇。储集多量人间故事，以见世道人情，而备人君内外政治之参考。每篇若干主题，皆先作凝练之"经"，以陈述要理，挈领提纲；继释之以"说"，搜采历史故事，或更以"一曰""或曰"方式，广纳异闻杂记，以补充发挥。"经""说"既可分别单行，更宜合观一见其一贯呼应，阐明法家思想。	明主御众所用之术有七，所观察臣下微妙之情有六。
*内储说下六微第三十一		
*外储说左上第三十二		
*外储说左下第三十三		
*外储说右上第三十四		
*外储说右下第三十五		
*难一第三十六	韩非晚年之作。二十八则短评，各皆先陈历史故事，继以质问疑难。其中多评管仲、孔子，可见其早期肯定二人，而后来转为苛评之态度之变。间中与《吕氏春秋》所采故事相同，而观点相反，以篇幅总量庞大，故析为四篇。	采辑古人行事言论，质疑其利害之理，以明法治。
*难二第三十七		
*难三第三十八		
难四第三十九		
*难势第四十	有关慎到言"势"之评论集。韩非作。思想已离荀子。	先述慎到权势治国之论，继引质询疑难者，终抒己见。

续表

	原书篇目次第	作者与释题	各篇论旨
	问辩第四十一	韩非作。	明主贵法令，贱辞辩。
*	问田第四十二	篇题似后人所加，后段亦与无关，或其徒补编。	以田鸠答问之语论法治。
*	定法第四十三	韩非之作。	申不害言明主御下之"术"，商鞅论政府治民之"法"，比较二者得失与未尽善处而抒己见。
*	说疑第四十四	用典甚密，且多冷僻，或疑非尽韩作。	明主提防奸人言论行动。
*	诡使第四十五	韩非之作。	名实乖违，赏罚失当，是败政之因。
*	六反第四十六	韩非之作。	奸伪与耕战之民各六种，而赏罚与毁誉失当，国所以乱。
	八说第四十七	韩非之作。	八种世俗匹夫之私誉，实人主之大败。
*	八经第四十八	韩非之作。稍有窜乱，八节之题亦有异说。	治国八大原则：因情、主道、起乱、立道（周密？）、参言、听法、类柄、主威（？）。
*	五蠹第四十九	韩非之作。	儒者、纵横策士、墨家任侠、逃兵役、务商贾者，为国之五蠹，明主弃之。
*	显学第五十	韩非之作。	力斥儒墨之家崇古，非愚即诬。
*	忠孝第五十一	作者问题有疑。	教忠孝不能治国，唯有赏罚。
*	人主第五十二	或疑后学集韩之作。	人主必当绝对权威。

续表

原书篇目次第	作者与释题	各篇论旨
饬令第五十三	录自《商君书·靳令》稍有删节，无六虱与仁义一段。	论整饬法令之要。
心度第五十四	作者问题有疑。	以赏罚之法，度臣民之心。
制分第五十五	作者问题有疑。	制赏罚，分功罪，以治国家。

（一）人性恶而不可信靠

父母之于子也，产男则相贺，产女则杀之。……故父母之于子也，犹用计算之心以相待也，而况无父子之泽乎？（《六反》）

人为婴儿也，父母养之简，子长而怨。子盛壮成人，其供养薄，父母怒而诮之。……皆挟相为而不周于为己也。（《外储说左上》）

人主之患在于信人，信人则制于人。……夫以妻之近与子之亲而犹不可信，则其余无可信者矣。（《备内》）

（二）物质经济决定治乱

古者……不事力而养足，人民少而财有余，故民不争。是以厚赏不行，重罚不用，而

民自治。今……人民众而货财寡，事力劳而供养薄，故民争；虽倍赏累罚而不免于乱。(《五蠹》)

(三) 务时用不法古

圣人不期修古，不法常可，论世之事，因为之备。(《五蠹》)

言先王之仁义，无益于治。(《显学》)

无参验而必之者，愚也；弗能必而据之者，诬也。故明据先王，必定尧、舜者，非愚则诬也。愚诬之学，杂反之行，明主弗受也。(《显学》)

(四) 反儒墨

儒以文乱法，侠以武犯禁。(《五蠹》)

举先王言仁义者盈廷，而政不免于乱。(《五蠹》)

不能具美食而劝饿人饭。(《八说》)

(五) 法重于德

夫严家无悍虏，而慈母有败子，吾以此知威势之可以禁暴，而德厚之不足以止乱也。夫圣人之治国，不恃人之为吾善也，而用其不得

为非也。……为治者用众而舍寡，故不务德而务法。(《显学》)

法之为道，前苦而长利；仁之为道，偷乐而后穷。(《六反》)

赏莫如厚而信，使民利之；罚莫如重而必，使民畏之；法莫如一而固，使民知之。(《五蠹》)

（六）愚民

民智之不可用，犹婴儿之心也。……婴儿子不知犯其所小苦，致其所大利也。今上急耕田垦草以厚民产也，而以上为酷；修刑重罚以为禁邪也，而以上为严；征赋钱粟以实仓库，且以救饥馑、备军旅也，而以上为贪；境内必知介而无私解（民皆知兵而不敢私斗也），并力疾斗，所以禽虏也，而以上为暴。此四者所以治安也，而民不知悦也。……夫民智之不足用亦明矣。故举士而求贤智，为政而期适民，皆乱之端，未可与为治也。(《显学》)

明主之国，无书简之文，以法为教；无先王之语，以吏为师；无私剑之捍，以斩首为勇。(《五蠹》)

（七）明君统治之道

韩非不言"仁君"而说"明主"，其统治之道是：

凭势——权位自固

用术——形名参同

行法——信赏必罚

慎到言尚势，以为贤智未足服众，而势位可以屈贤，所以身不肖而威令行，就靠得助于众。韩非广其说，认为圣哲之君，百世无一；凭势任法，则中材之君，亦可致治。所以，势位是人主的筋力爪牙，不可去之。（见《难势》《人主》《功名》诸篇）

韩非以为："明主之所导制其臣者，二柄而已矣。二柄者，刑、德也。何谓刑德？曰：杀戮之谓刑，庆赏之谓德。为人臣者畏诛罚而利庆赏，故人主自用其刑德，则群臣畏其威而归其利矣。"（《二柄》）所以明主秉要执本，以暗见疵，形名参同，听言而求其当，任身而责其功，所谓"因任而授官，循名而责实，操杀生之柄，课群臣之能"者，就是人主所操的"术"了（《定法》）。

综核名实，继之以信赏必罚，重一奸之罪而止境内之邪，报一人之功而劝境内之众，"宪令著于官府，刑罚必于民心；赏存乎慎法，而罚加乎奸令者"，此所谓法。法莫如显，而术不欲见，不可一无，皆帝王之具也。(见《定法》)

总之，韩非以至他作为集大成代表的先秦法家，所秉持者绝非现代普遍价值的法治精神。人性自私，所以要制衡权力，要民主法治，以达社群之大公，这是现代共识；人性自私，所以要压制、利用所有其他人的自私，以成就专制独裁者最大的自私，这是先秦法家——例如讲得最通透的韩非子！

现代讲出"奉法而治"(rule of law)，法律的制定是开诚布公，法律的实施是人人平等，终极关怀在于全民；韩非他们则是"以法为治"(rule by law)，人人屈于"为君主而制，而君主独非所制"的法律之下。一切利益最后归于君主。君主以法律禁制臣民："太上禁其心，其次禁其言，其次禁其事"(《说疑》)，从行动，到言论，到思想，都在所统制！如果君主是人，则一切他人都只是工具，是牛马！"赏之誉之不劝，罚之毁之不畏，四者加焉不变，则其除之！"(《外储说右上》)连沉默退隐也不容许！所以，焚书之酷、坑儒之惨，都绝非偶然突发！

《汉书·酷吏传》说："法令者，治之具，而非制治清浊之原也。"法令，并不是价值根本，汉代扬雄《法言》："申韩之术，不仁至矣！何牛羊之用人也！"法家待人民，像对畜牲一样。这是古代的评论。现代章炳麟《国故论衡·原道下》："今无慈惠廉爱，则民为虎狼也；无文学，则士为牛马也"；"国虽治，政虽理，其民不人"；"有见于国、无见于人；有见于群，无见于孑"——"孑"（音"揭"，不是"子"）就是一个个单独的甚至是孤弱的，然而是有个性、有尊严、有人权的老百姓；过分地强调集体，必定也过分地压缩个人；只知道拥护必然腐败的绝对君权，更必然不把领袖以外的人当人看待！

韩非既深悉人性之恶，则君主亦人，其恶又何以不必防治，而又纵之任之，以肆统治之权，得大恶大私之利？若说秦之暴虐与速亡是二世、李斯等私心扭曲，不如说是本质趋势如此。"飘风不终朝，骤雨不终日"，《老子》早有明训！

百载以来，知悉欧西历史者渐多，颇有把韩非子与十五、十六世纪间意大利政客马基雅维利（Niccolò Machiavelli，一四六九——一五二七）相提并论者。马氏生于昔富贵而后破落之家，奋斗苦学，力争上游，于是跻身政坛，内政外交，多所参与，一五一二年至一五一三年间，卷入政变，乃被捕囚，旋即获释，从此退出官场，专心写作，成《君主论》(*The Prince*)，力主英明领袖，宜应不择手段，用尽诡谋，以取个人及政府利益。马氏既郁郁而卒，其书梓行，风动士林，影响日后欧西政治。论者就多说与二千余年前中国韩非颇有近似。其实细究起来，相异之处也不可忽视：

第一，西方自基督教普遍流行，原罪观念深入人心，君相王侯，同在神前忏悔求赦，朝野上下对权力中毒之防治，早成共识。中国文化主流，以仁心善性为宗，韩非承荀子而变本加厉，强调性恶，怀疑仁爱，但又轻视礼教，只言赏罚，于是历代多评其偏激，又或阴用其言，而阳弃其说。

第二，自罗马帝国崩解，民族国家林立，以分裂独立为常态，元首不过位同诸侯，权威有限。中国自秦汉之后，以大一统为正常，国家机器庞大，君主被拟为圣为神，世袭专制独裁，法家更易助纣为虐。

第三，自罗马君士坦丁大帝归信，基督教会地位崇高，国君登基，教皇加冕，宗教改革之后，政教分离，但朝野共同信仰，成为制衡政府之公民权利。中国自西周以人文精神代替殷商尚鬼多祀，此后亦并无可与政权抗衡之教会，反之，教主亦受君王册立，封赠尊号，而接受管制，神权反被政权利用。由此观之，法家韩非之流，逢迎君恶的阻力，比较马基雅维利为小。

论政者要打动人心，从政者要获得权位，在今日民主之世，靠的是公开论辩，吸引选民；在专制君主当朝，就要以文辞打动帝心。陆机《文赋》："说炜晔而谲诳"，就如现代有人所谓"政治是高明的骗术"。《文心雕龙·论说》篇所云：

> 战国争雄，辩士云踊；从横参谋，长短角势；转丸骋其巧辞，飞钳伏其精术；一人之辨，重于九鼎之宝；三寸之舌，强于百万之师。

佩六国相印的苏秦，封五个富邑的张仪，就是当世最多人艳羡的、成功的"纵横"之士。"飞辩以驰术，餍禄而余荣"（《文心雕龙·诸子》），韩非学勤思敏，不屑比于苏、张，但同样要寄望"人主"，可惜严重"口吃"，补偿的是"善于著书"——他文字上的长处，主要有两方面：一是清晰周密、脉络分明，极合推理原则；二是例证丰富、生动，比喻灵巧、贴切,结合造成胡应麟《少室山房笔丛》所谓"抉摘隐微,烨如悬镜"的动人效果。特别是《文心雕龙·诸子》篇所称的"韩非著博喻之富",书中《储说》内(上下)、外(左上、下,右上、下)六篇,即是"寓言",二百多则,其他《说林》上下、《喻老》、《十过》等篇,亦多以故事为例,后世许多成语、谚谈、典故出于此,活跃在民众口头和文士笔下。最著者如:"守株待兔""自相矛盾""佩弦佩韦""滥竽充数""病入膏肓""鸣必惊人""三人成虎""郢书燕说""买椟还珠""讳疾忌医"……以至"和氏璧""曾子杀彘""郑人买履""不死之药""批其逆鳞""狗猛酒酸"等等,在文学艺术、语言技巧方面,韩非之书,就可说是少有病毒而营养甚多了!

修辞主要是动人以情,推论所重是服人以理,所以"入道见志,成一家言"的诸子,都有逻辑。"逻辑"这个外来语的普及程度,或者超过了"名学""论理""理则"等较富中文本色的同义词——因为似乎在西方一向较为发达——不过,概念与判断的建立,推理的开展,既是人心所同,以雄文代利口的韩非,书中富有逻辑范例,也是应有之义了。

韩非痛批儒墨的经典妙喻:"矛盾"(《难一》《难

势》),正是逻辑基本要律之一。以矛盾律为基础的犀利武器:"二难论法",再加上"假言推理"(如《解老》论证《老子》所谓"祸福倚伏"),"归纳推理"(多见于内外《储说》六篇),都广见书中。至于《二柄》《八奸》《十过》《三守》《七术》《六微》《六反》《八说》《八经》《五蠹》等等篇章名目,更足见韩非辩(辨)类划分的兴趣,最后都以对人主有益有用与否,为"二分"的基准。

"以霸王之业教君"既然是他著书立说的终极关怀,在立竿见影的功利现实之外的抽象思维、名理玩索,韩非自然不屑一顾,甚至大加挞击。荀况承孔子而务"正名",但已批评惠施等"甚察而不惠"(《非十二子》,精细过甚,没有实益),"蔽于辞而不知实"(《解蔽》,沉溺在词语文字,背离现实常识),到弟子韩非,眼中更只有君王势位权力,认为"辩生于上之不明"(《问辩》),"坚白(公孙龙)无厚"的名家之辩,不容于宪令之法;什么"白马非马",带马过关也非赋税不可(《外储说左上》)!战国三晋,正如晚清,时人救亡图存的危机感特别迫切,可以理解;不过,在希腊以至近代欧西,何尝不城邦林立,兴灭无常?对抽象名理之学何以兴趣远过?真值得更作思考。

老子主张"虚其心","弱其志","民之难治,以其多智",法家尤其是韩非,更讨厌人民多说乱动,不依君主指定的路数来用力用心,难怪"祖龙"一读其书,恨未同游了!

墨家

《墨子》导读

敬天爱人的墨子

台湾大学哲学系教授 李贤中

我们要了解一位哲学家的思想，必须从多方面去考察，首先是这个人的个性，而要了解一个人的个性又必须了解他所生活的环境，因为一个人的个性要从他与环境的互动中才能看得出来；再者，就是他思考的方式，即可以从个性、环境、思维方法三方面来了解一个哲学家的思想。还有就是要对他著作中的思想内涵有系统的把握，如此就可以比较准确地掌握这位哲学家的思想。以下我们就从墨子其人、其书、其思想与方法及其影响这几方面入手，向读者介绍墨子，最后再谈一谈研读、了解墨子的方法。

一、墨子是个怎样的人？

（一）他的姓名为何？

从先秦著作《孟子》《庄子》《荀子》《韩非子》等来看，既有称他"墨翟"的，也有称他为"墨子"的。汉代司马迁《史记·孟子荀卿列传》说："墨翟，宋之大夫，善守御，为节用。"点出墨子节用与非攻而善守备的思想。从汉代以后，学者们都主张墨子姓墨，名翟。

再从先秦典籍相关称谓的比较来看，《庄子·天下》说:"墨翟、禽滑釐闻其风而说之。"唐代成玄英的疏指出,"禽滑釐,姓禽字滑釐,墨翟弟子也。"《墨子》中也有称"子禽子"的。禽滑釐既然是姓禽,那么相应的,《庄子·天下》里将墨翟、禽滑釐二人同列,可推知墨子姓墨,名翟。此外,《吕氏春秋·博志》也说:"孔丘、墨翟,昼日讽诵习业。"孔丘既然是姓孔名丘,那墨翟当然也就是姓墨名翟。还有《荀子·非十二子》说:"上功用,大俭约……是墨翟、宋钘也。"也可为证。

并且,在《墨子》一书中,墨子也自称为"翟",如《耕柱》篇有:"子墨子曰:'……且翟闻之,为义非避毁就誉,去之苟道,受狂何伤!'"墨子主张,实践仁义不能避免别人诋毁,也应该坚持下去,千万不能因为追求所谓的美誉而妥协;离去高官之位只要是符合正道的原则,就算被人讥评为疯子又有什么关系。《贵义》篇也提到:"子墨子曰:'……翟上无君上之事,下无耕农之难,吾安敢废此?'"墨子以周公旦的勤政爱民、日理万机辅佐天子,仍不忘每日用功读书为例,说明自己不像周公那么忙碌,当然更要用功读书。《公孟》篇则有:"子墨子曰:'……今翟曾无称于孔子乎?'"墨子说,只要孔子所说的是正确不易的道理,他怎能不引用、称道呢?《鲁问》篇有:

"子墨子曰:'翟尝计之矣。'"墨子曾估计衡量天下之利为何。

那么,"翟"是什么意思?那是一种羽毛鲜艳的长尾雉鸡,也是古代乐舞所用的雉羽。或许"翟"象征着雄鸡司晨,在他们的时代唤出清晨的一道光明。《孟子·滕文公下》云:"圣王不作,诸侯放恣,处士横议,杨朱、墨翟之言盈天下。天下之言不归杨,则归墨。"墨子的思想在战国时代是非常有影响力的。从以上各点考证可知,墨子姓墨,名翟。

(二)墨子是哪里人?

为什么需要知道墨子是哪里人、他在哪里出生、在哪里成长及活动?因为一个人的思想与他成长的环境有关,不同地域的风俗、文化对一个人的思想有很大的影响。虽然考察古人的出生地,实在有相当的困难度,但是我们还是可以就有限的线索,勾勒出一个大概的轮廓。有关墨翟的里籍,《吕氏春秋·慎大览》高诱注:"墨子名翟,鲁人也。"《荀子·修身》杨倞注:"墨翟,鲁人。"从这些记载来看,墨子是鲁国人。但是也有些文献作宋人的,如葛洪《神仙传》就认为墨子为宋人。《昭明文选·长笛赋》李善注:"墨翟,宋人也。"还有的文献说墨子是楚国人，如清代的毕沅《墨子注·序》认为，前人以为墨子是鲁人，应为楚之鲁阳（今河南鲁山县）人。孙诒让则认为毕沅的看法与古书不合，墨子不是楚人而是鲁国人；又因为墨子曾做过宋国大夫，于是被认为是宋国人。严灵峰在他的《墨子简编》里辟有专章，对"现存墨子诸篇内容之分析及其作者的鉴定"予以分析，他指出："墨子名翟，姓墨氏，鲁人；或曰宋人。"但之后的墨学研究者，如薛保纶、周长耀、李渔叔、冯成荣、蔡仁厚、王冬珍、陈问梅等皆认定墨子是鲁国人。

众说纷纭，到底墨翟是哪里人呢？杨向奎在《中国古代社会与古代思想研究》一书中指出，墨翟原籍是宋国，但后来长期居住在鲁国。张知寒《墨子里籍新探》一文则认为墨翟是今山东滕州市人。滕州市东南有目夷亭，为宋公子目夷之封地，也是古国名，目夷又转音为墨台。墨翟为墨台氏之后，也就是目夷氏之后。目夷地最早属于小邾国，墨翟实为小邾国人。小邾国是宋国的附庸，所以墨翟可以被视为宋人。春秋晚期，小邾国为鲁国占有，因而墨翟成为鲁人。这种从历史的发展来考察墨子里籍问题的角度，可以化解前述众说纷纭的情况，因为各种说法，各有所本，但却是在某一特定的情境下所下的结论。

这让我们看到，有关墨翟的里籍问题，与他的生卒时间有关，如果墨翟出生的时间定在春秋末期或战国初期，那么他就是鲁国人了。

（三）墨子生卒于何时？

清代学者孙诒让根据《墨子》现存的五十三篇内容进行推断，从墨子与公输盘（也作般、班）、鲁阳文子相问答，而后及见到齐太公和与齐康公兴乐、吴起之死等历史事件的年代推算，认为墨子差不多是与子思同一个时代，而墨子生年还在子思之后。子思生于鲁哀公二年、周敬王二十七年（前四九三），于是，钱穆与蔡仁厚在《墨家哲学》中，将墨翟生卒年定在周敬王四十年至周安王十一年之间，大约是孔孟年代之间。根据孙诒让的考证，墨翟的生卒年约在周定王之初年到周安王之季，也就是大约在公元前四六八到前三七八年之间。

其实，在司马迁的时代已经不能明确指出墨子的生卒年代，《史记·孟子荀卿列传》称："或曰并孔子时，或曰在其后。"班固的《汉书·艺文志》认为"在孔子后"。

我们从墨子与孔、孟的关系来看，可以得出一个比较确定的生卒范围。孔子在世时从未提过墨翟，由此可见墨翟的活动年代是在孔子之后，这是可以确定的。此外，我们看到，在《墨子》一书里面则从未提过孟子。孟子周游四方之时，曾非常激烈地攻击墨翟的学说，可是墨翟却从不曾提过他，由此推测墨翟的活动年代要比孟子来得早。所以墨翟的生卒年代，很可能是生于孔子（前五五一—前四七九）之后，而卒于孟子（前三七二—前二八九）出生之前，这也正是前述大约从公元前四六八到前三七六年之间。

（四）墨子的身份与背景

有不少学者认为墨翟出生于劳工阶层。如谭家健所汇整的根据有:《墨子·贵义》记载墨子并不否认自己为"贱人"。又《墨子·鲁问》载："公输子削竹木为䧿，成而飞之，三日不下。"其中的竹鹊可能是类似风筝的东西。墨子对公输子说："子之为䧿也，不如翟之为车辖。须臾斲三寸之木，而任五十石之重。"车辖是轮轴上的一种机关，贯穿车轴的金属键，以防轮子脱落，可以增加载重量。又在《韩非子·外储说左上》记载："墨子为木鸢，三年而成，蜚一日而败。弟子曰：先生之巧，至能使木鸢飞。墨子曰：不如为车輗者巧也，用咫尺之木，不费一朝之事，而引三十石之任。"其中车輗是古代大车连接车辕与横木的插销。又据《墨子·公输》，墨子能造守城器械，连著名巧匠公输盘也比不过他。可见墨子在当时是个能工巧匠。

此外，根据《墨子·鲁问》《庄子·天下》等记载，墨子生活十分清贫，以野菜为食、清水为饮，吃了上顿没有下顿，短褐为衣，草索为带，居无常所。《淮南子·修务训》说："孔子无黔突，墨子无暖席。"从这些记载来看，墨子是工匠出身，过的是劳动者或手工业者的生活。

但其他典籍的记载所勾勒的墨子形象，却与上述大不相同。据《吕氏春秋·当染》记载，墨子曾经向东周史官史角留于鲁国的后人求学。根据《淮南子·要略训》记载："墨子学儒者之业，习孔子之术。"可见他与儒者的关系密切，是个读书人。此外，《墨子·明鬼下》中，墨子自称曾读周、燕、宋、齐等国《春秋》，可见他是博览群书的人。又据《墨子·贵义》记载，墨子前往卫国时，车中载了许多书，有人问他为什么要带那么多书，他说："翟上无君上之事，下无耕农之难，吾安敢废此？"可见他不是体力劳动者，而是一个读书的"士人"。

依照上述资料综合观之，墨翟有可能是出身劳动阶级的工匠，经过学习、实践，自创一家之言，提出"兼爱""非攻"等思想，吸引弟子跟随而成为人师，进而超越了他原本的劳工阶层。正如他在《墨子·尚贤上》所主张的："官无常贵，而民无终贱，有能则举之，无能则下之。"一个人在社会上的阶层是会随着他的努力和际遇而变动的。

（五）墨子有哪些特别的事迹？

墨子最有名的事迹就是"止楚攻宋"，见《墨子·公输》：墨子听说公输盘为楚国造云梯，要去攻打宋国，就从齐国出发，走了十天十夜才赶到楚国国都会见公输盘。见到公输盘后，墨子说："北方有一个欺侮我的人，希望你帮我杀了他。"公输盘一听很不高兴。墨子看到他不悦的表情，就说："我可以给你十镒黄金做代价，如何？"公输盘说："我乃正义之士，决不杀人。"墨子就等着他说这样的话，于是站起身来，对公输盘恭敬地拜了又拜，说："你的正义很奇怪，我在北方听说你帮楚王建造云梯，将用它去攻打宋国，战争一旦爆发，有多少无辜的百姓会丧命？你奉行正义，不愿帮我杀一个人，却愿去杀害众多的百姓，这怎么能算明智、正义呢？"公输盘无言以对，只好带墨子去见楚王，一场战争就此被制止。

关于墨子其他的活动事迹，《墨子》及其他古籍上也有零星的记载，但是并没有系统的介绍。许多活动的时间不明，无法作先后的排列，只能依其活动地区进行大致的归纳。

冯成荣的《墨子行教事迹考》对墨子生平、重要事迹、国籍、著述、传授组织、思想渊源等课题做了考证，并引录前人与时贤在该课题上的见解予以比较、批评。他指出墨子周游列国的区域大致在宋国、卫国、楚国、齐国和越国。《史记》《汉书》均曾记墨子为宋大夫，但在《墨子》书中却不见记述。墨子曾经去过几次宋国，也曾经在宋国碰到麻烦。宋国有一个大臣叫子罕，因家派之争，用计要抓墨子，想把他关起来。此外，墨子在"止楚攻宋"时，曾说他派了弟子禽滑釐等三百人，持守御之器在宋城上以待楚寇，使楚王打消了攻打宋国的念头。墨子成功阻止战争之后，经过宋国时，天下大雨，但守门的人却拒绝他入城。《墨子·鲁问》记载，墨子介绍其弟子曹公子出仕于宋，三年之后，由贫而富，处高爵禄，多财而不以之分人，墨子就把他教训了一顿。这些是墨子到宋国所经历的一些事。

墨子也曾去过卫国。《墨子·贵义》曾提到，墨子南游卫国，车中载书甚多，有一名为弦唐子的人觉得奇怪而问之，墨子答以无事不可以不读书。同篇又记：墨子推荐弟子到卫国做官,结果那弟子去了又回来,墨子问他是什么原因,弟子回答说,因为原本许诺的俸禄少了一半,墨子把他给教训了一顿。可见墨子并不在乎俸禄的多少,而看重信义与能否为百姓谋福利。同篇还记,墨子对卫国的公良桓子说:"卫,小国也,处于齐晋之间,犹贫家之处于富家之间也,贫家而学富家之衣食多用,则速亡必矣。"墨子非常强调节用的理念,认为此一经济问题处理不好,将会有亡国之忧。此外,《墨子·耕柱》记载墨子推荐高石子到卫国做官,卫国国君给他的俸禄很优渥,但是对于高石子进谏的忠言却不采纳,后来高石子辞去厚禄的官位,则受到墨子的肯定与赞扬。这些是墨子到卫国所经历或与卫国相关的一些事。

在楚国方面,《墨子·贵义》记载:墨子南游到了楚国,去拜见楚献惠王,献惠王借口自己年老婉拒了,派他的臣子穆贺会见墨子。和墨子交谈之后,穆贺非常高兴,对墨子说:"你的主张确实好啊,但君王是天下的大王,恐怕会认为这只是一个普通百姓的看法而不会采用的。"墨子答道:"只要它能在施政上推行有效,为何不用呢?就像吃药,虽然只是一些草根,但天子吃了它,具有疗效可以调理他的疾病,难道会因为是一些草根就不吃了吗?"墨子虽然作了一番解释，但还是没有说服他。

另外，墨子也曾到过齐国，齐国是当时的强国，为政者不喜欢墨子的学说。还有，《墨子·贵义》记载墨子从鲁国到齐国探望老朋友。老朋友对墨子说："现在天下没有人行义，你何必独自苦行为义，不如就此停止。"墨子说："现在这里有一人，他有十个儿子，但只有一个儿子肯耕种，其他九个儿子都闲着，该怎么办呢？因为吃饭的人多而耕种的人少，耕种的这一个儿子不能不更加勤奋啊。现在天下没有人行义，你应该劝我继续努力行义，为什么还要制止我呢？"这是墨子在齐国经历的一些事。

除了齐国之外，墨子也到过越国。墨子曾多次派他的弟子到各国去担任一些公职，希望能够把墨家的思想发扬光大，其中他的弟子公尚过就曾到越国宣传墨子的学说。越王很高兴，并且愿意把他占领吴国的五百里土地封给墨子。可是墨子对这封地并不感兴趣，墨子所在意的是推行墨家理想，真正去实践兼爱、非攻的思想。在这一点上，当然越王并没有同意，所以这件事也就搁置了。这是墨子到越国所发生的事。

整体而言，墨翟周游各国的目的是服膺实践"天所欲之义"。所谓的"义"就是《墨子·经说上》提到的:"志以天下为芬,而能能利之,不必用。"墨家立志以谋求天下人的福利为每一个人的本分,并且认为每一个人都有能力去做有利于天下人的事,但不一定要出来当官才能对天下有贡献。因此,墨子周游列国之目的是为了宣扬兼爱、非攻、兴天下之利的思想。

二、《墨子》其书

《墨子》一书的作者为墨翟及其弟子,因为其中有许多内容出现"子墨子曰",明显是墨家弟子对于老师所述的记录,还有《墨辩》中的许多内容与战国末期辩者、名家的论题相回应,可知是后期墨家弟子的思想。《汉书·艺文志》著录墨子七十一篇,清人毕沅《墨子注序》说:"宋亡九篇,为六十二篇。见《中兴馆阁书目》。实六十三篇,后又亡十篇,为五十三篇,即今本也。"现今只存五十三篇,已亡十八篇,其中《节用》《节葬》《明鬼》《非乐》《非儒》五种,各有所缺,共计八篇外,尚有十篇不知篇目。

依任继愈、李广兴主编的《墨子大全》收录的注本来看，明代有《墨子》〔明嘉靖三十二年唐尧臣刻本（十五卷）〕等十四种，清代有《墨子与墨者》〔清马骕撰，清康熙九年刻本（一卷）〕等二十种。其中以孙诒让集诸注家之大成，其《墨子间诂》至今仍然是较好的原文版本。孙诒让将明正统《道藏》本《墨子》跟毕沅校本、明吴宽写本、顾广圻校本、日刻本等互相校勘，参考综合毕沅、苏时学、王念孙、王引之、张惠言、洪颐煊、俞樾、戴望等人的成果，以很大功力撰就《墨子间诂》一书，俞樾《墨子序》称："自有墨子以来，未有此书。"现存的五十三篇，内容可分为五类：

第一类:《亲士》《修身》《所染》《法仪》《七患》《辞过》《三辩》，共七篇。毕沅认为《亲士》《修身》篇中，没有"子墨子曰"，可能是墨翟自作。徐希燕在《墨学研究——墨子学说的现代诠释》中表示，此"七篇系弟子根据墨子早期思想所做的记载，并略加发挥所成的"。秦彦士的《墨子考论》也认为"七篇基本上还是反映了墨家的思想，不过我们应将它视为墨子的早期思想，属于他在脱离儒家学说之后不久的时间所述，是他早期讲学时弟子的记录"。这七篇内容涉及尚贤、天志、节用、非乐等主张之发挥。《法仪》篇则为墨子学说的纲领、立论的根据与标准。因此，第一类可视为墨子的早期思想。"新视野中华经典文库"中的《墨子》较为详尽地介绍了其中的《亲士》《修身》《所染》《法仪》四篇。

第二类：《尚贤》《尚同》《兼爱》《非攻》《节用》《节葬》《天志》《明鬼》《非乐》《非命》《非儒》。每种若皆上、中、下三篇齐全的话，该有三十三篇，但因缺了八篇，加上《非儒》原本就无"中"篇，因此现仅有二十四篇。梁启超认为这些是墨学的大纲目，为墨家学派主要的代表作。除了《非攻》《非儒》外，其余各篇皆有"子墨子曰"字样，乃是墨子门人弟子所记，现今学者多以第二组为《墨子》的精华。徐希燕在《墨学研究——墨子学说的现代诠释》中表示，"诸篇系墨子思想精华所在，当为墨子本人所著，或弟子在墨子据其书讲授时所作的完整记录……但《非命》《非乐》篇，弟子略有发挥"。同样的观点见于《墨子思想研究》，胡子宗认为"这是墨子思想的真实记录，是研究墨子思想的最根本性材料"。第二类除《非儒》仅上下篇外，其他主题原各皆有上中下三篇，文意大同小异，是墨家的中心思想。"新视野中华经典文库"之《墨子》导读了其中的《尚贤上》《尚同下》《兼爱下》《非攻上》《节用中》《节葬下》《天志上》《明鬼下》《非乐上》《非命上》十篇。

第三类:《经上》《经下》《经说上》《经说下》《大取》《小取》(共六篇)。东晋鲁胜曾著《墨辩注》,他在序文中写道:"墨子著书,作辩经以立名本……《墨辩》有上下经,经各有说,凡四篇,与其书众篇连第,故独存。"(《晋书·隐逸传》)栾调甫的《墨学研究》也肯定《墨辩》由墨子及其后学所作。与鲁胜不同的是,栾氏认为仅《经上》《经下》由墨子自著,余四篇则出自墨家后学之手。李渔叔在《墨子今注今译》的墨学导论中说:"《大取》和《小取》两篇,都是墨家重要的著作……其与'墨经上下'四篇,如不是墨子自撰,至少也是墨子生前或稍后,及门弟子笔录而成的。"此六篇合称《墨经》或《墨辩》,乃后期墨家之作。其中,《经上》对人类认知、思维、伦理的众多概念范畴作出定义、分类,《经下》列举光学、力学等科学原则、定理。《经说上》《经说下》则是对《经上》《经下》进一步的解释与举例说明。《大取》讨论爱利问题,属于大者;《小取》探究辩说理论之目的、作用、方法、规则等问题。"新视野中华经典文库"之《墨子》导读其中的《小取》及《经上》《经说上》的部分内容。

第四类:《耕柱》《贵义》《公孟》《鲁问》《公

输》，共五篇。梁启超说此五篇记墨子言论行事，乃门人后学所记。胡适《中国古代哲学史》认为乃"墨家后人把墨子一生的言行辑聚来做的，就同儒家的《论语》一般。其中有许多材料比第二组还为重要"。方授楚《墨学源流》也说这是"墨家后学记墨子一生言论，体裁近《论语》，作'墨子言行录'读可也"。基本上学界皆肯定第四组的重要性，认为是研究墨学的重要素材。"新视野中华经典文库"之《墨子》则导读其中的《耕柱》《公输》。

第五类：《备城门》《备高临》《备梯》《备水》《备突》《备穴》《备蛾傅》《迎敌祠》《旗帜》《号令》《杂守》（共十一篇）。这十一篇为墨家兵法，墨子反对侵略性的不义之战，故所传兵法皆为防御战法，述守御之事。其中，《备城门》《备高临》《备梯》《备穴》《备蛾傅》《杂守》六篇乃墨子对禽滑釐言守御之法，有"子墨子曰"字样，乃是墨子门人或禽滑釐弟子所记述，主要讲墨子教导弟子禽滑釐的守城方法。墨子虽提倡兼爱却未反对以战争的方式自卫，孙中原《墨学通论》认为，"墨子的战争观有两个基本点，一个是非攻，即反对大国、强国对小国、弱国的攻伐掠夺；另一个是救守，即主张积极防御"。换句话说，墨子所"非"之"攻"乃是

"不义之战",也就是国君为其私欲、野心罔顾百姓之"利"所发动的战争。但对于圣王,像夏禹、商汤、周武王为了"兴天下之利,除天下之害"所发动的战争,就是墨子在《非攻下》篇所称之"诛",以及为了对抗大国侵略而采取的防守战争,墨子仍然表示赞同。"新视野中华经典文库"之《墨子》则导读其中的《备高临》和《备水》。

《墨子》一书的核心思想,一般而言以第二类思想为代表。《墨子·鲁问》记载:"凡入国,必择务而从事焉。国家昏乱,则语之尚贤、尚同;国家贫,则语之节用、节葬;国家憙音湛湎,则语之非乐、非命;国家淫僻无礼,则语之尊天、事鬼;国家务夺侵凌,即语之兼爱、非攻。"其中的尚贤、尚同、节用、节葬、非乐、非命、尊天、事鬼、兼爱、非攻就是一般所谓的"墨家十论",这也是"新视野中华经典文库"之《墨子》导读的核心部分。

《墨子》一书的哲学思想,其理想的根据在于"天",不论学者们如何诠释"天"之内涵,人生在世的最高目标是顺从天的意志,而最终的理想是人人彼此相爱、天下太平。在一个理想的社会关系中,个人对社会和他人所做出的贡献,最终会以各种方式得到"交相利"。人人将一己之所长贡献给需要帮助的人，使人人衣食无缺、安全无虞，使大家生活在有秩序的社会中，人际关系和睦，国际关系和谐，人人相爱，天下太平，这是墨家兼爱的理想社会。

三、《墨子》其思想

近代学者研究墨家学说时，经常将墨学区分为政治、经济、伦理、教育、科学、语文、逻辑、军事等门类，其中政治、经济、伦理思想涉及十论，即前述第二类思想。教育思想涉及前述第一类与第四类墨子言论行事。科学、语文、逻辑涉及前述第三类墨辩思想。至于军事思想则是涉及前述第五类《备城门》以下的十一篇。

墨家思想的特点，谭家健《墨子研究》认为：一是有实践性，不是只供空谈的虚玄之学、无益之辩，而是要求付诸社会实践的行动纲领；二是有批判性，在在皆针对时弊而发，有确定的革故鼎新目标；三是通俗性，浅显明白，易懂好记，而不是艰奥高深，所以被称为"贱人"之学。以下分为方法论、价值论与道德实践论三方面加以介绍。

（一）方法论

相较于先秦各家，墨家具有较强的方法意识，对于达成目的所使用的方法有相当的自觉，并且建立了有关方法的理论，这也就是墨家思想的开垦之路，借着这些方法来展示、提倡、辩护他们的思想。以下分别就效与法、三表法、推类法及故式推论加以介绍。

1. 效与法

在古代，"效"与"法"的意义相关而接近，是同一个推论作用的两个要素，"法"有法则、标准之意，"效"则是仿效之意，所仿效的对象即为"法"，两者的关系可由《小取》篇看出："效者，为之法也。所效者，所以为之法也。故中效，则是也；不中效，则非也。此效也。"其中"效者，为之法也"之"效"，是作为某种标准或根据，及验证思想或言论。凡是符合"效"的为正确，可以成立；凡不合"效"的为不正确，不可成立，就像"无规矩，不成方圆"一般。

《法仪》篇说："百工从事，皆有法所度。"由此可见，在墨家看来，"法"的原意是含有工具性的法度与标准。之后扩大到工艺制作范围之外，用以检验思想言论是否成立及运用于施政的方法与法则，如墨子之有"天志"此一"法"可以如《天志中》所谓："上将以度天下之王公大人为刑政也，下将以量天下之万民为文学出言谈也。"《法仪》篇也说："天下从事者，不可以无法仪，无法仪而其事能成者，无有也。虽志士之为将相者，皆有法。虽至百工从事者，亦皆有法。"所有办事的人，不能没有标准、法则；没有法则而能把事情做好，是不可能的。即使最优秀的士人做了将相，他也必须遵从法则；即使从事于各种行业的工匠，也都有法度。"法"的应用就是"效"，"效"的标准就是"法"。符合标准就是中效，不符合标准就是不中效，如此"效"与"法"的意义就十分接近了。

在墨家思想中，最高的标准就是"天志"，思想、言谈中的标准就是"三表法"。墨子的"天"是兼爱思想的根据，也是尚同的最高权威，更是墨家思想的理论基础。以下我们再看看三表法。

2. 三表法

墨学十论的思想大多以三表法为其论证的骨干，虽然只是墨家独特的思想准则，而不具备有效论证的严格性，但三表法的提出却有一定的价值，它令中国哲学的发展进入以方法为研究探讨对象的新阶段。《墨子·非命》中明白提出了三表法。

《非命上》说："言必有三表。"《非命中》《非命下》说："言有三法。"可见三表法是检证言论以及言论所代表的思想的三个标准。综合《非命》各篇的不同提法，我们可以归结如下：

  第一表，本之者：（1）本之于古者圣王之事。
        （2）考之天鬼之志。
  第二表，原之者：（1）原察众人耳目之实。
        （2）征以先王之书。
  第三表，用之者：发以为刑政，观其中国
        家百姓人民之利。

  由于古者圣王的行事也是以天鬼之志为依归，因此"本之者"的两种提法并不冲突。"原之者"的众人耳目之实，是距考证时间比较近的客观根据，征以先王之书的记载，则是距考证时间比较远的客观根据。此外，三表法彼此之间也有一定的关联性，并非断然无关的三种标准。三表法在时间上囊括着过去、现在与未来，"本之者"是根据过去圣王的经验效用；"原之者"是根据过去及现在众人的共同感官经验；"用之者"则是以现在和将来的经验效用为准则。在推论上，符合三表者为正确，不符者为错误，三表法虽不符合纯粹形式论证的架构，但其中已有归纳法与演绎法的推理形式，如：原之者，是归纳众人耳目之实的结果,而本之者,则视古者圣王之事的成功案例为演绎推论的大前提。

在墨学十论中,《尚贤》篇所用之三表是以圣王之事、先王之书及施政能否符合人民之利为根据。《尚同》篇所用之三表则包括:以古者圣王之事及天鬼之志、征以先王之书及施政能否符合人民之利为根据。《节用》《节葬》篇所用较明显的是"本之者"与"用之者"。此外,《非乐》《天志》《明鬼》《兼爱》《非攻》等篇皆用三表法为墨家推论的方法。

3. 推类法

所谓的"类"就是若干事物经比较后所呈现的共同性,这也是"名"的形成因素之一。有些"名"如人、马、牛等就是一个种类的"类名","名"是构成语句之辞的基本元素,《大取》篇的"辞以类行者也"与《小取》篇的"以类取,以类予",说明了墨家推类以立辞的依据是"类"。然而推论必然运用不同的辞以及各语句间的关系,以呈现推理的"说",在《小取》篇中,典型的四种推类法即辟、侔、援、推。

《小取》:"辟也者,举也物而以明之也。侔也者,比辞而俱行也。援也者,曰子然,我奚独不可以然也？推也者，以其所不取之，同于其所取者，予之也。"辟是比喻、比方。辟有两种功能，一是形象描绘，这相当于修辞学上的比喻；一是抽象思维，这相当于逻辑上的类比式论证。就其为类比推理而言，如《墨子·耕柱》所载，墨子的学生问墨子："什么是实行正义最重要的事呢？"墨子回答："就像筑墙一样，能筑的人筑，能填土的人填土，能测量的人测量，这样墙就可以筑成。实行正义也是这样，能演说辩论的人演说辩论，能解说典籍的人解说典籍，能做事的人做事，这样就可以共同完成正义的事。"墨子用分工合作的"筑墙"为譬喻，来说明如何分工合作"实行正义"。

《小取》："白马，马也。乘白马，乘马也。"此显示两个词义相当的语句，加字之后也可以说得通。也就是将白马与马的关系，类比乘白马与乘马的关系。因此，"侔"是一种"关系类比的推理方式"，其推论根据在于"语句关系间的相似性"。

"援"是援引对方所说的话来作类比推论的方法，亦即援引对方所赞同的观点，来论证对方所不赞同的事物，以证明自己的论点。例如在《耕柱》篇中，巫马子问墨子："你兼爱天下，没有什么利益；我不爱天下，也没有什么害处。因为从兴天下之利的效果来看都没有达到，结果是一样的。你为什么认为你的做法正确，而认为我的做法不正确呢？"墨子回答："现在这里有个火势很大的火场，一个经过的人捧着水要浇灭它，另一个经过的人还在一旁煽火，想使火势烧得更旺，他们对于火势都无法构成影响。在这两个人之中，你认为哪一个的做法正确呢？"巫马子回答说："我认为那个捧水救火的人做法是正确的，而那个在一旁煽火的人做法是错误的。"墨子说："我也认为我兼爱天下的做法是正确的，而你不爱天下的做法是错误的。"其中墨子的推论就包含着"援"的方法，也就是巫马子你可以认同捧水者行为的价值（子然），那么，我为什么不可以肯定我兼爱天下做法的价值呢？（我奚独不可以然？）

"推"也是双重关系的"关系类比"，也称归谬式的类比推理。它的方法是用对方所不赞同的，来论证对方所赞同的，以推翻对方的论点。如《墨子·公输》记载墨翟对公输盘说："北方有一个欺侮我的人，希望能拜托你帮我杀了他。"公输盘说："我奉行正义，决不杀人。"墨翟就指出公输盘造云梯帮楚国攻打宋国，必将杀害许多无辜的宋国百姓，这是"义不杀少而杀众"的自相矛盾，公输盘终为墨翟所折服。此处就用了"推"的方法,而"推"比"援"更增加了类比的复杂性。

4. 故式推论

墨家谈辩中的"故"有重要的作用,"故"在墨学材料中,共出现四百多次,如:"是其何故也?"(《尚贤上》《兼爱中》《天志下》)"此其何故也?"(《尚贤中》)等等。此外,也有以"姑尝本原"(《兼爱下》)的方式来探究事象产生的原因。例如《天志下》:"今有人于此,入人之场园,取人之桃李瓜姜者,上得且罚之,众闻则非之,是何也?曰不与其劳,获其实,已非其有所取之故。"其中的"故"就是说明偷盗行为乃众人所"非",应予处罚的理由是不劳而获。

"故"式推论,是墨家由果溯因的推论方法。以《兼爱下》为例,墨子把握住一个天下混乱的现象——天下之害:大国攻小国,大家乱小家,强劫弱、众暴寡、诈谋愚、贵敖贱(果)。再探究何以会有此现象:是由爱人利人而生,或由恶人贼人而生,或由其他原因所生?并加以推理论述(因)。此外,《小取》篇说:"其然也,有所以然也,其然也同,其所以然也不必同。"某一个现象的产生,有产生此一现象的原因;虽然现象是相同的,但是造成这种现象的原因却不一定相同。因此,墨子对于天下乱象所找出的原因并非只是单一的原因,而是从多方面考察导致社会失序的原因。

所谓"故"是指产生结果的原因或理由,不同的"故"对于结果影响的效力也有不同,《墨经》中对此也有分析。《经上》:"故,所得后成也。"得到或促成了原因就会导致成果。《经说上》:"故,小故,有之不必然,无之必不然。体也,若有端。大故,有之必然,无之必不然,若见之成见也。"小故的意思是指一件事的"必要条件",有了这个条件,不见得会产生想要的结果,但是没有这个条件,就一定不会产生想要的结果。就像由端点而构成的体一样,有了端点未必能构成体,但是没有了端点,一定无法构成体。大故,则是指一件事的充分必要条件,有它必定产生某一结果,没有它必不产生某一结果。例如眼睛能看见东西需要合宜的光线、适当的距离、正常的视觉官能及专注力等等相关因素的整体,这就是完成"见"的充分必要条件。

墨家的故式推论,已经能掌握因果关系的多方位观察与应用。

(二) 价值论

梁启超《墨子学案》说:"墨学所标纲领,虽说十条，其实只从一个根本观念出来，就是兼爱。"虽然许多研究者皆同意兼爱为墨子思想基点，但对此并非没有争议。崔青田在《显学重光——近现代的先秦墨家研究》中表示，墨家除了"兼爱中心说"，另有"'天''鬼'中心说"和"'义'中心说"。

主张"天""鬼"中心说的代表学者为郭沫若和杜国庠，前者主张"墨子有'天志'以为他的法仪……这是他一切学术思想的一根脊椎。他相信上帝，更信仰鬼神……这上帝鬼神的存在是绝对的，不容许怀疑的"（见蔡尚思主编《十家论墨》）；以"义"作为根本观念的代表为唐君毅、陈问梅和蔡仁厚。唐君毅在《中国哲学原论——原道篇》中以"义道"贯穿他的《墨子》研究，他指出："其《兼爱》《尚同》《天志》《明鬼》《节用》《非攻》《节葬》诸篇，无不本于'义'以立论……墨子之学以义道为本甚明。"陈问梅在《墨学之省察》中虽同意天志的重要性，但他进一步指出："以义为根本观念比以天之意志为根本观念之所以适当，主要即在理论上的详尽和细密……义就是天之所以为天的本质，也就是天之意志的全幅内容。"蔡仁厚的《墨家哲学》论点与陈氏相近，他说："说到最后，那作为法仪或标准的'天'，实在只是一个'义'字。义不但出于天，而且根本就是天的本质。"

兼爱、天、义的关系为何？从《墨子》原文来看，《天志上》有"天欲义而恶不义"，以及"顺天意者，兼相爱，交相利"，可见"天志"还是墨学的价值根源。"价值"是道德判断和推理的重要依据，《墨子》指出构成"价值"活动的条件既非纯然客观的，也不是纯然主观的，而是客观事态存在于主观思维之中的一种评价活动。在此活动背后的价值根源正是"天志"；评价的标准不仅有"义"，还有生、爱、仁、忠、孝、信、利等许多重要观念；此外，被评价的对象、评价主体的权衡以及评价的结果等一系列的相关思想，也是其价值论所考量的。

从天与义的关系看，《天志上》："何以知天之欲义而恶不义？曰天下有义则生，无义则死。……然则天欲其生而恶其死。"天志意欲人类得以生生不息，其条件在于经由正义的方式。从天与兼爱的关系看，"天"是兼爱的最后根据，同时，"天"也是使天下人得以生存发展的主宰者，因为"天"是"至仁者"。在《墨子·法仪》中，墨子指出，百工在做事时，都有一些标准，如规、矩、绳、墨、悬等各种度量标准，同样地，将相治理国家也需要一些标准才治理得好，那么什么原则、什么对象可以成为价值标准呢？墨子认为"仁"是可以作为标准的。《经说上》对"仁"的解释是："爱己者，非为用己也，不若爱马。"仁就是体己之爱，以爱自己的方式爱别人，人爱自己时不会把自己当成一种工具来使用，若是为了"用"，那就像养一匹马是为了利用它来拉车一样，只是为自己的益处，而不是真正为所爱的对象着想。由于天爱天下人的爱是真正无私的爱，天爱人不是把爱人当成一种手段，而是一种以人为目的之爱。这就是墨子兼爱伦理学中最高的价值根源，以"天"为法仪。因此，透过天作为法仪的内涵"仁"，我们可以了解墨家之爱的意涵。

然而，"天"又有哪些特性？又该如何法天呢？《墨子·法仪》说："天之行广而无私，其施厚而不德，其明久而不衰。"于此，王赞源指出：天的爱犹如阳光和雨水，是普遍的施予供给所有的人，这就是"行广而无私"的普遍性。另外"施厚而不德"是无私的，具备了一种客观性。再从"明久而不衰"可以看出，天还有明确性和持久性，因此"天"此一价值根源具有普遍性、客观性、明确性与持久性。墨子的"天"要求人与人彼此之间要"相爱相利"；《天志》上、下篇都提到"天欲义而恶不义"，也就是"天"要人以"义"为价值原则。

《经上》对"义"的解释:"义者,利也",《天志下》:"义者,正也",义指的是一种"正利",一种公正的利益,包括"以上正下"的善政,在上位者要匡正在下位者,这里指的"上"需直推到最高的"天"。《经说上》:"志以天下为芬,而能能利之,不必用。"以天下作为自己的职分,自己的才能能够发挥出来而有利于天下人,不必出仕为官,这就是义。

高晋生(高亨)《墨经校诠》指出:"儒家以义利为相反之物,墨家以义利为相成之物者,盖儒家所谓利,乃一人之私利,墨家所谓利,乃天下之公利也。墨家所云'义,利也'者,谓其心以利天下为自己之职分,其才能又能利天下,故曰:'志以天下为芬,而能能利之。'至于利天下之功,系乎见用于世。见用于世,属于人不属于己。而义之界说,则在乎己不在乎人。所以见用于世而成利天下之功,在义字界说之外。故曰:'不必用。'见用而有利天下之功,仍不失为义也。要之,《墨辩》对于义之观点有五:其一,义即是利;其二,利之对象是天下;其三,义者之存心以利天下为自己之职分;其四,义者才能能做到利天下之事;其五,不必见用于世,有利天下之功,而后为义。"

如此，以动机和效果的观点来看，在心志方面，义者必须有利天下的存心，行为者不必见用于世，但在效果方面，则必须有利天下之功。其中，动机与效果之间，墨家十分重视实践。不可只有存心，而没有行动，即只停留在理论而没有实践。如此才能深刻把握"义"作为伦理原则的内涵。

基于"天志"的价值根源，兴天下之利，墨家主张"兼爱"。什么是"兼爱"？从字源意义上来看，在金文中，"兼"字像手持二禾，是一个会意字。许慎《说文解字》释"兼"为"并也，从又持秝，兼持二禾"，引申为同时涉及几种事物，而不专于其中之一；或由各部分汇成一整体，此整体即"兼"，而各部分是平等的。因此，"兼爱"的意义也就是整体的爱、平等的爱。

墨家的"兼爱"是一种实际的利益，也是公众的利益，因此，墨子肯定了人际间"投我以桃，报之以李"的互动性。严灵峰说："要兼爱，就必须双方同时履行'相爱'，这样才能达到'兼相爱，交相利'这个理想的实现。"这提示我们了解到"兼爱"的互动性原则，人与人之间会相互感应，投桃报李。但深入思考，我们会发现这种互动性开始之前，必有一方意识到"兼爱"的意义，肯定这种努力的价值，因此愿意主动"先爱"，如此才有可能达致互利的结果。

因此，墨家的"兼爱"是超越时空的整体人类之爱、平等之爱，追求实际的利益、公利，其方法乃爱人若己，借着人际间的互动性与个人的主动性来完成互利之爱。

简言之，墨家的价值论，以"天"为价值根源，以仁、义为价值原则，以兼相爱、交相利为价值目标。

（三）道德实践论

墨家了解因果关系的复杂性，在每一次道德实践时，总有一些无法准确估计的因素掺杂其中，因此一个行为者在面临伦理情境的抉择时，他必须对情境中的事态进行多方认知，并且在动态的发展过程中，不断寻求适宜的动态调整，这也是《大取》篇中所谓的"权"。

《大取》："于所体之中而权轻重之谓权。权非为是也，亦非为非也。权，正也。断指以存掔，利之中取大，害之中取小也。害之中取小者，非取害也，取利也。其所取者，人之所执也。遇盗人，而断指以免身，利也；其遇盗人，害也。断指与断腕，利于天下相若，无择也。死生利若，非无择也。"体会进行中的事，衡量它的轻重叫"权"。权，并不是一定对的，也不是一定错的，权，是适当的。不得已的情况下被砍断手指以保存手腕，那是在利之中选取比较大的，在害之中选取比较小的。在害中选取小的，并不是取害，这是取利。他所选取的，正是应当把握的。遇上强盗，被砍断手指以避免杀身之祸，从整件事来看这是利；但就遭遇强盗来看，这是害。砍断手指和砍断手腕，对天下的利益是相似的，那就没有选择。不论生死，只要有利于天下，也就没有选择了。

兼爱天下人是全面考量的基础，但因为现实外力的限制，有时不得不衡量事态的轻重、做出取舍，这就是所谓的"权"，就像"指"与"腕"，在不能兼存的情况下，由于腕重于指，指轻于腕，故断指以存腕，较为有利。断指之事单独来看，是一件有害之事，但是与断腕合观比较，则断指可以存腕就变成一件有利的事。因此《大取》说："害之中取小，非取害也，取利也。"

再者，"权"不是知识中的是非判断，而是人在现实情境中的适宜性抉择，是对于情境中的不同事态衡量其轻重利害。《经上》指出："正，欲正，权利；恶正，权害。"《经说上》："权者，两而勿偏。"正就是衡量，欲正，就是从你想要得到的方向衡量，衡量利的大小；恶正，从你所厌恶的方向衡量，衡量害的大小。权衡要从利、害两方面评估，不能只偏向其中一方。因此，墨家的"权"有以下的特性：

> 对于未来事态发展的可能性加以认知把握。
> 对于未来事态发展的可能性予以评估。
> 比较评估之后的利害关系。
> 依"利之中取大，害之中取小"的原则做出取舍。

墨家的"义"即"公利"，因此在需要抉择的情境中，墨家强调抉择在于权衡轻重，权衡在于趋利避害，而利害的承受者乃天下人。如何抉择？《大取》："利之中取大，害之中取小也。害之中取小者，非取害也，取利也。"因此，一个行为的当行不当行，以是否有利于多数人为判准。

除此之外，《大取》篇还指出，情境中的事态可以归类，再与更重要的事态相比较，例如：断指可以利天下，断腕也可以利天下，断指与断腕就可归为一类，相对于"利天下"而言，墨家的立场是以"牺牲之爱"为价值规范，不会计较自身之利害，亦即不会仅取断指以利天下，而不取断腕来利天下。也就是说，如果利在天下，而害在己身，则不论害的轻重都该去做，即所谓"断指与断腕，利于天下相若，无择也。死生利若，非无择也"。

"权"是在一种周全的思虑之下所做的抉择，是在行事作为过程中的思虑，是在客观情势中有不得不取舍之处。虽然在道德实践中，有许多变化的因素影响"权"的活动，但墨家仍提供明确的思想，作为抉择时可以依循的原则。

四、墨学之影响

墨学曾是先秦时期的"显学"之一，当时即"言盈天下"。如《韩非子·显学》所谓："世之显学，儒、墨也。儒之所至，孔丘也。墨之所至，墨翟也。"墨家学说在当时产生了广泛而深刻的影响，之后却日渐式微，原因首先是其思想与统治阶级的利益冲突愈来愈明显，如《韩非子·五蠹》所谓："儒以文乱法，侠以武犯禁，而人主兼礼之，此所以乱也。"其中的任侠指的就是墨者，韩非批评当时许多国君礼遇儒者和墨者的做法是破坏法治，所以秦汉统一天下以后，对墨家影响下的侠义团体和个人的打压不遗余力。其次，墨家不像儒家这么幸运，孔子以后有孟子、荀子等重要的大思想家，而墨子以后没有出色的继承者出现。至汉武帝又采董仲舒"罢黜百家，独尊儒术"之议，导致墨学沉寂千百年。不过，在民间社会，墨家的精神并没有中断，而且在历史上还一直活跃着。

韦政通在《墨学与现代文化·侠义精神》中指出：墨家后来形成了一种侠义的传统，正因此一侠义传统而使中华文化不致僵化，墨家在浩瀚历史上有种种的变形但仍然延续下来，甚至对我们今天的社会还有影响力。这在中国历史上活跃两千多年且不断发挥影响力的侠义精神是什么？

第一是急难相救的精神，也就是所谓"摩顶放踵，利天下为之"的精神。这种精神影响下产生的，就是后来中国历史上许多公而忘私、国而忘家的那些团体和人物。

第二点影响就是超越亲情。司马迁在《史记·游侠列传》里写的那些大侠，不顾父母之恩、不惜妻子之爱，似乎跳出家族亲情才能当大侠。在侠义的传统中产生这种精神、人物，这在儒家的礼教上是不允许的。

第三点则是重信诺。在侠义的传统里面就是言必信、行必果。传统所谓的"任侠","任"就是信任的"任",如《墨经上》:"任,士损己而益所为也。"《经说上》谓:"任,为身之所恶,以成人之所急。"任侠就是一种一诺千金的人物。

第四点是与权势为敌,与有权有势的人为敌就会产生社会发展上的基本矛盾,它是社会上偏差发展的制衡力量。墨家就代表着这种力量,这一点,跟儒家也有非常明显的区隔。其他各家在不同程度上都认同专制的统治,只有这个侠义的传统在秉持更具超越性的天志、社会公义,敢与现实权势相抗衡。

第五点是劫富济贫的精神。劫富济贫是中国传统社会中特许的道德观,这在现代法治社会是不允许的,但是在传统文化中,没有法治的社会里往往就有赖墨家这种侠义的团体针对那些为富不仁者主持正义。

如今,许多西方汉学家如葛瑞汉(A.C.Graham)、何莫邪(Christoph Harbsmeier)、陈汉生(Chad Hansen)等也都关心墨学的研究;其他像郝大维(David L. Hall)、安乐哲(Roger T. Ames)也曾讨论过墨家复兴的问题,他们在《汉哲学思维的文化探源》中指出:"十六世纪时,对后期墨家的再发现,并不能为这种形式的理性主义取得重要的立足点提供机会。实际上,到了十九世纪和二十世纪,那时只是为了对西方的挑战作出回应,墨家才再一次被加以比较认真的研究。"鸦片战争之后,西学东渐,俞樾为孙诒让《墨子间诂》作序,惊叹找到了安内攘外的法宝。梁启超在《子墨子学说》中也曾宣称:今日欲救中国"厥惟墨学"。舒大刚指出,由于尚公重实用的墨家学说与杜威"实用主义"深相契合,因此,胡适与梁启超俱倡复兴墨学。墨翟所创墨家的"兴天下之利","兼相爱,交相利"等思想,对于今日地球村的世界公民而言,落实于节约能源、环境保护、和平共存等方面,仍有积极的意义。

五、如何系统把握《墨子》思想?

怎样才能有系统地把握墨子的思想?当然,第一步是要了解《墨子》各篇的思想;接着,是要了解这些思想彼此的关系,这些思想所要解决的是哪些问题;然后,要将这些问题间的关系予以厘清,分辨出哪些是主要问题,哪些是次要问题;进一步设法找出墨子思想中最根本的问题,透过这些问题的整理、关系的厘清,就可以对墨子的思想有全面而系统的了解。

这种问答型的基本结构，可以呈现墨子思路的发展方向，使读者系统把握墨子思想。"新视野中华经典文库"之《墨子》所导读的每一篇，都有自身的内在结构与理路，并与其他各篇有一定的理论关系。这种由点而线、而面，由面而体，由局部而整体的方式，可以帮助读者全面把握墨家思想，若想进一步深入理解、研究，也可以借此作为基础，来一一检视每一篇、每一段的内容。至于希望将墨学思想应用于现代社会的人，则可以从中提炼出超越时空的抽象原则与处世精神，来思考解决现代社会乱象的方法。

"新视野中华经典文库"之《墨子》选录墨子原典有四个原则：普遍性、代表性、相关性与系统性。所谓普遍性，是指在清代孙诒让《定本墨子间诂》十五卷中除第十二卷、十五卷未选注之外，其他十三卷皆有选注；并且，第十二卷中的《贵义》篇，在导论的"墨子事迹"部分也有不少的引述说明；第十五卷的墨家军事思想各篇，在最后《备水》篇的赏析与点评中，也有概要性的说明。所谓代表性，是指在前述墨子其书的五组分类中，每一类都选择具有代表性的篇章注释、语译、赏析与点评。其中第一类有四篇、第二类有十篇、第三类有三篇、第四类有两篇、第五类有两篇,都是墨子各类思想的代表之作,其中第二类的十篇,正是墨子十论的核心思想。所谓相关性与系统性,是指此书所选注导读的各篇,其思想内容彼此相关,并可构成一个具有理论结构的系统,此一系统的四大主题为:

> 天下之乱象为何?
> 天下何以会乱?
> 如何治天下之乱?
> 如何实际改善社会大众的生活?

统合这四大主题的基源问题是如何成为明君以治天下之乱,进而实际改善人民生活。也就是《墨子》十论各篇多次提出的:"仁人、圣王之事者,必务求兴天下之利,除天下之害。"在此基源问题与四大主题的理论系统中,收摄了所导读的各篇思想内涵,并呈现各篇内涵的相关性。所导读的各篇有一半以上会将该篇的思路以问答的形式展示出来,这也是与一般导读书籍不同的地方,读者可多加利用。

读者朋友如果有读古文原典的经验或学术背

景,可以直接按照各篇的原文顺序研读,先读一遍原文,再依译文、赏析与点评的顺序看下去,如果没有读古文原典的经验背景,则可先看各段译文,对每一篇有一整体概括的认识之后,再依译文、赏析与点评的顺序阅读。因为理解的过程是由部分到整体,再由模糊的整体到清楚的部分,以构建比较清楚的整体;理解是一个整体与部分交互往来的动态过程。掌握各篇的思路之后,你就可以逐步建构出墨子思想的整体系统。"新视野中华经典文库"之《墨子》的"赏析与点评"会提供《墨子》思路的初步系统模型与发展线索,读者可以参照建构更细致的理论脉络。

车马图。出土于内蒙古鄂托克旗。

纵横家

《鬼谷子》导读

纵横捭阖,神鬼莫测

曾财安

香港警务处前总警司,
香港警察历史学会名誉副会长

一、鬼谷子生平

鬼谷子，是中国历史上极富神秘色彩的传奇人物，据考为春秋战国时人，大约生于公元前三九〇年左右，卒于公元前三二〇年前后。他是一位活动在战国中期的著名思想家、谋略家、兵家，更是纵横家的鼻祖，精于心理揣摩之谋，深明刚柔相济之势，通晓纵横捭阖之术。《隋书·经籍志》记载："鬼谷子，周世隐于鬼谷。"他常入云梦山（今河南省淇县境内）采药修道，后更隐居云梦山之鬼谷，并在总结政治权谋经验后，潜心治学，开门授徒，教人以纵横捭阖之术。时人皆称之为鬼谷先生，久而久之，他的真实姓名反而被人遗忘。西汉司马迁所著《史记》也只称他为鬼谷先生，其他的历史文献也只以鬼谷子称之，没有留下他的名字，而历史上有关鬼谷子本人的事迹记载亦不多。

据《史记·苏秦列传》和《史记·张仪列传》记载，鬼谷子是苏秦和张仪政治纵横术的老师。苏秦在战国时期成功游说六国（齐、楚、燕、韩、赵、魏）行合纵之策，联手抗秦，被六国封为相国；张仪则孤身西入秦国，以连横之计，打动秦惠文君，粉碎六国合纵，后被封为秦相国。苏秦和张仪在大争之世，以过人的游说手段和政治技巧，成功令六国和秦国先后采用在当时来说是前无古人的合纵连横奇策，悠然地在复杂多变的战国形势中驰骋，成就旷世功业。苏秦和张仪二人的纵横事迹于当时誉满天下，在历史上则传颂千古，然而二人的纵横术皆师承鬼谷子，鬼谷子学说的实用性，可见一斑。

二、《鬼谷子》基本内容

鬼谷子的著作《鬼谷子》，始见于《隋书·经籍志》，其主体部分大约成书于战国时期，是当时的纵横家唯一流传至今的著作。据文献记载，《鬼谷子》一书曾有四家注本，今仅存陶弘景注本，而现今的《鬼谷子》多源自明代的正统道藏版本。

《鬼谷子》书内记载的道理观点建基于简朴的唯物辩证法，其内容涵盖政治、外交、军事、统治等范畴，是一部有很高实用价值的书，一直为历代帝王和经世济民的大臣及学者们所喜爱及研读。南宋时官至通议大夫的方志学家和目录学家高似孙便称赞鬼谷子："其智谋、其数术、其变谲、其辞谈，盖出战国诸人之表。"不过，因为此书只强调结果至上，鼓吹唯利是图，为达目的不择手段，绝不标榜忠君爱国，不利于封建王朝的统治，故此从来不为帝王所推崇。而此书的纵横捭阖、权变揣摩之术，因为与儒家所标榜的仁义道德大相径庭，也被长期把持封建王朝政治的儒家学者视为旁门左道、洪水猛兽，极力挞伐。明代官至翰林学士的文学家和史学家宋濂便对《鬼谷子》大加贬斥："鬼谷所言之捭阖、飞箝、揣摩之术，皆小夫蛇鼠之智。用之于家则家亡，用之于国则偾国，用之于天下则失天下。"因为《鬼谷子》一书在长达两千多年的时间里得不到帝王的提倡，而历代学者对《鬼谷子》这部书评价又如此参差，毁多誉少，所以《鬼谷子》一书远不如同时期的《孙子兵法》那么广为人知，名气亦没有那么大。不过，在历史长河中出现过的有关策略谋划的书本汗牛充栋，而绝大部分都在无情的岁月中被淘汰湮没，《鬼谷子》一书却不但被保留下来，更是代代相传，必有其中的道理。

　　《鬼谷子》书中所包含的道理技巧完全顺应世上万事万物运行的自然规律，谋略的逻辑性非常强，手段非常科学化，用来处理所面对的问题和事物，解决问题能收到直接卓著、立竿见影的效果，故一直是中国历代众多追求实效的军事家、政治家和外交家学习钻研的奇书。西汉的开国元勋，后来拜相封侯，并能得善终的陈平，三国时蜀汉出将入相，以一篇"隆中对策"名动天下的诸葛亮等人的安邦定国之策，便表现出非常浓厚的《鬼谷子》风格。至于汉以后的各朝重臣名士，也常常能于他们的言谈处事中看到《鬼谷子》的影响，这样的例子就多不胜举了。

《鬼谷子》一书开创了中国游说修辞手段的先河，提出了不同于儒、道、法等学派的政治思想。"新视野中华经典文库"之《鬼谷子》所采用的是"光绪纪元夏月湖北崇文书局开雕版本"，全书分上、中、下三卷，其中上卷包括《捭阖第一》《反应第二》《内揵第三》《抵巇第四》四篇；中卷包括《飞箝第五》《忤合第六》《揣篇第七》《摩篇第八》《权篇第九》《谋篇第十》《决篇第十一》《符言第十二》八篇，此外中卷还有《转丸第十三》《胠乱第十四》两篇，可惜的是已经亡佚；下卷包括《本经阴符七术第十五》《持枢第十六》《中经第十七》三篇，不过，它们与其他十二篇的风格截然不同，内容迥异，经考究后，学者多认为是后人的附会之作，无论如何，这三篇都有一些很有特点的论述，历代学者亦对它们有所注意，所以也把原文收入（稍加点评，未作注译），以作参考之用。

上卷四篇主要是阐述如何向君主进行游说，以获得重用，并在得到重用后，怎样与君主相处，巩固双方的关系，以协助君主治理国家。中卷八篇主要解释在受到君主的信任，得到其重用后，如何使用纵横之术，在国与国之间的交涉斗争中为君主或自己争取最大的政治利益。下卷的《本经阴符七术》《持枢》《中经》三篇全部都是讲述内修之术，内容叙说如何才可以提高自己的智慧修为，从而可以在精神及思维上去征服对手。全书的内容虽然是针对春秋战国时期的政治军事形势而孕育出来的，但是，其中的道理手段完全能够在现代日常生活中应用。

三、《鬼谷子》与《孙子兵法》

《鬼谷子》成书比《孙子兵法》晚一百多年，但从书中的内容、思维、逻辑、风格、手段等方面来看,《鬼谷子》堪称《孙子兵法》的姐妹篇。在国与国的政治较量中,外交是属于理性的、温和的手段,而战争则是达成政治目的的激烈手段,是在其他所有办法都失败后所采用的途径。《鬼谷子》中所阐释的纵横捭阖之术主要是外交行为,而《孙子兵法》里所描绘的斗争技巧则基本是战争手段。一个国家有没有条件进行外交活动,能不能以此来达到政治目的,在很大程度上取决于国家强弱所折射出来的军事实力。弱国无外交,一个国家如果没有令对手顾忌的战争能力,它的外交活动必定很难展开,就算勉强展开,也一定是失败的、屈辱的。在这方面,《孙子兵法》便是施展战争手段的瑰宝。但是,一个国家拥有强大的国力,如何去把力量展示出来,争取到与其实力相符的利益,还需要高超的技巧手段,而《鬼谷子》便是外交智慧的源泉。所以,《孙子兵法》里的战争手段的成功实施,为《鬼谷子》的外交智慧的展开制造了条件,反过来说,《鬼谷子》智慧亦为《孙子兵法》手段的实施成就了最大的政治效果和利益,两者互相配合,相得益彰。

在个人的层面上,道理也是一致的。学习《孙子兵法》,使我们拥有与别人激烈斗争的手段,能够在现代大都市生活与工作当中有效地保护自己。不过，这些手段只能是作为备用的手段，否则，我们每天都会疲于奔命，不得安宁。《孙子兵法》开门见山地指出："兵者，国之大事。"它更强调："百战百胜，非善之善者也。"《鬼谷子》于是便为我们提供了另一种选择。它提倡从人的性格、嗜好、职位等着手，以言语艺术来施展心理学上的技巧，把对象藏在心底里的真意套出来，这样做对内可以巩固自己与上司和同事们的关系，从而获得内部的支持，实施自己的谋划；对外则可以洞悉对手的思维，争取到最大的利益。我们如能使用这个技巧去处理事情，那就会使我们做人圆融，办事和顺，处处广受欢迎，但又不失办事成功的效果。

另一方面，《鬼谷子》与《孙子兵法》这两本书当中的价值观和道理有着惊人的相似之处。利益是它们考虑的唯一因素。《鬼谷子·抵巇第四》说："世可以治则抵而塞之，不可治则抵而得之。"《鬼谷子·忤合第六》又说："世无常贵，事无常师。"《孙子兵法·九地第十一》则说："合于利而动，不合于利而止。"两书同样提倡要不择手段地去取得成功。《鬼谷子·谋篇第十》说："圣人之制道，在隐与匿。非独忠信仁义也，中正而已矣。"《孙子兵法·始计第一》则说："兵者，诡道也。"同时，两书对事物的认知是完全建基于科学化的观察和分析之上，并不依靠唯心辩证，更不托于鬼神。《鬼谷子·反应第二》说："反以观往，复以验来；反以知古，复以知今；反以知彼，复以知己。"《鬼谷子·飞箝第五》又说："将欲用之于天下，必度权量能，见天时之盛衰，制地形之广狭，岨崄之难易，人民货财之多少，诸侯之交孰亲孰疏，孰爱孰憎，心意之虑怀，审其意，知其所好恶。"《孙子兵法·始计第一》则说："故校之以计，而索其情，曰：主孰有道？将孰有能？天地孰得？法令孰行？兵众孰强？士卒孰练？赏罚孰明？吾以此知胜负矣。"

总的来说，《鬼谷子》应当与《孙子兵法》一起来研读，把两本书里面的智慧技巧吸收后加以融会贯通，再在日常生活当中因人制宜、因事制宜、因地制宜地去灵活使用，那我们就掌握了一件威力强大的工具，可以在现代的大争之世中纵横驰骋，无往而不利。

四、国内外研究成果

近一二十年以来,国内外学界掀起一股研究《鬼谷子》的热潮。在中国大陆,军事理论界、史学界、经济学者、外交界对《鬼谷子》的研究方兴未艾,鬼谷子的学术思想更被广泛运用于社会生活的诸多领域。为了更有组织更有系统地研究及交流《鬼谷子》理论,近十几年中,各地纷纷成立鬼谷子文化学术研究会,定期举行研讨会,发表于各种报刊的鬼谷子研究文章达数千篇,其中包括大学里的研究论文,研究的范围越来越广,层次越来越深。

在台湾,鬼谷子的影响也非常之大,在二十世纪五十年代,学者陈英略就出版了《鬼谷子的心理作战方法与理论》一书,引起了台湾各界的广泛注意,此书后来被译成英文,在美国出版,继后又有台湾大学教授萧登福以及杨极东、黄春枝等学者对鬼谷子加以研究。台湾的学术界也成立了鬼谷子学术研究会,现在有会员六千多人,主要关注鬼谷子智慧在企业管理经营等方面的应用,经常在台北、台中、高雄等地举办各种活动,并定期与大陆的鬼谷子文化学术研究会交流心得,影响所及达数十万人。

二〇一一年,世界鬼谷子学术研究会在香港注册成立,这是一个有志于传承和弘扬中国鬼谷子文化的组织,会员不受地域限制,来自世界各地,主要包括鬼谷子学术研究专家和社会各界鬼谷子文化研究爱好者。研究会内部定期举行鬼谷子学术资料交流活动,并派出会员参加有关的国际交流会议。

德国著名历史哲学家奥斯瓦尔德·斯宾格勒的理论被他本国的军政决策人所重视,对德国的政治军事影响很大,他在自己的著作《西方的没落》中高度评价鬼谷子智谋:"鬼谷子的察人之明,对历史可能性的洞察以及对当时外交技巧(合纵连横的艺术)的掌握,必然使他成为当时最有影响力的人物之一。"出生于德国的美国著名外交家基辛格,是斯宾格勒的学生,深受其影响,推崇中国纵横家的智慧,因此有人说斯宾格勒是现代的鬼谷子,基辛格则是现代的苏秦、张仪。

在日本东京,成立了一所"纵横研究院",介绍纵横家思想,研究鬼谷子智谋,并曾请中国学者前去讲授鬼谷子学说。日本学者、东洋精工钟表公司的重建人大桥武夫不但研究鬼谷子,还创作了《鬼谷子与经营谋略》一书,又主办"兵法与经营学校",阐述鬼谷子智谋在现代企业管理与商业竞争中的应用。

五、现代应用价值

鬼谷子的诞生年代是两千多年前的东周战国时代。东周自平王东迁雒邑,享受了不到五十年的短暂政治安定后,周天子的天下共主地位,便随着其迅速没落的政治和军事实力而式微。在春秋时期,见于史书的诸侯国有一百二十八个,当中先后崛起的有五位诸侯(齐桓公、秦穆公、晋文公、楚庄王、宋襄公),他们因在封国内推行政治经济变革成功,力量骤然增强,为了加大自己的政治影响力和地位,遂打出"尊王攘夷"的旗号,对内代替周天子排难解纷,维持国与国之间的秩序,对外则领导其他的诸侯,驱除夷狄,史称春秋五霸。这些霸主的成就不是因为继承了其先祖的政治地位,而是纯粹倚仗自己国家的经济与军事实力。这些成功的例子使礼乐制度不再受到重视,代之而兴起的是可以快速见效的强国经世手段,有关的学说注重摒弃仁义道德,以功利主义为信条,讲究的是实用成效，其中对当时的时局影响最大的莫如兵家、法家和纵横家。

及至战国时代，诸侯国的数目已因彼此之间互相攻伐兼并而迅速减少，其中有七个国家国土较大，实力较强，并存于当时，史称战国七雄。七雄之间没了众多小国作为缓冲，每个国家都与邻国紧密接壤，而且因为驰道的兴建，国与国之间的交通实际距离大为缩短，使相互之间的人流与物流比起从前大为改善，消息往来更加畅通无阻。而随着教育的普及和平民化，学问不再是少数贵族的特权，大量的优秀学者在民间涌现，呈百家争鸣之态。这时，七雄相互之间的残酷厮杀，弱肉强食的行为却是无国无之，无日无之。七雄的君主们在面对如此沉重的存亡压力时，心中的考虑只有一个，就是如何在最短的时间内强邦兴国。他们深刻地体会到，如果国家不能变得强大，很快就会被别国所吞并。这就使他们对拥有富国强兵学问的人士求之若渴，许以高官厚禄。在这样的背景下，天下有识之士纷纷提出不同的学说，不断向众多诸侯游说推销。每一种被成功推销的学说都会立即被投入严酷的现实考验和测试，若能够有效地在政治上、军事上、外交上帮助君主振兴国力，战胜敌人的话，有关的学者立即会被重用，封侯拜相，其学说当然亦受到天下人的重视和追捧；否则的话，它们很快便被淘汰，湮没在历史的滚滚洪流中。鬼谷子的纵横学说就是在这样的背景下产生及受到考验。鬼谷子本人虽然没有建立什么赫赫功业，但门下弟子苏秦、张仪两人，雄辩滔滔，谋略过人，驰骋于险恶的战国政治环境中，不但如入无人之境，更能把诸国的君主玩弄于股掌之间，建立前无古人的功业，赢得令人目眩的政治地位和富贵荣华。换句话说，《鬼谷子》一书所包含的理论、谋略与手段，其威力直接而强大的效果，在历史上已经通过了最严厉的验证。

一七八三年，英国科学家瓦特发明了双向联动式蒸汽机，标志着人类的工业革命在英国正式开始。时至二十世纪的中后期，全球的主要国家基本上已完成了工业革命，人类的各样科学知识和技术突飞猛进，一日千里，现代交通和通信设备的发明及出现，把国与国、人与人之间的距离进一步大幅度地缩短；世界各地大部分地区之间可以朝发夕至，而在地球上任何一个角落发生的事情，分秒之间便可被电子仪器传遍全球。在这些新环境中，世界各国不但在政治上、军事上、外交上短兵相接，毫无缓冲的空间，而且在经济上、贸易上、文化上、民生上也是直接交锋，惨烈竞争，这种局面可说是与鬼谷子在两千多年前所处的战国时代如出一辙，胜者为王，败者则只能沦为被操控、被淘汰的一方。在如此复杂多变的当代，《鬼谷子》一书所提倡的《捭阖》《反应》《抵巇》《飞箝》《揣》《摩》等篇的技巧手段在国与国之间的政治交往、外交斡旋、军事对峙、国际会议、商贸纠纷谈判等场合不但有用武之地，简直是大显身手。而在国家的内政上，《内揵》《忤合》《权》《谋》《决》《符言》等篇则是当权者在统治及管理方面必须融会贯通的纲目。

随着人口高度密集的现代化大城市的出现，自耕自足的农业社会生活方式已不复存在，现代化的经济体系和社会生活模式意味着人与人的关系非常密切，相互之间空间是前所未有的逼仄，每一个人时刻都要努力去投入竞争来争取生活资源，赢取更好的生存优势。竞争能力欠佳的人，就会被压在社会的底层，每天辛劳地工作，却只能获得仅堪糊口的回报，困难地挣扎求存。从这个角度看来，《鬼谷子》一书中所包含的权变谋略，在今天也可以应用在提升个人的生存能力上，只要能够吸收并灵活地应用书中的道理技巧，不仅可以大幅度提高个人的应变能力，更能改善个人的工作效能，拓展个人的生存空间。

笔者曾于香港警务处服务三十年，在一九九七年香港回归祖国前后担任首席边境联络工作，负责粤港两地政府海陆边境联络和陆路边境警务指挥，因为众多的过渡安排和双方在边境的运作配合事宜，每天需要和内地相关官员联系交涉，任务独一无二，亦无先例可援，困难可谓不少。不过，笔者在工作上灵活变通地运用《鬼谷子》一书中的权变谋略、沟通手段、言语技巧、反应揣摩、抵巇飞箝等技巧，所达成的效果非常之理想，既能在各为其主的情况下把任务完成，也可以在香港回归前后的敏感时期适当地保持粤港边境双方的融洽合作关系。有鉴于此，笔者特别在此处与诸位分享《鬼谷子》的智慧和应用。

概括地说，鬼谷子学说在全世界的范围内愈来愈受到重视，人们除了把它应用在政治、外交、经济等国际领域之外，更将之引申至商业营运、企业管理、金融操控、司法诉讼等各种活动之中，其谋略技巧也逐渐被广泛应用于现实生活，《鬼谷子》实在是一部不可不读的智谋之书。

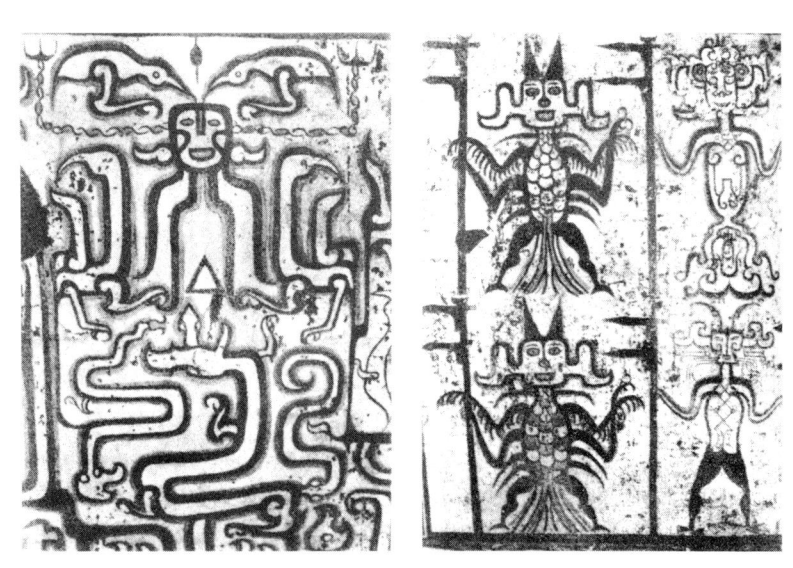

漆画神兽武士。湖北曾侯乙墓出土。

杂家

《吕氏春秋》导读

《吕氏春秋》成书经过及其思想概述

何志华　香港中文大学中文系主任

一、吕不韦其人其书

《史记·吕不韦列传》记:"吕不韦者,阳翟大贾人也。①往来贩贱卖贵②,家累千金。"吕不韦是战国末年卫国(今河南省濮阳一带)的著名商人,以买卖致富。

秦昭王四十年,太子死。四十二年,昭王以其次子安国君为太子。安国君有儿子二十余人,他立宠爱之姬为正夫人,号曰华阳夫人,可是华阳夫人无子。安国君有一个儿子名叫子楚③,子楚的生母名叫夏姬,得不到安国君宠爱。子楚以秦国人质的身份留在赵国。然而,由于秦国多次攻打赵国,所以赵国对子楚并不礼貌。

子楚既质于赵,平素财用不足,生活十分困苦,并不得意。吕不韦于邯郸经商,见子楚而怜之,以为"奇货可居"。吕不韦于是往见子楚,游说他曰:"吾能大子之门。"子楚不以为然,笑说:"且自大君

---

① 《史记索隐》指"翟":"音狄,俗又音宅。地理志县名,属颍川。"按《战国策》记吕不韦乃濮阳人,濮阳于战国属卫,阳翟属韩,两地相距甚远。《吕氏春秋》高诱注亦谓不韦为濮阳人。"商"和"贾"古训有别,行货曰"商",居货曰"贾"。

② 即贱价买入、贵价卖出之意。

③ 子楚即庄襄王。《战国策》记述子楚本名异人,后从赵返回秦国,吕不韦便盼咐他穿楚服见王后,王后喜欢他,说:"吾楚人也。"然后把他当成儿子,于是"变其名曰子楚"。

之门，而乃大吾门！"吕不韦曰："子不知也，吾门待子门而大。"子楚心明不韦意欲，于是与不韦合谋大计。吕不韦对子楚说："秦王老矣，安国君得为太子。窃闻安国君爱幸华阳夫人，华阳夫人无子，能立适嗣者独华阳夫人耳。今子兄弟二十余人，子又居中，不甚见幸，久质诸侯。即大王薨，安国君立为王，则子毋几得与长子及诸子旦暮在前者争为太子矣。"吕不韦于是以千金为子楚西游入秦，说服安国君及华阳夫人，立子楚为适嗣，子楚亦向不韦许诺，他日如登上皇位，将会"分秦国与君共之"。

当时，吕不韦新娶了年轻貌美、能歌善舞的邯郸女子赵姬，后来赵姬怀了身孕。在一次酒宴上，子楚见赵姬姿色甚美，便要求吕不韦成全其事。吕不韦虽然生气，但念及已为子楚用尽家财，"欲以钓奇"，于是便将赵姬献给子楚。赵姬隐瞒自己已怀身孕，到十二个月大期时生下儿子，取名政，即后来的秦始皇。从此母以子贵，赵姬被子楚立为夫人。

秦昭王在位五十六年去世，安国君继位，是为孝文王；以华阳夫人为王后，子楚为太子。赵亦奉子楚夫人及子政归秦。一年后，孝文王死，子楚继位为庄襄王，一切皆如不韦所料，庄襄王尊母华阳后为华阳太后，生母夏姬尊为夏太后。吕不韦为丞相，封文信侯，食河南雒阳十万户。庄襄王即位三年而薨，太子政被立为王（即后来的秦始皇），时年十三，尊吕不韦为相国，号称"仲父"。吕不韦掌握国家全权，家僮万人，富可敌国。惟太后因秦王年少而时时私通吕不韦，埋下日后吕不韦失势的伏线。

当时，魏有信陵君，楚有春申君，赵有平原君，齐有孟尝君，号称战国四公子，均为喜宾客之士，名重士林。吕不韦以秦国之强，在招贤纳士方面，竟不如四公子，因此亦招揽士人，并加厚待，至食客三千人。这时的诸侯多用辩士，如荀卿之徒，著书布于天下。吕不韦于是吩咐食客人人各著所闻，集各论著为八览、六论、十二纪，合共二十余万言，认为已备天地万物古今之事，号曰《吕氏春秋》。他更布书于咸阳市门，悬千金于其上，延请诸侯、游士、宾客等，称如有人能增损一字，即予千金。

秦王政日渐长大，太后淫乱不止。吕不韦恐祸将及己，于是私求大阴人嫪毐为舍人，准备把嫪毐赠予太后。吕不韦使人以腐刑之罪状告嫪毐，其实未施以腐刑，俾嫪毐假扮为宦官入宫与太后私通。秦王政九年，有人告发嫪毐不是宦官，常与太后私乱，更诞下二子。于是秦王政令官吏深入调查，后来查明属实，此事祸连相国吕不韦。九月，秦王政夷嫪毐三族，杀太后所生两子，迁太后于雍。秦王政希望进一步诛讨相国吕不韦，但念及吕氏有功于秦，不忍致法。秦王政十年十月，秦王政免去吕不韦相国之职，并令其离开咸阳，就国河南。后来因为不韦的宾客多次请求，秦王政恐生事变，于是赐吕不韦书曰："君何功于秦？秦封君河南，食十万户。君何亲于秦？号称仲父。其与家属徙处蜀！"吕不韦明白形势不妙，恐大难将至，难免伏诛，遂饮鸩服毒而死。

有关吕不韦著书的动机，前人的论述十分详细，概略言之，约有数说：

（1）显名后世：明方孝孺《逊志斋集·读吕氏春秋》指出："不韦以大贾乘势，市奇货，致富贵，而行不谨，其功业无足道者，特以宾客之书，显其名于后世。"

（2）欺世盗名：明代陈懿典《读史漫笔》云："不韦，盗之雄也。既盗秦国，复以招宾客盗当年名，著书盗后世名，令后世读吕览者知不韦而不复知有诸宾客。"① 及后清代方濬颐《方忍斋所著书·读吕子》又云："千古大盗，无如阳翟大贾始也，居奇货以盗人之国，继也集儒书以盗后世名，其人心术品诣，

---

① 陈懿典：《读史漫笔》，载张舜徽主编《二十五史三编（第一分册）》（长沙：岳麓书社，一九九四年），页五二。

尚可问乎？"

对于此论说，一些学者未尽认同，例如田凤台《吕氏春秋探微》云："不韦著书，沽誉求名诚有，盗名之说难采。诚以吕氏之书，未尝以集众为讳。《史记》明言'吕不韦使宾客人人著所闻'。《汉书·艺文志》杂家吕氏春秋下亦明题吕不韦辑智略士作，是未曾掩他人之长以为己有也。古无联名著书之例，书成归之不韦，亦若魏公子兵法，属之信陵，淮南属之刘安，是未盗名之证。"

（3）东学西移：钱穆先生《秦汉史》云："秦人本无文化可言。东方游士西入秦者，又大多为功名之士，对其故土文化，本已抱不满之感，欲求别辟新局以就功业。……其大规模地为东方文化西渐之鼓动者，厥为吕不韦。吕不韦亦籍隶三晋，然其在秦所努力者，实欲将东方学术思想之全部，移殖西土。不仅如商鞅范雎诸人，只求在政治上有所建白而已。"又云："不韦乃欲将东方学术文化大传统，移殖西土。其愿力固宏，其成绩亦殊可观。即今传《吕氏春秋》一书，便是其成绩之结晶品也。"

至于《吕氏春秋》一书的思想属性，班固《汉书·艺文志》将之归入杂家，并云："杂家者流，盖出于议官。兼儒、墨，合名、法，知国体之有此，见王治之无不贯，此其所长也。及荡者为之，则漫羡而无所归心。"由此可见，《艺文志》对杂家的析述包括其源流及特色，认为杂家源出古代议官，亦即谏官；杂家学术思想以儒、墨、名、法为主，乃结合四家思想而成的。其实，吕书所言，兼及多家思想，岂止儒、墨、名、法四家而已。清汪中《述学补遗·吕氏春秋序》云："周官失职，而诸子之学以兴，各择其术以明其学，莫不持之有故，言之成理，及比而同之，则仁之与义，敬之与和，犹水火之相反也，最后《吕氏春秋》出，则诸子之说兼有之。"又梁启超《论中国学术思想变迁之大势》云："当时诸派之大师，往往兼学他派之言，以光大本宗，如儒家者流之有荀卿也，兼治名家法家言者也；道家者流之有庄周也，兼治儒家言者也；法家者流之有韩非也，兼治道家言者也。北南东西四文明，愈接愈厉，至是几将合一炉而冶之，杂家之起于是时，亦运会使然也。"可见吕书作为首部杂家文献，其成书于秦，实为时代所需，应运而生。

二、成书于"维秦八年，岁在涒滩"解

有关《吕氏春秋》的成书时间，《吕氏春秋·序

意》启篇谓"维秦八年,岁在涒滩",按《尔雅·释天》曰:"(太岁)在申曰涒滩",意即该年太岁在申。至于"维秦八年",即指秦王政在位第八年(前二三九),依据《史记·六国年表》,"始皇帝元年"(实为秦王政元年,前二四六年。秦王政在位第二十六年统一天下,称"始皇帝",《史记·六国年表》,概以"始皇×年"纪之)句下《史记集解》引徐广云:"乙卯"[①],如果秦王政在位第一年乃"乙卯",则第八年该是"壬戌",可是在戌年时,太岁应在"阉茂",而非"涒滩"。"涒滩"乃"维秦六年",而非八年。学者因此提出种种质疑,今试加解释如下。

(一)干支纪日法

古代以干支纪日,即运用"十天干""十二地支"的组合来记录日子。"十天干"依次为甲、乙、丙、丁、戊、己、庚、辛、壬、癸;"十二地支"依次为子、丑、寅、卯、辰、巳、午、未、申、酉、戌、亥。古人以甲子、乙丑顺序组合,至癸亥合共

---

① 见司马迁《史记》(北京:中华书局,一九五九年),页七五一。

六十干支，依序推演。中国早于殷商时期便使用六十干支纪日，一日一干支名号，从不间断。至于古人夜观天象，为求记录星体移动的过程，又将"十二支"应用于天空区域之划分，称为"十二辰"。方法是以正南方为"午"，正北方为"子"，正东方为"卯"，正西方为"酉"。因而，由正北至正南，经过天空之直线称为"子午线"。

1	2	3	4	5	6	7	8	9	10	11	12
甲子	乙丑	丙寅	丁卯	戊辰	己巳	庚午	辛未	壬申	癸酉	甲戌	乙亥
13	14	15	16	17	18	19	20	21	22	23	24
丙子	丁丑	戊寅	己卯	庚辰	辛巳	壬午	癸未	甲申	乙酉	丙戌	丁亥
25	26	27	28	29	30	31	32	33	34	35	36
戊子	己丑	庚寅	辛卯	壬辰	癸巳	甲午	乙未	丙申	丁酉	戊戌	己亥
37	38	39	40	41	42	43	44	45	46	47	48
庚子	辛丑	壬寅	癸卯	甲辰	乙巳	丙午	丁未	戊申	己酉	庚戌	辛亥
49	50	51	52	53	54	55	56	57	58	59	60
壬子	癸丑	甲寅	乙卯	丙辰	丁巳	戊午	己未	庚申	辛酉	壬戌	癸亥

由十天干及十二地支组成的六十干支

（二）岁星纪年概说

在观测星体运行的过程中，古人得知木星每约十二年运行一周天，于是将周天分为十二分，称为

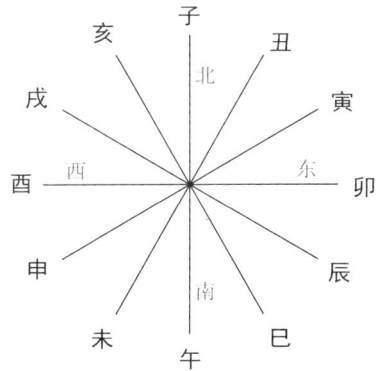

十二辰（十二支用于天空区域之划分）

"十二次"。古人以木星为岁星，木星是以逆时针方向运行的，每年约移动"一次"。由于逆时针运行不便记录，于是古人假设了一颗岁星，该岁星与木星运行方向相反而速度相同，称为"太岁"，以每年太岁星所在称呼该年，称为太岁纪年，其称谓如下：

岁星纪年图

这就像今天以十二生肖纪年，均以十二支顺序排列，从子到亥，方法相同，两者的分别只在于岁星纪年需与天象配合，以木星运行周期推算太岁所在，而太岁所在年则以"涒滩""单阏"等词称之；至于十二生肖年则无须与天象配合，仅须顺排而记，生肖年即以动物"牛""虎"等为名，便于记忆。

十二支生肖纪年

（三）"超辰"之说

古人认为木星每十二年运行一周，然而，木星实际上每11.86年运行一周，因此，当古人将天空分为十二辰时，木星每运行一周天，便会与古人推算的位置有所偏差；每过84.7年，就出现一辰之偏差，即木星的实际位置将超过原来假设的位置一次（或称一辰）。其计算公式如下：$X = (12X \div 11.86) - 1$。X表示出现超过假设位置一格（即"超辰"）之年数。由此方程式推算，$X = 84.71$，那即表示，岁星每八十四年到八十五年会超辰一次。

由此可见，古人使用岁星纪年法的日子久了，就不能与实际天象互相符合。因此，必须改革历法。汉武帝太初以后，岁星纪年法与后世的干支纪年法相互衔接，从太初上溯至秦统一中国时，岁星纪年比干支纪年落后一辰，上溯至战国时期则落后二辰。西汉末刘歆提出岁星每一百四十四年超辰一次的算法，然而超辰计算方法实际上并未曾应用于纪年法中。后来，东汉改用"四分历"时，已放弃了岁星纪年法，只沿用干支纪年法。刘歆认为岁星每一百四十四年超辰一次，这计算方法称为"超辰法"，其实刘歆的计算亦有偏差，依据木星周期，每十二年出现0.15辰之偏差，即约84.7年便出现一辰之偏差，超辰一次。

（四）《序意》"岁在涒滩"一语所衍生的问题

《吕氏春秋·序意》启篇说："维秦八年，岁在涒滩"，按《尔雅·释天》："（太岁）在申曰涒滩"，意即该年太岁在申。至于"维秦八年",即秦王政在位第八年,正如上文所言,汉太初以后,岁星纪年法跟汉代干支纪年互相连接,可以纯用干支表示年份。依据《史记·六国年表》,"始皇帝元年"句下《史记集解》引徐广之言,指始皇元年(实为秦王政元年)为"乙卯",如果秦王政在位第一年真的是"乙卯",则第八年应该是"壬戌",戌年太岁在"阉茂",而非"涒滩"。"涒滩"乃"维秦六年",而非八年。

有见及此,钱塘提出超辰之说以求解决问题,然而却难以成立。原因在于纪年不论用年号数目纪年(例如始皇元年、二年、三年……),抑或用干支纪年(甲寅、乙卯、丙辰、丁巳……),都必须顺序计算。超辰现象可以解释纪年的干支与天上岁星所在脱节的现象,然而却不能改变顺序而计算的数目纪年,又或干支纪年;不然历史按纪年编写,中间因超辰而缺少了一年的记录(诸如顺记甲寅、乙卯,然后跳到丁巳),这在中国古代历史上从没出现过,亦即超辰计算方法实际上从未应用于历史纪年中。

王引之《经义述闻·太岁考》认为"维秦八年","八"乃"六"之讹。又反驳钱塘超辰之说,认为太岁超辰之计算,始于刘歆《三统术》,在此之前是未有的。然而王引之之说并不足信,因超辰乃天文现象，这与刘歆论说的出现先后无关，如果维秦八年，太岁在申，该年史官夜观天象，即可得知，不当因刘歆未提论说，而误记岁星位置。王引之认为"维秦八年"乃"维秦六年"之误，乃从后世传钞《吕氏春秋》字形讹误推论，旨在配合"岁在涒滩"的天文现象，其实未可尽信。

（五）秦、汉两朝历法之别

秦统一中国以后，在全国颁行"颛顼历"。但此历据考证上自秦献公十九年已在秦使用。颛顼历以冬十月为岁首（一年之始），轮至九月为年末。岁首十月同样称为十月，不改称一月或正月。"端月"（即一月或夏历正月）是立春之月，二十四节气的起点。"正月"为避秦王政的名讳而改为端月，闰月置于年末九月之后为后九月，即岁末置闰法。太岁在某，乃据颛顼历计算的。汉承秦制，沿用颛顼历，直至汉武帝元封七年，即公元前一〇四年才颁行新历，改此年为太初元年，称为太初历，以正月为岁首，定太初元年之干支纪年为"丁丑"。徐广谓始皇元年（秦王政元年）之干支纪年为"乙卯"，即据太初元年为"丁丑"，往上推算而得。

(六)《汉书·律历志》两记干支纪年与太岁在某不合例证

假设太初元年(即元封七年)不是丁丑,则始皇元年(秦王政元年)也不会是乙卯,始皇八年(秦王政八年)也不会是壬戌。如果太初元年确为丁丑,则太初元年时太岁该在丑,然而考证《汉书·律历志》云:

> 至于元封七年,复得阏逢摄提格之岁,中冬十一月甲子朔旦冬至,日月在建星,太岁在子,已得太初本星度新正。姓等奏不能为算,愿募治历者,更造密度,各自增减,以造汉《太初历》。①

我们一直以为太初元年为丁丑年,太岁在丑,其实太初元年为丙子年,所以该年"太岁在子"。太初元年为丙子年,太初二年方为丁丑年。据此可知,干支纪年以太初元年为丁丑,往上推算过去历史上每年的干支,从一开始就有一年的误差。同理,以太初元年为丁丑往上推,则高祖元年为乙未,如果

---

① 《汉书》(北京:中华书局,一九六二年),页九七五。

高祖元年为乙未，则太岁该在未。然而考证《汉书·律历志》云：

> 汉高祖皇帝，著《纪》，伐秦继周。木生火，故为火德。天下号曰汉。距上元年十四万三千二十五岁，岁在大棣之东井二十二度，鹑首之六度也。故《汉志》曰岁在大棣，名曰敦牂，太岁在午。①

我们一直以为高祖元年为乙未年，太岁在未；其实高祖元年时太岁在午，实为甲午年，高祖二年方为乙未年。

（七）"维秦八年，岁在涒滩"解

根据《汉书·律历志》，汉高祖元年，太岁在午；元封七年（即太初元年），太岁在子。这与现在据太初元年为"丁丑"上推各年干支，认为高祖元年为"乙未"，元封七年为"丁丑"，得知太岁纪年与干支纪年之间，其实有一年的误差。由此推算，所谓"维秦八年，岁在涒滩"，太岁在涒滩乃

---

① 《汉书》，页一○二三。

申年，此语并无错误，惟申年作为干支纪年应同样有一年误差。

我们一直据太初元年为"丁丑"上推维秦八年乃壬戌年，其实这亦有一年之误差。维秦八年其实为辛酉年，维秦九年方为壬戌年。由此推算，维秦七年乃庚申年；申年，岁在涒滩，太岁在涒滩之年，即为《序意》篇所言吕书成书之年。然则为何《吕氏春秋·序意》说"维秦八年，岁在涒滩"？为何太岁不在维秦八年时，移至辛酉年，即"岁在作噩"？道理其实很简单：秦用颛顼历，以十月为岁首，每岁计算方法，皆以十月起首计算，至翌年十月为一岁；至于始皇岁次（始皇元年、二年、三年……七年、八年）则以正月开始，至十二月终结。假设吕书书成之日，在维秦八年却未到十月，则其太岁仍在申次的一年期间之内，因此维秦八年十月以前，太岁仍在申位，故曰"维秦八年，岁在涒滩"。由此推知，吕书《序意》篇说"维秦八年，岁在涒滩"，其实并无错误，因为那一年是秦王政登位第八年，但未到十月，抬头看木星所在，因而推知太岁所在，太岁在申位，所以说岁在涒滩。

三、全书编排结构

《吕氏春秋》全书由三部分组成，即"十二纪""八览"及"六论"，合计二十六总篇。"十二纪"中，每"纪"之下又再区分为五篇；"八览"中，除了第一"览"《有始览》现存仅得七篇外[①]，其他各"览"都一致地再分为八篇；至于"六论"，每"论"之下，则一律再分为六篇。"十二纪"末，又附有《序意》一篇。每篇篇名，皆以两字为题，诸如"重生""贵生""尽数"等。可见《吕氏春秋》一书编排异常整齐，极有规律。由此推敲，《吕氏春秋》之编撰，似当依据严密的撰写计划，而非随意编写的。傅武光《吕氏春秋与先秦诸子之关系》云：

> 盖吕书之形式极整齐，内容则纪、览、论彼此相呼应，其出于完整之计划、精密之调配无疑，故其编著也，必全部同时完成，而非部分先出，余留异日之修补也。

田凤台《吕氏春秋探微》云：

---

① 《有始览》原来应有八篇，今本《吕氏春秋》脱去一篇。

十二纪六十篇，各按月令配合……八览六论，八览篇目皆八，六论篇目皆六……故余之见解，事先约定者仅十二纪、八览、六论之纲要，而其下属诸篇，则由撰写人按纲旨发挥，至其篇目，皆以两字标题，全书一致。其中重复误引之处，或由篇成非一时，审阅未尽遍，或由后人窜乱。然此书篇幅大致长短整齐，即文字结构，多先标题旨，次申论断，后举例证，篇末呼应全文作为总结。

《吕氏春秋》一书内容丰富，以下会分别从"贵生"说、"养生"说、"时机"论、"治身治国一理"、"因而不为"的具体治国政策、治国之道、赏罚论等方面阐析《吕氏春秋》的主要内容与思想。

四、"贵生"说

（一）"贵生"思想溯源

《吕氏春秋》开首为"十二纪"，"十二纪"开首即为与"月令"相关的篇章，即《孟春纪》《仲春纪》以下至《季冬纪》共十二篇。如果删去此十二篇,《孟春》之后第一篇为《本生》,其次的《仲春》之后就是《贵生》。由此可见,《吕氏春秋》的编者认为"生"的意义十分重大。其实"重生"与"贵生"的思想,乃源于杨朱学说。孟子谓"杨子取为我",又谓"杨氏为我",① 显见"为我"正是杨子学说的精髓。《吕氏春秋》亦言及杨朱学说,然而不称之为"为我",而称之为"贵己"。《吕氏春秋·不二》曰:

> 老耽贵柔,孔子贵仁,墨翟贵廉②,关尹贵清,子列子贵虚,陈骈贵齐,阳生贵己,孙膑贵势。

可见"贵己"犹言"为我"。至于《韩非子·显学》总论杨朱,认为:

> 今有人于此,义不入危城,不处军旅,不以天下大利易其胫一毛,世主必从而礼之,贵其智而高其行,以为轻物重生之士也。

---

① "杨子取为我"语出《孟子·尽心上》,"杨氏为我"语出《孟子·滕文公下》。

② 孙诒让曰:"廉"疑即"兼"之借字。

可见韩非总论杨朱学说为"轻物重生"。韩非以为"重生",《吕氏春秋》以为"贵己"。细意考之,除却"十二纪"纪首诸篇外,《吕氏春秋》启首曰"本生",其次即为"重己",显而易见,《吕氏春秋》"贵生"之论,其源即发自杨朱学说。

然而,杨朱活跃于孟子之前,而《吕氏春秋》成书于《荀子》之后,杨朱与《吕》书,两者相距年代久远。其间,《荀子》一书对于战国以至西汉的哲学思想皆有极其深远的影响,故此《吕氏春秋》在袭用杨朱"贵己"的学说时,可曾受《荀子》学说的影响而加以修订,亦可深思。下文论及《吕氏春秋》"贵生说"与《荀子》之关系,可见在"人性天授"一说上,《吕氏春秋》采用了《荀子》的学说。由此推论,《吕氏春秋》"贵生"之说,其源出自杨朱,而以《荀子》学说完善之。

(二)"贵生"思想内容概说

"生"原义为"使之生",引申为"生命",其同源字为"性","性"指一切对象与生俱来的本质,简言之,就是物的本质。《吕氏春秋》既言"养生",亦言"养性";既言"全生",亦言"全性"。可见"生""性"两字于《吕氏春秋》一书中,意义相近。

《吕氏春秋》开宗明义，便极言"生"之可贵："圣人深虑天下，莫贵于生。"(《吕氏春秋·贵生》)这里称"生"，或称"大贵之生"，以表示"生"不只是"贵"，更是"贵之最者"，因此说"大贵之生"。《吕氏春秋·情欲》：

> 古人得道者，生以寿长，声色滋味，能久乐之，奚故？论早定也。论早定则知早啬，知早啬则精不竭。秋早寒则冬必暖矣，春多雨则夏必旱矣，天地不能两，而况于人类乎？人之与天地也同，万物之形虽异，其情一体也。故古之治身与天下者，必法天地也。尊酌者众则速尽。万物之酌大贵之生者众矣，故大贵之生常速尽。非徒万物酌之也，又损其生以资天下之人，而终不自知。功虽成乎外而生亏乎内。

《吕氏春秋》除了明言"大贵之生"外，亦从"贵贱""轻重""安危"三方面，以比较角度强调"生"之可贵。《吕氏春秋·重己》云：

> 今吾生之为我有，而利我亦大矣。论其贵贱，爵为天子，不足以比焉；论其轻重，富有

天下，不可以易之；论其安危，一曙失之，终身不复得。此三者，有道者之所慎也。

可见就其"轻重"而言，"生"比诸"天下"更重要。《吕氏春秋·贵生》又以尧让天下于子州支父为例，再加说明。《吕氏春秋·贵生》云：

尧以天下让于子州支父。子州支父对曰："以我为天子犹〔之〕可也。虽然，我适有幽忧之病，方将治之，未暇在天下也。"天下，重物也，而不以害其生，又况于它物乎？惟不以天下害其生者也①，可以托天下。

同样就其"轻重"立论，《吕氏春秋》又以"随侯之珠"为喻，《吕氏春秋·贵生》：

凡圣人之动作也，必察其所以之与其所以为。今有人于此，以随侯之珠弹千仞之雀，世必笑之，是何也？所用重〔而〕所要轻也。夫生岂特随侯珠之重也哉？

---

① 《庄子·让王》无"也"字。

《吕氏春秋》倡言"贵生","贵生"即为权衡"轻重"所得的结论。古人所谓的"轻重",就像今人所说的"价值观"。由此言之,以价值而论,"爵为天子""富有天下""随侯之珠",三者都是天下的瑰宝,皆不足与"生命"相比,其余的事物更不足论矣。

(三)"贵生"之因

《吕氏春秋》认为"生"之可贵,是因为"生"可以使人得"六欲之宜",《吕氏春秋·贵生》:

> 子华子曰:"全生为上,亏生次之,死次之,迫生为下。"故所谓尊生者,全生之谓。所谓全生者,六欲皆得其宜也。所谓亏生者,六欲分得其宜也。亏生则于其尊之者薄矣。其亏弥甚者也,其尊弥薄。所谓死者,无有所以知,复其未生也。所谓迫生者,六欲莫得其宜也,皆获其所甚恶者,服是也,辱是也。

可见《吕氏春秋》认为"生命"虽然可贵,但是最痛苦的,却并非失去"生命",因为世上有比失去"生命"更痛苦的,就是所谓"迫生"。因此,与其"迫生",不如死。所谓"迫生"者,意指"六欲莫得其宜"。《吕氏春秋·贵生》：

> 辱莫大于不义，故不义，迫生也，而迫生非独不义也，故曰迫生不若死。奚以知其然也？耳闻所恶，不若无闻；目见所恶，不若无见。故雷则掩耳，电则掩目，此其比也。凡六欲者，皆知其所甚恶，而必不得免，不若无有所以知，无有所以知者，死之谓也，故迫生不若死。嗜肉者，非腐鼠之谓也；嗜酒者，非败酒之谓也；尊生者，非迫生之谓也。

可见"生命"的价值，在乎"六欲"是否得宜。然而，当"六欲"与"生"相互排斥，《吕氏春秋》倡言重"生"而轻"欲"，贵在"养生"。如《吕氏春秋·贵生》说："耳虽欲声，目虽欲色，鼻虽欲芬香，口虽欲滋味，害于生则止。"表明"六欲"虽然可贵，惟当与"生"相斥时，则重在取"生"。

若论"生"之与"欲"，孰贵孰轻？请先论"外物"与"心性"的关系。依孟子所言，人类对"外物"的欲念，可以"思考"分析，从而知所去取，而"欲"与"思"，皆人性的本质，是与生俱来的。

然而，荀子却主张"欲"乃"性"的部分，本受于天，众人皆同。他又认为"心"非受于天，乃后世生活积习使然，每人积习有别，所以每人的心思亦有所不同。荀子在《荀子·正名》中以"天之一欲"对应"心之多求"，提出"欲"乃天赐，是人性的一部分，此本与生俱来，即所谓"所受乎天"，世人无从干预。至于"求"，乃在乎"从所可"。其"可"抑或"不可"，则全在"心"之权衡轻重，所以"求"乃"所受乎心"。"欲"受乎天，凡人皆有欲，这是一致的，故曰"天之一欲"；凡人的内心世界皆不相同，故曰"心之多求"。每人的内心世界皆有不同，这是后天生活积习使然，荀子因此以为"固难类所受乎天也"。

孟、荀对"物""心"的关系，观念有别，然而两家皆认为"心"能思考，并能作出选择，且认为"心"乃内在思维，与"外物"对立。就"心"而言，一切宇宙万物皆为"外物"。至于《吕氏春秋·贵生》也说：

> 天下，重物也，而不以害其生，又况于它物乎？惟不以天下害其生者也，可以托天下。

可见《吕氏春秋》认为"生"远较"外物"可贵，即使面对重物如"天下"，也不能与"生"相比。《吕氏春秋·本生》:"物也者,所以养性也,非所以性养也。"指出"物"仅为"养生"之手段,本身并无价值可言。易言之,"物"之价值乃为"派生价值","生"之价值乃"自身价值"。倘若"生"之价值被否定,"物"亦无价值可言。

《吕氏春秋》因而提出"生""物"二者的从属关系。《吕氏春秋·必己》引述《庄子》之言:

> 庄子笑曰:"周将处于材、不材之间。材、不材之间,似之而非也,故未免乎累。若夫〔乘〕道德则不然:无讦无訾①,一龙一蛇,与时俱化,而无肯专为;一上一下,以禾为量②,而浮游乎万物之祖,物物而不物于物,则胡可得而累?"

《吕氏春秋》倡言"物物而不物于物",其说既本庄子,其实亦见于《荀子·修身》:

> 志意修则骄富贵,道义重则轻王公,内省而外物轻矣。《传》曰:"君子役物,小人役于

---

① "讦"一字于《庄子·山木》作"誉",疑"讦"乃"誉"之声误。
② "禾"读为"和",《庄子·山木》正作"和"。

物。"此之谓矣。身劳而心安,为之;利少而义多,为之。

细意观之,《庄子》《荀子》以"自身"与"外物"对举,提出不当以"自身"从役于"外物"。《吕氏春秋》进一步提出不当以"生命"从役于"感官",而该以"感官"为"生命"劳役。"生命"之与"感官"本来皆为"自身"所有,《吕氏春秋》细加区别,旨在标明"生命"之可贵,证成"贵生"之论。《吕氏春秋·贵生》云:

> 圣人深虑天下,莫贵于生。夫耳目鼻口,生之役也。耳虽欲声,目虽欲色,鼻虽欲芬香,口虽欲滋味,害于生则止。

可见《吕氏春秋》认为"耳""目""鼻""口"都应当为"生命"服役。既然本属"自身"范畴的"感官",仍得为"生命"服役,则不属"自身"范畴的"外物",更当从役于"生命"了。

(四)"性""欲"之别

《吕氏春秋》认为不应以"欲"害"生",然而常人未明白此理。究其原因，亦足深思。中国古代哲学思想大抵以"人"为本，而探究"人"之本性，则在于探求"人性"中"欲念"之本质。《吕氏春秋》亦然，其论"欲念"之先，先论"人性"。它认为"性"就是事物的"本质"，"本质"乃天受，而非出于人力。

对于"欲"，《吕氏春秋》论之亦详。《吕氏春秋·大乐》：

> 天使人有欲，人弗得不求。天使人有恶，人弗得不辟。欲与恶所受于天也，人不得与焉，不可变，不可易。

由此观之，则"性"之与"欲"，皆受于天，而且非人力所能改易的，此即两者的共通点。至于"性""欲"之别，《吕氏春秋》言之较少，而其理论则源自《荀子》，《荀子》则详言之。《荀子·正名》：

> 性者，天之就也；情者，性之质也；欲者，情之应也。

《荀子》与《吕氏春秋》所言相近，皆认为

"性"乃天所成就,非人力所能改易的。

(五)"欲""求"之别

"欲"既得之于天,则非人力所能干预的,《吕氏春秋·大乐》:

> 天使人有欲,人弗得不求。天使人有恶,人弗得不辟。欲与恶所受于天也,人不得与焉,不可变,不可易。

又《吕氏春秋·情欲》:

> 故耳之欲五声,目之欲五色,口之欲五味,情也。此三者,贵贱、愚智、贤不肖欲之若一,虽神农、黄帝,其与桀、纣同。

上述两段言及"求"与"欲",然而《吕氏春秋》未有清楚区分两者之别。相反,《孟子》《荀子》两书言之极详。《孟子·尽心上》指出:"求"之与否,与成败其实并无直接关系,成败关键全然在乎命数,意在说明凡事不可强求。《荀子》同样反对多欲多求,其在《荀子·正名》提出"欲"虽过大、过多，而行动未尝随之而发，是因为内心的修为制止了"欲";相反，如行动超越了"欲念"，是内心的怂恿使然。故此,《荀子》进一步提出如何以"心"止"欲"。

由此可见,《孟子》认为"求"之成败，全在天意;《荀子》则重在"心"之制"求"。而《吕氏春秋》则认为制欲殊非易事，只有圣人可以为之。《吕氏春秋·情欲》：

> 天生人而使有贪有欲。欲有情，情有节。圣人修节以止欲，故不过行其情也。……圣人之所以异者，得其情也。由贵生动则得其情矣，不由贵生动则失其情矣。

"节"意指"合理之限度"，而圣人就是从"合理之限度"考量，控制欲念。圣人能够成功控制欲念，异于常人，乃因圣人能得"欲念"之实质内容（即"情"），再从此等实质内容中得其合理之限度（即"节"）。易言之，圣人得见欲念之"合理限度"（即"欲之节"）。圣人之所以得见"欲之节"，乃因他们从"贵生"出发，以"贵生"作为最终原则决定"欲念"内容实质之合理限度。

（六）"贵生"作为"合理限度"的原则

圣人以"贵生"为"节"的准则，其具体学说其实很容易明白，试举两例说明。《吕氏春秋·贵生》：

> 圣人深虑天下，莫贵于生。夫耳目鼻口，生之役也。耳虽欲声，目虽欲色，鼻虽欲芬香，口虽欲滋味，害于生则止。在四官者不欲，〔不〕利于生者则〔弗〕为。由此观之，耳目鼻口，不得擅行，必有所制。譬之若官职不得擅为，必有所制。此贵生之术也。

又如《吕氏春秋·本生》：

> 今有声于此，耳听之必慊，已听之则使人聋，必弗听。有色于此，目视之必慊，已视之则使人盲，必弗视。有味于此，口食之必慊，已食之则使人瘖，必弗食。是故圣人之于声色滋味也，利于性则取之，害于性则舍之，此全性之道也。

可见《吕氏春秋》"贵生"之论，崇尚自然，无须道德规条之限制，此与《孟子》《荀子》所论不同。

如欲了解更多有关《吕氏春秋》贵生思想的篇章，可阅读《孟春纪·本生》《孟春纪·重己》《仲春纪·贵生》《仲春纪·情欲》《离俗览·用民》《离俗览·为欲》《季冬纪·不侵》及《季冬纪·士节》。

五、"养生"说概述

《吕氏春秋》的"养生"说，究其原始，实出自齐国的稷下学派。齐国国都城门名为"稷门"，稷门附近有一地域称为"稷下"，是战国时期知识分子的聚集之地。据裴骃《史记集解》引刘向《别录》云："齐有稷门，城门也。谈说之士期会于稷下也。"此即所谓"稷下学派"。稷下学派倡言黄老养生之学，其说俱见于《管子》，《管子》提出黄老之"道"，其实为"气"，万物皆由"气"所生，而"气"的形态千变万化。"气"之在"天"者，则幻化为"日"；"气"之在"人"者，则幻化而为"心"。此"道"之化身，或称为"气"，或称为"精"。就"生物"而言，其所能袭取宇宙间的精气越多，其"生命力"就越大。此外，《管子·内业》又指出"精气"内藏不竭，不仅能令人"生命力"旺盛，智力过人，甚或有助于道德修为，推而言之，更能预知未来，使人远离灾害，成为圣人。《管子》又进一步推论，认为人袭取天下的"精气"，能洞见天地万物的变化。

此外，稷下学派强调精气充盈于身，可使身健力强，可以洞悉天地。然而，世人吸收"精气"后，仍得妥善保存，否则，精将远去，不再保存于身体内。至于保存精气的方法，则在寡欲。世人如能静心去欲，不仅可以守住"精气"，避免外泄，推而言之，更能吸收在身外运行和宇宙之间的"精气"，集于己心，俾使体魄强健，延年益寿，生命力更为旺盛。

《吕氏春秋》继承稷下学派的"精气说"，认为善于保存形体内的精气，便能长命不衰。因此，《吕氏春秋》提出了具体的养生方法，借以保留形体内存的精气。概略言之，有以下四个重点。

（一）流动不郁

《吕氏春秋》主张"精气说"，因此提出养生具体方法时，亦紧扣"精气说"而立论。《吕氏春秋·尽数》云：

> 流水不腐，户枢不蝼，动也。形气亦然，形不动则精不流，精不流则气郁。郁处头则为肿为风，处耳则为挶为聋，处目则为𪾝为盲，处鼻则为鼽为窒，处腹则为张为疛，处足则为痿为蹶。

可见《吕氏春秋》认为百病之源全在于精气郁结，为求精气流动不郁，应当保持运动，所谓"形不动则精不流"。《吕氏春秋·达郁》曰：

> 凡人三百六十节，九窍五藏六府。肌肤欲其比也，血脉欲其通也，筋骨欲其固也，心志欲其和也，精气欲其行也，若此则病无所居而恶无由生矣。病之留，恶之生也，精气郁也。故水郁则为污，树郁则为蠹，草郁则为蒉。

《吕氏春秋》认为"精气欲其行"，具体言之，则为保持运动。保持运动，能使血脉畅通，筋骨坚固，而精气流行不郁，便"病无所居"，自能身强体健。

（二）少私寡欲

《吕氏春秋》认为"精气"安居于形体之内，不受外物干扰，则年寿得长，可以尽其天年。为免受外物干扰，则当少私寡欲，修养情性，追求平淡祥和，避免大喜大怒。《吕氏春秋·尽数》云：

> 天生阴阳寒暑燥湿，四时之化，万物之变，莫不为利，莫不为害。圣人察阴阳之宜，辨万物之利以便生，故精神安乎形，而年寿得长焉。长也者，非短而续之也，毕其数也。毕数之务，在乎去害。何谓去害？大甘、大酸、大苦、大辛、大咸，五者充形则生害矣。大喜、大怒、大忧、大恐、大哀，五者接神则生害矣。大寒、大热、大燥、大湿、大风、大霖、大雾，七者动精则生害矣。故凡养生，莫若知本，知本则疾无由至矣。

《吕氏春秋》倡言少私寡欲，溯其源流，乃出自"贵生"说。"贵生"说认为君主养生之道，在乎少私寡欲，戒除奢华的生活，自可全生保命。《吕氏春秋·本生》：

> 贵富而不知道，适足以为患，不如贫贱。贫贱之致物也难，虽欲过之奚由？出则以车，

入则以辇,务以自佚,命之曰怡蹷之机。肥肉厚酒,务以自强,命之曰烂肠之食。靡曼皓齿,郑、卫之音,务以自乐,命之曰伐性之斧。三患者,贵富之所致也。故古之人有不肯贵富者矣,由重生故也,非夸以名也,为其实也。则此论之不可不察也。

(三)饮食得道

所谓饮食之道,其实亦与精气说相关涉,《吕氏春秋·重己》云:"味众珍则胃充,胃充则中大鞔,中大鞔而气不达,以此长生可得乎?"可见饮食得饱,则使"胃充",而"胃充"会使胸腹胀满郁结,不利于精气于体内运行,以致长生无望。因此饮食之道,在乎少私寡欲,进食力求清淡、合时。《尽数》云:

> 凡食无强厚,味无以烈味重酒,是以谓之疾首。食能以时,身必无灾。

至于饮食养生的基本方法,《尽数》指出应适度节制,"无饥无饱"。而饮食举止,则在乎"和精端容",旨在不碍体内精气运行。统而言之,所谓饮食之道，其实亦与精气说相关联。

（四）善于养体

综上所论，可见《吕氏春秋》的"养生"说，其实溯源自稷下"精气"说，因此《吕氏春秋》讨论养生之道，乃紧扣"精气"说立论，所谓"养生"之说，其实重在"养气"，而非"养形"。所谓"养形"之道，其旨亦在辅助"精气"，使"精气流通无阻"而已。《吕氏春秋·先己》：

> 凡事之本，必先治身，啬其大宝。用其新，弃其陈，腠理遂通。精气日新，邪气尽去，终其天年。此之谓真人。

冯友兰《中国哲学史新编》认为"治身"即为"养形"，《先己》指出通过"养形"，可以驱除体内陈腐之气，并且吸纳新鲜精气，从而得享天年。可见"养形"之道，推本溯源，亦在"养气"。

至于"养形"的具体方法，相对于"养气"而言，乃专指养护身体、五官而兼及心志的具体方法，其重点见于《吕氏春秋·孝行览》：

> 养有五道：修宫室，安床第，节饮食，养体之道也。树五色，施五采，列文章，养目之道也。正六律，龢五声，杂八音，养耳之道也。熟五谷，烹六畜，龢煎调，养口之道也。龢颜色，说言语，敬进退，养志之道也。此五者，代进而序用之，可谓善养矣。

如欲了解更多《吕氏春秋》有关养生方法的篇章，可阅读《季春纪·尽数》《恃君览·达郁》及《孝行览·孝行》。

六、时机论

《吕氏春秋》为人君说法，崇尚"立功名"。所谓"立功名"，即指"成功之道"。《吕氏春秋》门客反复思考，稽查古今成败的故事，成就其"时机"论说。此等论说，未见于其他先秦诸子，可见"时机"之论，亦吕书独到之见。《吕氏春秋》所谓"时机"论，大略言之，其旨意分别为"首时""遇合"及"必己"。

（一）首时（以时机为首要）

《吕氏春秋》认为举事求望成功，首要"待时"，"时"即指时机。《吕氏春秋》极言"时机"之可贵，"时机"一至，而功名可成，《首时》云：

> 时至，有从布衣而为天子者，有从千乘而得天下者，有从卑贱而佐三王者，有从匹夫而报万乘者，故圣人之所贵，唯时也。

可见《吕氏春秋》认为"时机"的可贵。"时机"之所以如斯珍贵，乃因"时机"有两大特性，其一为：时机一过，天不再与；其二为：时不久留，稍纵即逝。这就是《首时》所说的："天不再与，时不久留，能不两工，事在当时。"

另一方面，倘若时机未至，不论"圣人"抑或"有道之士"，都要待时，不能操之过急。《吕氏春秋》乃杂家之言，吕氏门客兼包各家宗派，然而各派皆认为时机未至，则当待时，并无二致。如《首时》云：

> 圣人之于事，似缓而急，似迟而速，以待时。……故有道之士未遇时，隐匿分窜，勤以待时。

这里说"勤以待时",指出有道之士未遇时,应当勤勉不怠,这近于儒家之言。不过《吕氏春秋·任数》则谓:"无言无思,静以待时,时至而应,心暇者胜。"这里则倡言无为,安静心暇以待时机,又似道家之言。无论如何,吕书记述两家主张"待时"的观念皆同,可见"待时"是吕书的重要思想。

(二)遇合(两重机遇的互相配合)

《吕氏春秋·遇合》启篇即云:"凡遇,合也。时不合,必待合而后行。"吕书所谓的"遇合",亦有层次。考"遇合"首要之义,在于得遇明君,"遇合"犹言"遇人"。由此推论,从这一层次理解,"遇合"是指得遇明君的"时机"。《吕氏春秋》仔细考量前人的故事,认为士人求遇明君,其成败关键在于天意,不是人事所能勉强的。此所以圣贤如孔子,修身立志以干世主,亦有不遇时之叹。《吕氏春秋·遇合》云:

> 孔子周流海内,再干世主,如齐至卫,所见八十余君,委质为弟子者三千人,达徒七十人。七十人者,万乘之主得一人用可为师,不为无人,以此游仅至于鲁司寇,此天子之所以

时绝也。

孔子周流海内,其宦途仅至于鲁司寇而止。这并不是孔子的问题,只是因为时机未至。时机不至,殆为天意,非人力所能干预。《吕氏春秋·长攻》云:

> 譬之若良农,辩土地之宜,谨耕耨之事,未必收也;然而收者,必此人也。始在于遇时雨,遇时雨,天〔地〕也,非良农所能为也。

这里说良农能"辩土地之宜,谨耕耨之事",可见良农努力不懈,然而仍未能保证收获可观,原因是农耕收成,取决于良农是否得遇时雨,而时雨之来,乃天意使然,不在人事。士人求遇明君亦是同样道理,时机不至,遭际未遇,即使努力,终亦徒然,所以《吕氏春秋·遇合》说"遇合也无常"。

相反,时机一至,则举事而功成,功名大立。《吕氏春秋·慎人》云:

> 百里奚之未遇时也,亡虢而虏晋,饭牛于

秦，传鬻以五羊之皮。公孙枝得而说之，献诸缪公，三日，请属事焉。缪公曰："买之五羊之皮而属事焉，无乃〔为〕天下笑乎？"公孙枝对曰："信贤而任之，君之明也；让贤而下之，臣之忠也；君为明君，臣为忠臣。彼信贤，境内将服，敌国且畏，夫谁暇笑哉？"缪公遂用之。谋无不当，举必有功，非加贤也。使百里奚虽贤，无得缪公，必无此名矣。

可见所谓百里奚"遇时"，就是指得遇明君的时机。百里奚得遇缪公，乃"谋无不当，举必有功"。倘若不得其遇，即使他再贤能，亦无所用。

以上乃就"遇合"第一重意义立论，指士人得遇明君。至于第二重意义，则在"士人得遇明君"的意义之上，再推而广之，意指举事求望成功，必须等待两重机遇相遇配合，方始有望。《吕氏春秋·长攻》：

凡治乱存亡，安危强弱，必有其遇，然后可成，各一则不设。故桀、纣虽不肖，其亡遇汤、武也。遇汤、武，天也，非桀、纣之不肖也。汤、武虽贤，其王遇桀、纣也。遇桀、纣，天也，非汤、武之贤也。若桀、纣不遇汤、武，未必亡也；桀、纣不亡，虽不肖，辱未至于此。若使汤、武不遇桀、纣，未必王也；汤、武不王，虽贤，显未至于此。

此处谓"必有其遇，然后可成，各一则不设"，强调两重机遇相互配合，然后可成，单一机遇则无从成功。[①]因此，汤、武贤德，是一重机遇；桀、纣无道，乃另一重机遇；两重机遇相互配合，汤、武举事乃成，桀、纣败亡受辱。至于两重机遇能否相互配合，亦是天意使然，不是人事所能干预的，此与一重机遇的特性相同。

（三）必己（必在己，无不遇矣）

《吕氏春秋》既认为成败兴亡全在天意，则人事努力，似皆徒劳无功，其实不然，其深明成败关键纵然在天，然而人事努力决不可废。《吕氏春秋·慎人》云：

[①] 按张双棣《吕氏春秋译注》训解"各一则不设"句意，谓："意思是，如果彼此相同，就不实现这些了。一，一律，相同。"恐亦曲说。陈奇猷《吕氏春秋校释》谓："'各一'，谓不相遇。'各一则不设'，犹言不相遇则不成也。"与文意相合，亦《吕氏春秋》时机论的正确理解。

> 夫舜遇尧，天也；舜耕于历山，陶于河滨，钓于雷泽，天下说之，秀士从之，人也。夫禹遇舜，天也；禹周于天下，以求贤者，事利黔首，水潦川泽之湛滞壅塞可通者，禹尽为之，人也。夫汤遇桀，武遇纣，天也；汤武修身积善为义，以忧苦于民，人也。

可见《吕氏春秋》亦深明人事之重要，汤、武是否得遇桀、纣，固属天意，然而汤、武修身积善为义，从不苟且，亦是成功的要素。如果时机不至则已，但时机一至，其得民心而立功名者，则必定是汤、武。由此可见，人事努力亦是成功的要素。

另一方面，《吕氏春秋》认为成功与否，固属天意使然，凡此皆为外力，非个人可以控制的。《吕氏春秋·必己》谓：

> 外物不可必，故龙逢诛，比干戮，箕子狂，恶来死，桀、纣亡。人主莫不欲其臣之忠，而忠未必信，故伍员流乎江。

所谓"外物不可必"，即指外力干预，其中变量难以掌握。然而，君子不当退缩，仍须修身立志，以求在自身处努力，不受外来因素干预。君子在自身处努力，充分准备，应付一切不可预计的变量。届时"遇"与"不遇"，亦无关紧要，而成功已然在握。

如欲了解更多有关《吕氏春秋》"时机"论的篇章，可阅读《孝行览·首时》《孝行览·遇合》《孝行览·长攻》《孝行览·必己》《孝行览·慎人》及《慎大览·不广》。

七、治国的总体原则："治身治国一理"说

《吕氏春秋》之撰写，旨在为人君说法，因此《吕氏春秋》全书论及"功名"的地方不胜枚举。[1] 人君欲立功名，必须治国有道。然而，《吕氏春秋》所言为君治国之道，论其要旨，则全在乎"治国之本在于治身"。

---

[1] 举例而言，《吕氏春秋·功名》："由其道，功名之不可得逃，犹表之与影，若呼之与响。"又《用众》云："夫取于众，此三皇、五帝之所以大立功名也。"又《先己》："故心得而听得，听得而事得，事得而功名得。五帝先道而后德，故德莫盛焉；三王先教而后杀，故事莫功焉。"又《顺民》："先王先顺民心，故功名成。"皆论先王所以能"立功名"之因由，以为当世人君说法。

（一）"治国在于治身"论说溯源

《吕氏春秋》深信治国之本在乎治身，治身而天下治，《吕氏春秋·先己》云：

> 汤问于伊尹曰："欲取天下若何？"伊尹对曰："欲取天下，天下不可取。可取，身将先取。"凡事之本，必先治身，啬其大宝。用其新，弃其陈，腠理遂通。精气日新，邪气尽去，及（终）其天年。此之谓真人。昔者，先圣王成其身而天下成，治其身而天下治。故善响者不于响于声，善影者不于影于形，为天下者不于天下于身。

文中劝勉为君者欲求治国之道，须反本溯源，先治己身。又如《吕氏春秋·审分览》曰："夫治身与治国，一理之术也。"指出治身与治国其实一理相通，如能治身，则能治国。这种治国之本在于治身的思想，推本溯源，乃据儒、道两家论说归纳所得，再加发挥而成其说。

（二）儒家"以身作则"相关论说

今先论儒家所倡"治身治国一理"之说。《论语·子路》："子曰：'其身正，不令而行；其身不正，虽令不从。'"孔子认为其身正则不令而行，显然专为国君治国而言。为君者先务正身，身既正，则不令而行。又如《论语·子路》："子曰：'苟正其身矣，于从政乎何有？不能正其身，如正人何？'"孔子认为世人如能端正己身，则从政治国便再无困难；但是如不能正身，则不能正人，更遑论正天下了。至于《孟子·离娄上》又云：

孟子曰："人有恒言，皆曰：'天下国家。'天下之本在国，国之本在家，家之本在身。"

可见孟子亦认为治身然后可以治家，治家然后可以治国，治国然后可以治天下。孔、孟学说，如出一辙。由此归纳，儒家学说认为从"道德教化"而言，在上位者对于平民百姓的影响力，并非依靠法令的颁布与执行，而是"以身作则"。在上位者以身作则，百姓自当依从。另《荀子》亦有相关论说，阐明君主治国"以身作则"之理，当中荀子设喻为说，而更为具体。《荀子·君道》：

请问为国？曰：闻修身，未尝闻为国也。

君者，仪也，〔民者，景也，〕仪正而景正；君者，槃也，〔民者，水也，〕槃圆而水圆；君者，盂也，盂方而水方。君射则臣决。楚庄王好细腰，故朝有饿人。故曰：闻修身，未尝闻为国也。

总而言之，孔、孟、荀皆言"以身作则"，可见儒家学说赞成"治身治国一理之术"，恰正为《吕氏春秋》为君治国论说的依据。

（三）道家"治天下始于治身"相关论说

儒家以外，道家亦有相关论说。道家认为治国之本亦在治身，早见《老子》第五十四章：

> 修之于身，其德乃真；修之于家，其德乃余[①]；修之于乡，其德乃长；修之于国[②]，其德乃丰；修之于天下，其德乃普。故以身观身，

[①] 见《马王堆汉墓帛书乙本老子》（北京：文物出版社，一九七六年），页四〇；《韩非子·解老》（《四部丛刊》影上海涵芬楼藏影宋钞校本），卷六，页10b，"乃余"并作"有余"。

[②] "国"当作"邦"。《韩非子·解老》卷六，页10b，作"邦"，今本作"国"者，盖避汉高祖讳改。

以家观家，以乡观乡，以国观国①，以天下观天下。吾何以知天下〔之〕然哉？以此。

可见老子亦认为治"天下"，从治"身"开始。又《庄子·让王》：

> 道之真以治身，其绪余以为国家，其土苴以治天下。

按《庄子·让王》与《吕氏春秋》关系密切，当中因袭关系有待深究②。《让王》认为"道之真"当用于治身，至其"绪余""土苴"方用于治国，乃至治天下，显见"贵生"之义。然而，《庄子·让王》既以为"治身""治国""治天下"所用之"道"其实相同，则亦赞同"治身治国一理之术"。

（四）《吕氏春秋》直接称述儒、道两家学者论说

《吕氏春秋》对于儒、道两家论说皆有采录，兼收并蓄。《吕氏春秋》所论"治身治国一理之

---

① 当作"以邦观邦"，《马王堆汉墓帛书甲本老子》页五作"以邦观邦"，今本两"邦"字并作"国"者，盖避汉高祖讳改。
② 《庄子·让王》此文又见《吕氏春秋·贵生》。

术",部分乃托为孔子之言而加以申述,如《吕氏春秋·先己》:

> 故欲胜人者必先自胜,欲论人者必先自论,欲知人者必先自知。《诗》曰:"执辔如组。"孔子曰:"审此言也可以为天下。"子贡曰:"何其躁也?"孔子曰:"非谓其躁也,谓其为之于此,而成文于彼也,圣人组修其身,而成文于天下矣。"

《吕氏春秋》引孔子言指出,"圣人组修其身,而成文于天下",阐明"治身"与"治天下"一理相通。

《吕氏春秋·先己》再次引用孔子之言,提出"得之于身者得之人,失之于身者失之人"。因此,凡事反求诸己,从自身处努力,不必他求。苟能治身,就能"不出于门户而天下治"。以上两段皆托为夫子之言,可见《吕氏春秋》编者推尊儒家,进一步发挥儒家"以身作则"之理。

至于道家学者之言,则有称述詹何的话,詹何可见于《淮南子》。《淮南子·道应》曾言"治身治国一理之术":

> 楚庄王问詹何曰："治国奈何？"〔詹何〕对曰："何明于治身，而不明于治国？"楚王曰："寡人得奉宗庙社稷，愿学所以守之。"詹何对曰："臣未尝闻身治而国乱者也，未尝闻身乱而国治者也。故本在于身，不敢对以末。"楚王曰："善。"故《老子》曰："修之身，其德乃真也。"

《淮南子》称述詹何论说，乃引《老子》之言相互印证，以见詹子之言与老子之道相应，亦可见詹何乃道家者流。

至于《吕氏春秋》亦有称述詹何之言，以说明"治身治国一理之术"，见《吕氏春秋·执一》：

> 楚王问为国于詹子。詹子对曰："何闻为身，不闻为国。"詹子岂以国可无为哉？以为为国之本在于为身，身为而家为，家为而国为，国为而天下为。故曰以身为家，以家为国，以国为天下。此四者，异位同本。

詹何谓"以身为家，以家为国，以国为天下"，然后说明"身""家""国""天下"四者异位同本，恰好阐明"治身治国一理之术"。

如欲了解更多有关《吕氏春秋》"治身治国一理"说的篇章,可阅读《季春纪·先己》及《审分览·执一》。

八、"因而不为"的具体治国政策

《吕氏春秋》倡议治国的基本思想是"因而不为"。然而,人君"因而不为",又如何落实国家政令,如何执行众多事务呢?《吕氏春秋》深思熟虑,在"因而不为"的思想纲领下,为人君提出具体的治国政策,俾使人君得以成功管治,政令得以贯彻执行。这些治国政策,概略言之,就是"用众""刑名"与"用民"。

(一)用众

人君治国,单凭一己的智慧,即使天资聪明,个人能力毕竟有限,而且人君深居宫中,耳目所及,不过朝廷宫室之内,见闻未广,错误难免。《吕氏春秋》深明此理,于是在《任数》云:

> 耳目心智，其所以知识甚阙，其所以闻见甚浅。以浅阙博居天下，安殊俗，治万民，其说固不行。十里之间而耳不能闻，帷墙之外而目不能见，三亩之宫而心不能知。

这里指出人君耳目心智所及者有限，而天下知识无穷，以有限之力，追求无穷的知识，自然心劳日拙。因此，若要成功，就不能单靠君主个人力量，而得借助群众的智慧，又《吕氏春秋·用众》云：

> 故以众勇无畏乎孟贲矣，以众力无畏乎乌获矣，以众视无畏乎离娄矣，以众知无畏乎尧、舜矣。夫以众者，此君人之大宝也。

可见治国当借助众力。《吕氏春秋》倡言治国"用众"，并非凭空构想，而是从实际情况考虑的。《吕氏春秋·知度》从反面论证，假设人君不用众力，单凭一己聪明才智，事事逞强，群臣自然不敢提出己见，唯有事事请示君主，君主所知有限，遇有疑难，未能及时应对，便会有损君威，其败必然。因此，人君不知用众，犹如舍本逐末，其败必然。《吕氏春秋》不仅从反面立论，以见人君不用众力之弊，亦从正面申论，具体说明人君任用众智的方法及其效益。《吕氏春秋·分职》先论用众的具体方法：

> 夫君也者，处虚素服（服素）而无智，故能使众智也；智反无能，故能使众能也；能执无为，故能使众为也。无智、无能、无为，此君之所执也。

可见君主如若用众，必先无智、无能，然后无为。君主无为，百官自然毕尽其能以求表现，这样，君主便得以任用众力，使国家大治。《吕氏春秋》又从正面列举古圣贤王"用众"而成其功业者，以见"用众"的效益。《吕氏春秋·勿躬》：

> ……史皇作图，巫彭作医，巫咸作筮，此二十官者，圣人之所以治天下也。圣王不能二十官之事，然而使二十官尽其巧，毕其能，圣王在上故也。圣王之所不能也，所以能之也；所不知也，所以知之也。

又如《吕氏春秋·用众》：

> 天下无粹白之狐，而有粹白之裘，取之众白也。夫取于众，此三皇、五帝之所以大立功名也。

可见人君善于用众，其效益可以大立功名。《吕氏春秋》认为"治身治国一理之术"，于"治国"而言，"用众"可以使群臣毕尽其力，国家兴盛；于"治身"而言，不仅可以大立功名，而且可以养生保健，符合《吕氏春秋》的"养生"论说。

（二）刑名

《吕氏春秋》倡言人君"因而不为"，于是用众。既然用众，则群臣在朝，而人君应如何驾驭群臣呢？《吕氏春秋》提出了具体的方法，即"审名责实"之道，《吕氏春秋·审分览》：

> 王良之所以使马者，约审之以控其辔，而四马莫敢不尽力。有道之主，其所以使群臣者亦有辔。其辔何如？正名审分，是治之辔已。故按其实而审其名，以求其情；听其言而察其

类,无使放悖。

可见人君驾驭群臣,必须"正名审分",意指任用官员,必须辨正名称,明察职分。然后"按实审名",以得其实情,即按照官员的实际职位,审核于该职位而言,其政绩表现是否合乎理想。最后"听言察类",使其不乱,即对于无具体职位者尤好进言,人君当依据他的话,考察其行为,看他的言行是否一致。《知度》又云:"故有道之主,因而不为,责而不诏,去想去意,静虚以待,不代之言,不夺之事,督名审实,官使自司。"可见"督名责实",乃"因而不为"思想纲领下的具体政策。

《吕氏春秋》所谓"督名责实",其实即为"刑名"之学,屡见于《韩非子》,当中尤以《韩非子·二柄》之言最为详细:

> 人主将欲禁奸,则审合刑名;〔刑名〕者,言异(与)事也。为人臣者陈而言,君以其言授之事,专以其事责其功。功当其事,事当其言,则赏;功不当其事,事不当其言,则罚。故群臣其言大而功小者则罚,非罚小功也,罚功不当名也。群臣其言小而功大者亦罚,非不

说于大功也,以为不当名也(之)害甚于有大功,故罚。

此文清楚阐明"刑名"之论。所谓"刑名"(作"形名"亦可),"名"者,乃指臣下自称能完成某事的言辞,而"刑"者(或作"形"),则指事实上所能达到的具体成绩。倘若成绩恰与臣下事先所言相符,此谓"同合刑名"[①],最为难得。韩非在这个理论基础之上,再申论其说,认为臣下表现超过又或是不及他事先所说的,皆当受罚。韩非认为这与臣子表现成绩好坏无关,而全在乎臣子之"言"与"事",即"刑"与"名"不相符,便当受罚。这是韩非独得之见,其他法家学者则鲜有论及。《吕氏春秋》对于韩非"刑名"之论,显然有所承袭,故此倡言"有道之主",亦当"因而不为",而"督名审实"。

(三)用民

《吕氏春秋》认为人君治国,当"因而不为"。所谓"因"者,最早见《慎子》。《慎子·因循》云:

---

① 《韩非子·主道》:"同合刑名,审验法式,擅为者诛,国乃无贼。"可与《二柄》此文互证。

"天道因则大，化则细。因也者，因人之情也。"此文以"因""化"对举。再考《吕氏春秋·君守》："作者扰，因者平。"则以"作""因"对举。而《任数》则谓："因者，君术也；为者，臣道也。为则扰矣，因则静矣。"以"因""为"对举。由此可见，"化""作""为"三字意义相近，而《吕氏春秋》所论的"因而不为"，本出《慎子》。《慎子·因循》认为人本自私，人君若要使民不为己而"为我"，难以成功。《慎子》又曰：

> 是故先王〔见〕不受禄者不臣，禄不厚者不与入〔难〕。人不得其所以自为也，则上不取用焉。故用人之自为，不用人之为我，则莫不可得而用矣。

此文指出人臣必先能从人君身上获得利益，人君才加以任用；人臣所得的利益越多，其为用越大。相反，人臣无法从人君身上获得利益，人君绝不能加以任用。综合而言，《慎子》相信人臣绝不牺牲一己利益而为人君谋事，人君如希望任用群臣，先让人臣从君主身上得益，此之谓"因"。所因者，其实就是世人的自私心理。

《吕氏春秋》对《慎子》此说,亦有继承,《吕氏春秋·用民》云:

> 民之用也有故,得其故,民无所不用。用民有纪有纲,壹引其纪,万目皆起,壹引其纲,万目皆张。为民纪纲者何也?欲也恶也。何欲何恶?欲荣利,恶辱害。辱害所以为罚充也,荣利所以为赏实也。赏罚皆有充实,则民无不用矣。

又《吕氏春秋·为欲》云:

> 使民无欲,上虽贤犹不能用。……人之欲多者,其可得用亦多;人之欲少者,其〔可〕得用亦少;无欲者,不可得用也。……善为上者,能令人得欲无穷,故人之可得用亦无穷也。

以上两篇立论皆与《慎子·因循》相合。然而,《慎子》明言"因人之情",《吕氏春秋》以上两篇未有提及"因"的理念,其因袭《慎子》之迹未算显明。最显明的,则见《吕氏春秋·顺说》:

> 管子得于鲁,鲁束缚而槛之,使役人载而

送之齐，其讴歌而引①。管子恐鲁之止而杀己也，欲速至齐，因谓役人曰："我为汝唱，汝为我和。"其所唱适宜走，役人不倦，而取道甚速，管子可谓能因矣。役人得其所欲，己亦得其所欲。以此术也，是用万乘之国，其霸犹少，桓公则难与往也。

《顺说》谓"管子可谓能因"，与《慎子》言"因人之情"，取义全同。可见《吕氏春秋》"用民"之道，其本亦出自《慎子》。《吕氏春秋》认为人君善于利用人民"为己"的心态，使之有欲，那么万民皆可为用。民之为己，都希望得欲去害，而民所欲的是"荣利"，所恶的是"辱害"。所谓"荣利"，其实就是"赏实"；所谓"辱害"，其实就是"刑罚"。人君善于运用赏罚，则民无不用了。

总而言之，人君治国虽然"因而不为"，但仍然要善于"用众"，使群臣毕尽其力；善用"刑名"之学，而用臣有道，可避免悖乱；善于"用民"，使民有欲，运用赏罚使群臣为我。人君善用以上三项具

---

① 唐朝马总《意林》(《四部丛刊初编缩本》，台北：台湾商务印书馆，一九六七年)，卷二，总页三十四，引《吕氏春秋》此文作"皆讴歌而引车"。

体治国策略,不仅可以使国家大治而广立功名,亦可以养性保健,精神安形,延年益寿,这就是所谓的"治身治国一理之术"。

如欲了解更多有关《吕氏春秋》"因而不为"的治国策略的篇章,可阅读《慎大览·贵因》《审分览·审分》《孟夏纪·用众》《审分览·君守》及《审分览·知度》。

九、治国之道的基本理念

《吕氏春秋·审分览》提出:"治身与治国,一理之术也。"所谓"一理之术",即是"治国"之道,犹如"治身"之道。讨论《吕氏春秋》的治国之道,就得探求《吕氏春秋》"治身治国一理之术"的具体内涵,以下会逐一讨论。

(一)取法天地,节欲早啬

《吕氏春秋》认为"治身治国一理之术",那么治身、治国有何相通之处?《吕氏春秋·情欲》云:"古之治身与天下者,必法天地也。"意思是治身、治国的共通点在于"法天地",所谓"法天地",其意在于"早啬"。有关"早啬",《吕氏春秋·情欲》云:

古人得道者①，生以寿长，声色滋味，能久乐之，奚故？论早定也。论早定则知早啬，知早啬则精不竭。秋早寒则冬必暖矣，春多雨则夏必旱矣，天地不能两，而况于人类乎？人之与天地也同，万物之形虽异，其情一体也。

所谓"早啬"，就是指"节欲"。《吕氏春秋·重己》云："凡生〔之〕长也，顺之也；使生不顺者，欲也；故圣人必先适欲。"可见"欲念"对"治身"无益，对"治国"也无益。因此《吕氏春秋·为欲》云：

> 欲不正，以治身则夭，以治国则亡。故古之圣王，审顺其天而以行欲，则民无不令矣，功无不立矣。

"治身"和"治国"皆当节欲。于"治身"而言，节欲可以顺生；于"治国"而言，节欲可以令民立功。《重己》认为"节欲"可以"顺"生，而"顺"乃天德，取法乎天，自当无误。《吕氏春

---

① 孙蜀丞云："人"疑"之"字。草书"之""人"两字形近。

秋·序意》："上揆之天，下验之地，中审之人，若此则是非可不可无所遁矣。天曰顺，顺维生。"据此可知，"节欲"可以顺生，而顺生即法天。因此《吕氏春秋·情欲》云："故古之治身与天下者，必法天地也。"

（二）无为而行

"治国"与"治身"另一相同之处，就是"无为"，"无为"也是取法天地的结果。《吕氏春秋·序意》认为综合"上揆之天，下验之地，中审之人"三者，可得"无为而行"，而"无为而行"就是治国、治身的共通之处。所谓"无为而治"，先秦诸子理解不一，当中道家的《老子》第二十九章云：

> 将欲取天下而为之，吾见其不得已。天下，神器〔也〕①，不可为也。为者败之，执者失之。

《老子》认为"天下不可为"，又谓"为者败之"。《老子》第六十章又认为"治大国"恰似烹小鱼，意谓烹小鱼务必小心，否则小鱼动辄糜烂。治

---

① 《马王堆汉墓帛书甲本老子》（页二七）句末有"也"字，今据补。

大国亦然，君主不宜动辄干预。否则，大国亦将陷于混乱。所以，治国理当"无为"。

《吕氏春秋》虽然继承先秦道家思想，但是关于治国的主张，却非直接采纳《老子》的学说，而是通过战国中期思想家之诠释以继承《老子》。因此，《吕氏春秋》对"无为"的理解，显然有别于《老子》。《吕氏春秋·知度》云："故有道之主，因而不为。"这里所说的"不为"，即指"无为"。有道之君，治国用"因"，而求"无为"。"因而不为"，正是《吕氏春秋》吸纳战国中期思想学说，而对《老子》"无为"理念提出的崭新诠释，当中反映了《吕氏春秋》有关治国之道的重要理念。

（三）贵因思想

《吕氏春秋》的治国之道，在乎贵"因"。它继承了先秦诸子如慎到、孟子、韩非的论"因"学说，文中多次称述"因"之可贵。《吕氏春秋·贵因》："三代所宝莫如因，因则无敌。"又云：

> 禹之裸国，裸入衣出，因也。墨子见荆王，锦衣（衣锦）吹笙，因也。孔子道弥子瑕见釐夫人，因也。汤、武遭乱世，临苦民，扬

其义，成其功，因也。故因则功①，专则拙。因者无敌。

《吕氏春秋》认为"因"者无敌，并进而讨论"贵因"思想的应用。《吕氏春秋》全书论及"因"者甚多，综而理之，可见其"贵因"思想的应用，层面甚广。例如《吕氏春秋·贵因》提出"因"可应用于观察天文现象。再推而广之，更可以利用时势而举事，即《吕氏春秋·不广》所说的"智者之举事必因时"。"因时"是指借助时势而使举事成功。"因时"，或称"因势"，《吕氏春秋·慎势》：

水用舟，陆用车，涂用輴，沙用鸠（𱉑）②，山用樏，因其势也。

"因时""因势"，可指日常生活利用"时势"。再推而论之，则可以用于军事上。《吕氏春秋·决胜》：

凡兵〔也者〕，贵其因也。因也者，因敌

---

① 王念孙云：功读为工。
② 指行走沙漠所用之工具，此段又见《淮南子·修务训》《文子·自然》。

之险以为己固，因敌之谋以为己事。能审因而加，胜则不可穷矣。① 胜不可穷之谓神，神则能不可胜也。

"因敌之险"，"因敌之谋"，皆有助于争胜。再推而广之，则可以用于治国，《吕氏春秋·君守》："故曰作者扰，因者平。惟彼君道，得命之情。"可见为君治国之道，亦在"贵因"，为君而"因"者则"平"。"平"，意指平静安泰。追求平静安泰，反对干预时政，此正是上文所引《吕氏春秋·知度》所说的"有道之主，因而不为"。《知度》谓君主"因而不为"，所论简略，《任数》则有较详尽的论述：

古之王者，其所为少，其所因多。因者，君术也；为者，臣道也。为则扰矣，因则静矣。因冬为寒，因夏为暑，君奚事哉！

由此可见，《吕氏春秋》认为君主治国应当"因而不为"，其"贵因"思想，异常明晰。司马谈《论

---

① 俞樾云：此本作"能审因而加，则胜不可夺矣"。按俞说当作"则胜不可穷矣"，则是。但"能审因而加"不辞，疑本作"审因而加能，则胜不可穷矣"。下句"神则能不可胜也"，"能"正承上句"能"字而言。

六家要指》说:

> 道家无为,又曰无不为,其实易行,其辞难知。其术以虚无为本,以因循为用。……有法无法,因时为业;有度无度,因物与合。故曰"圣人不朽,时变是守。虚者道之常也,因者君之纲"也。

可见道家重"无为"而贵"因",恰正是《吕氏春秋》"因而不为"理论的依据。先秦哲学,以儒、道为纲,法家源出道家[①],故此慎到、韩非皆有"贵因"之论,《吕氏春秋》兼收并蓄,成就其治国用人之术。

十、"赏罚论"与法家学说的渊源关系

《韩非子》认为法家思想的重要概念有三,此即为:商鞅所论之"法",申不害所论之"术",慎到

---

① 司马迁《史记·老子韩非列传》:"申子之学本于黄老而主刑名。……韩非者,韩之诸公子也。喜刑名法术之学,而其归本于黄老。"可见法家思想,其源本出道家。

所论之"势"。至于《吕氏春秋》对于上述三种法家思想概念可有善加因袭，以下会详加论述。

（一）《吕氏春秋》论"法"与《韩非子》论"法"之异同

法家思想的重要概念为"法""术""势"，现在先论其"法"。《韩非子·定法》："法者，宪令著于官府，刑罚必于民心，赏存乎慎法，而罚加乎奸令者也，此臣之所师也。"由此可见，法家认为"法"与"赏罚"关系至为密切。

虽然《吕氏春秋》全书论"法"的地方不多，但《贵信》篇亦尝论"赏罚"的重要性，其中说："赏罚不信，则民易犯法，不可使令。"又《分职》篇亦论"赏罚"与"法"的关系：

> 君者固无任，而以职受任。工拙，下也，赏罚，法也；君奚事哉？若是则受赏者无德，而抵诛者无怨矣，人自反而已，此治之至也。

又《处方》篇论"法"当一视同仁：

> 法也者，众之所同也，贤不肖之所以其力也。

细考以上三节《吕氏春秋》引文，可见《吕氏春秋》常常并举"法"与"赏罚"，亦认为"法"与"赏罚"的关系密切，而执"法"必须一视同仁。由此可见，《吕氏春秋》认为"赏罚"至为重要，"赏罚"是人君治国的重要工具，是"赏罚之柄"（《吕氏春秋·义赏》）。所谓"赏罚之柄"，其说直取《韩非子·二柄》所提出的人君治国的两种重要工具，即"赏"与"罚"。

然而，《吕氏春秋》并非全盘因袭《韩非子》的学说而不加修订，其《用民》篇云："凡用民，太上以义，其次以赏罚。"这里就用民方法整体层次而言，论断"义"较"赏罚"重要。至于《知分》则就君主使民立论，指出"使贤"与"使不肖"有别：

> 凡使贤不肖异，使不肖以赏罚，使贤以义。故贤主之使其下也必〔以〕义，〔必〕审赏罚，然后贤不肖尽为用矣。

这里认为"使贤以义"，"使不肖以赏罚"，可见"赏罚二柄"仅适用于"不肖"之民，至于"贤德"之民，则当用"义"。由此推论，"贤德"之民，对社会而言，其用为大；"不肖"之民，其用有限。因此,"义"较"赏罚"重要。

《吕氏春秋》此论,是以儒家治国论说来修订法家思想的,其说乃根据《论语》及《荀子》。如《论语·公冶长》言:

> 有君子之道四焉:其行己也恭,其事上也敬,其养民也惠,其使民也义。

又《荀子·致士》云:

> 临事接民而以义……政之始也。

儒家认为君主"使民""接民",都应当以"义"为先。《吕氏春秋》采纳了二者之说,故谓"凡用民,太上以义,其次以赏罚",又谓"使贤以义","使不肖以赏罚",重新修订法家的学说。

(二)《吕氏春秋》论"术"与《韩非子》论"术"之异同

法家论"术",以申不害为代表。《韩非子·定法》云:"今申不害言术,而公孙鞅为法。术者,因任而授官,循名而责实,操杀生之柄,课群臣之能者也，此人主之所执也。"所谓"循名而责实"，即"刑名"之论。然而使用"术"，又不仅限于"刑名"，举凡人君"课群臣之能"，都应该用"术"。《韩非子·内储说上·七术》所论诸"术"，或即申不害所倡言的权术。此等权术，人君可用以督责臣下，使臣下恐惧不知所措。《韩非子·内储说上·七术》又记述一则君主以权术督责臣下的故事：

> 商太宰使少庶子之市，顾反而问之曰："何见于市？"对曰："无见也。"太宰曰："虽然，何见也？"对曰："市南门之外甚众牛车，仅可以行耳。"太宰因诫使者："无敢告人吾所问于女。"因召市吏而诮之曰："市门之外何多牛屎？"市吏甚怪太宰知之疾也，乃悚惧其所也。

这个君主运用"权术"对付臣下的故事，是用术的显例。《吕氏春秋·任数》亦有相近的故事：

> 韩昭釐侯视所以祠庙之牲，其豕小，昭釐侯令官更之。官以是豕来也，昭釐侯曰："是非向者之豕邪？"官无以对。命吏罪之。从者曰："君王何以知之？"君曰："吾以其耳也。"

《任数》亦言君主运用"权术"对付臣下，可见《吕氏春秋》有取诸法家"用术"论说。然而，《任数》记述上述故事后，即记申不害论评云：

> 申不害闻之，曰："何以知其聋？以其耳之聪也。何以知其盲？以其目之明也。何以知其狂？以其言之当也。"

可见申不害认为人君耳目心智多有局限，不足依恃。因此，申不害并不同意君主徒用"权术"对付臣下。《吕氏春秋》细录申不害所言，尤其可见它对法家所论之"术"，并非全然接纳，亦有所保留。

（三）《吕氏春秋》论"势"与《韩非子》论"势"之异同

法家论"势"，以慎到为代表。《韩非子·难势》引慎子云："贤人而诎于不肖者，则权轻位卑也；不肖而能服于贤者，则权重位尊也。"可见《韩非子》以"权位"解释"势"的意思。《难势》又云："尧为匹夫，不能治三人；而桀为天子，能乱天下：吾以此知势位之足恃，而贤智之不足慕也。"清楚说明了

"势位"于人君治国而言，实为不可或缺的。

至于《吕氏春秋》在《慎势》篇云："权钧则不能相使，势等则不能相并。"又云：

> 〔因其势〕者〔其〕令行，位尊者其教受，威立者其奸止，此畜人之道也。故以万乘令乎千乘易，以千乘令乎一家易，以一家令乎一人易。尝识及此，虽尧、舜不能。

这指出了"势"对于治国，也是不可或缺的。"势"之为用，亦较贤智重要。即使是尧、舜，亦不能缺乏势位。相互比较，可见《吕氏春秋》亦有采袭《韩非子》论"势"的相关学说。

总而言之，《吕氏春秋》讨论人君治国之道，亦有采纳法家"法""术""势"的治国思想并加以修订而完善之。

如欲了解更多有关《吕氏春秋》法家治国思想的篇章，可阅读《离俗览·贵信》《孝行览·义赏》及《审分览·任数》。

十一、结语:我和《吕氏春秋》的一点缘分

要谈谈我和《吕氏春秋》的渊源,故事该从一九八六年说起。当年香港中文大学中国语言及文学系讲座教授刘殿爵教授于本科课程讲授《吕氏春秋》,我只是中文系四年级学生。刘教授是国际知名的权威学者,英译《论语》《孟子》《老子》三书,被誉为三种典籍之英译典范,迄今销售超过一百万册,读者遍布全球。由于对刘教授博大精深的学问怀着由衷的敬意,即使我对《吕》书一窍不通,我还是固执地选修了。

甫进课室,才发现修读者仅有六人,两名四年级生、四名三年级生,但旁听的老师和研究生却超过二十人,这种场景在系里并不多见。我心想,这门课恐怕不易理解,同学们都望而生畏,只有旁听的老师才会明白吧。

刘教授教学用心,兼且精通诸子百家,课堂上旁征博引,引领学生游走于春秋秦汉学术文化的殿堂,一窥堂奥。我细心抄下笔记,下课后再到大学图书馆将刘教授提及的书证逐条搜集,找出原书出处,整理排比,才勉强明白课堂所言。

我于一九八六年顺利本科毕业,一九八八年完

成了硕士课程,直至一九八九年从报章广告得知刘教授已从中文系荣休,全面投入中国文化研究所工作,并有意建立中国古代文献电子数据库,正需聘人负责计划协调。此时,我想到《吕》书提及的时机论,觉得可以朝夕追随刘师问学,谈书论道,实在机不可失,于是放弃了中学教席,回到研究所工作。一九九〇年因着工作之便,又报读了香港中文大学博士课程,并以《吕氏春秋》东汉高诱《注》为题,撰写博士论文。一九九五年完成论文,并于翌年转任中文系助理教授,开展漫长的古籍教学工作。二〇〇二年,香港经济不景气,因投资失利而轻生者众,社会上弥漫着伤感的愁绪,不知为何竟也影响了年轻一代。学生自寻短见时有听闻。一天在电视上看到政府拍摄的宣传短片,"打波(即打球)才来下雨",呼吁孩子乐观面对逆境,"希望在明天"。我想到刘教授自一九八九年荣休后,系内再无开设《吕氏春秋》课程,又想到该书主旨即在贵生养生,其实最合现世人心,这正好让学生理解自身生命的崇高价值,绝非外物所能比拟。《吕氏春秋·重己》说:"今吾生之为我有,而利我亦大矣。论其贵贱,爵为天子,不足以比焉;论其轻重,富有天下,不可以易之;论其安危,一曙失之,终身不复得。此三者，有道者之所慎也。"可谓发人深省。于是，我在二〇〇二年首次在大学讲授《吕氏春秋》，意外的是，修读学生人数超过一百五十人，大家都细听贵生之义，熟读书中所引子华子那句名言："全生为上，亏生次之"；细味那原来应属于千古奇商吕不韦写给私生子秦王政的由衷教诲，深晓生命的价值，贵生自爱。此后，我每隔两年便讲授一次《吕氏春秋》，以迄于今，享受着将刘教授生前所言传授给学生的快慰，也陶醉于书中的嘉言善行。今年初，应香港中华书局之邀，草撰"新视野中华经典文库"之《吕氏春秋》一书导读、批注，望能推广其深邃精妙的哲理，也让大学以外一众市民及早感悟贵生之义，节欲早啬，长生久视，享受生命为我们带来的乐趣。

兵家

《孙子兵法》导读

上古战争智慧的结晶

王宏林 河南大学文学院副教授

一、孙子生平

孙子名武,字长卿,与老子、孔子、庄子一样,也是先秦诸子中的一位思想巨人。虽然历史长河的积沙使这些伟大思想家的面目日渐模糊,但他们著作的巨大光辉却随着时光的流逝而愈加耀目。

记载孙子事迹而比较可信的史书有《史记》,提及孙子曾以兵法见吴王阖闾。《吴越春秋》也记载此事,并指出这一年是阖闾三年,即公元前五一二年,这是史书中明确记载孙子生平的唯一直接可靠年代。杨善群先生在《孙子评传》中,以此年为依据并结合《左传·昭公十九年(前五二三)》记载孙武祖父孙书伐莒之事,推断孙武生年是齐景公十三年(前五三五)。此年老子约三十七岁(前五七一——?),孔子约十七岁(前五五一——前四七九),如果因缘巧合,这三位思想巨人应该可以晤面,不过《史记》只记载孔子曾向老子问礼,并没有孙子见老子或孔子的记载。

孙子出生在齐国,这是姜太公和管仲的故乡,也是一片孕育军事家的沃土。姜太公助武王伐纣成功,被公认为兵家之祖。管仲也是一位精通军事的政治家,在他的领导下,齐国成为春秋时期的霸主,长期统帅诸侯，可以想象这种浓厚的军事氛围对孙子也会产生巨大的影响。不过，孙子能够成为伟大的军事家，最重要的原因在于他的家世。毕竟在先秦时代，家学是个人教育的主要来源。

孙子的远祖为陈国公子完，因避陈乱出奔到齐，之后改姓田。曾祖父田无宇曾参与攻打莱国的战斗，经历了多次的战争洗礼。祖父田书颇有谋略，曾指挥战争并攻占莒国，因战功被齐景公赐姓孙。父亲孙凭位列卿大夫。在战争中成长壮大的家族一定会更加重视战争，这可能正是孙凭为儿子起名叫"武"的重要原因。

孙子出生于春秋末年，此时中原各国的军政大权多数被有实力的卿大夫所把持。晋国出现了韩、魏、赵、智、范、中行这六大宗族控制朝政的六卿专政，鲁国出现了由季孙、孟孙、叔孙来掌握政权的局面，齐国情况也好不到哪里去，高、国、陈、鲍四大宗族相互排挤，明争暗斗。孙子虽然属于陈氏后裔，但他对这种倾轧斗争十分反感。而南方的吴国自寿梦称王以来，国势蒸蒸日上。大约在齐景公三十一年（前五一七）左右，十八岁的孙武就离开先祖的封地，来到吴国施展宏图。到吴国后，在伍子胥的引荐下，孙子带着兵法见到吴王阖闾，并以宫女试兵,最终赢得阖闾的好感,被任命为将军,与伍子胥并肩作战。

从吴王阖闾四年(前五一一)任命孙子、伍子胥为将攻打楚国开始,直至吴王夫差十三年(前四八三)伍子胥被迫自杀,二十八年间吴国先后向楚国、越国展开了大规模的攻击,逼迫楚昭王逃入云梦泽、吴王勾践屈辱求和。此后,吴军一度北上与齐、晋等大国争霸,军事实力达到顶峰。由于夫差一心想称霸诸侯,坚持对齐用兵。伍子胥于是称病拒绝攻打齐国,在太宰嚭的谗毁下,夫差最后赐伍子胥自尽。伍子胥去世之后,孙武也突然从史籍中消失了,《越绝书》《吴越春秋》和《史记》等史书都没有孙武此后的活动记载。有人认为他一生杀戮太重,最终像伍子胥那样被吴王所杀。但多数人认为他退隐后不久即去世,卒年约在公元前四八〇年左右,终年五十五岁。以孙武的智能,我们不相信他会重蹈伍子胥的悲剧。《越绝书》记载道:"巫门外大冢,吴王客、齐孙武冢也,去县十里。善为兵法。"这座墓在清代仍有诗人凭吊,人们大都认为孙武晚年并没有离开他的第二故乡——吴国。

二、《孙子兵法》的基本内容

孙子以《孙子兵法》而著称。按《史记》所载，这部兵法有十三篇。但东汉班固在《汉书·艺文志》"兵权谋家"中著录道："《吴孙子兵法》八十二篇。"竟然多出了六十九篇。又著录道："《齐孙子》八十九篇。"可见在东汉时期，有两部"孙子兵法"。结合相关史料可知，吴孙子就是孙武，齐孙子则是孙武的后代孙膑，这两部兵法和两位"孙子"的区别相当明显。三国时期曹操为《孙子兵法》作注，明确说："孙子者，齐人也，名武，为吴王阖闾作兵法十三篇。"所以他只给那十三篇作注，完全舍弃了后来多出的六十九篇，这六十九篇与孙膑所作的《齐孙子》八十九篇在唐代以后就亡佚了。由于名称的相近和《齐孙子》的亡佚，导致后人对孙武和《孙子兵法》也产生了种种猜测。

南宋叶适和清代全祖望等著名学者认为春秋时期没有孙武此人，理由是《左传》《国语》这些记载春秋大事的著作没有一个字涉及"孙武"，可见这是后代杜撰的一个人物。近代梁启超等学者认为春秋时期有孙武这个人，但兵法却是战国人假托孙武之名而著，理由是《孙子兵法》所谈到的战争规模多达十万人，这是战国时期才达到的规模。钱穆则推测孙武和孙膑其实是一人，理由是"膑"是一种刑罚，谁会以"膑"为名呢？所以，"膑"只能是孙子的绰号，孙膑就是孙子。幸运的是，随着一九七二年山东临沂银雀山汉墓竹简的出土，种种猜测和谜团逐渐得到澄清。这批竹简将近五千枚，包括《孙子兵法》《孙膑兵法》《管子》《尉缭子》等众多先秦著作。《孙子兵法》有三百多枚，十三篇文字均有保存，竹简上的篇名与今天我们看到的传本大致相同。《孙膑兵法》有四百多枚，都是唐代以后所失传的内容。这批汉简证明了两个事实：一、孙武和孙膑是两个人，他们分别创作了不同的兵法著作。二、今天流传的《孙子兵法》十三篇的作者是孙武，《汉书》所载多出的六十九篇是战国到秦汉的兵家对这部书的解释补充。

《孙子兵法》约六千一百字，篇幅虽然短小，但内容博大精深，与言简意赅的《老子》十分类似，均为古老而又早熟的中华文明的代表典籍。这部著作可分为三部分：一是宏观战略认识体系，大体包括《计篇》《作战篇》《谋攻篇》《形篇》《势篇》和《虚实篇》等前六篇。主要论述战争的制胜因素、战争的准备、计划的制定、战役的组织、后勤的保障，强调以谋略胜敌,最理想的境界是"不战而屈人之兵"。二是第七篇《军争篇》,主要论述将领临场指挥时应遵循的作战方针,核心思想是营造有利条件,克敌制胜。三是微观战术认识体系,大体包括《九变篇》《行军篇》《地形篇》《九地篇》《火攻篇》和《用间篇》等后六篇。主要论述了要灵活处置问题、正确判断敌情、各种地形和地域的作战方法、火攻和间谍的特殊战法等,核心思想是知己知彼,因地制宜。各篇自成一体,又密切联系,构成了一个完整的兵学体系。

《孙子兵法》一直被历代名将所珍视,哺育出孙膑、韩信、曹操、诸葛亮等众多军事家。北宋时被列为《武经七书》之首,成为官方钦定的武学圣典。历代研究者对这部兵法倾注了极大的热情,仅传世的研究著作就有两百多部。他们根据不同时代的战争特点对这部兵法不断进行充实,并以此书为基础建构了庞大而又深厚的中国军事理论体系。

三、《孙子兵法》的现代意义与价值

战争是一种对抗性极强的竞争行为,就"对抗"

这个本质而言，人们所处的各个领域无不充满战争。《孙子兵法》正是一部研究战争规律的著作，它对战争重大问题的阐发完全排斥了远古时期的神怪迷信之谈，它所揭示的克敌制胜的规律具有永恒的价值和相当普遍的哲学意义。因此，人们对《孙子兵法》的应用早已不限于军事领域，而是拓展到管理学、决策学、医学、行为学、运筹学、体育竞技等诸多领域，并取得了丰硕成果。

《孙子兵法》中最可贵的是整体思维方式。孙子指出战争是关系国家民族生死存亡的大事，胜负取决于政治、经济、地形、人力等多种因素，领导者对这些因素要做全面、客观的衡量之后才能决定是否开战。《孙子兵法》这种客观全面认识世界的方法非常值得借鉴，它启发我们在观察事物时，不可拘泥于事物本身，而是要从整个系统中综合考察事物，透过表面现象来认清事物的本质特点。

孙子还指出要用发展的观点看问题。他认为任何事物都不是一成不变的，要根据情况的变化而采取相应的对策。孙子总结出一系列饱含人生智慧的命题，如以迂为直、以患为利、后发制人、奇正相生、以实击虚、乱生于治、怯生于勇、弱生于强、宽严适度等，启发我们在解决问题时要善于抓住时机，使事物向有利的一面转化。

孙子非常重视人的主观能动性。任何成功都离不开一定的客观物质条件，但这并不意味着我们要坐享其成。孙子指出，用兵者要根据不同情况采取相应的措施，才能获得最大的战争效益。孙子说"致人而不致于人"，"不可胜在己，可胜在敌"，"无恃其不来，恃吾有以待也"，都是强调立足自身的实力和充分的准备使自己处于不败之地。

由于战争来不得半点虚假，需要更加周密的计划和切实的行动才能战胜敌人，因此，与《老子》《论语》等著作相比，《孙子兵法》这部书更重视解决实际问题，具有注重实用和兼容博取两大特点。直至今日，有识之士仍然热衷于从中汲取人生的智慧。

近年来，《孙子兵法》越来越广泛地被运用到现代企业管理上来，出现了众多相关的著作。尽管这些著作中有不少带有机械套用、牵强附会的缺点，但管理企业确实与指挥战争有很多相同之处。管理者与员工很像主帅与士兵，企业之间的竞争很像敌我双方你死我活的交战，刺探对方的动向和行情很像军事上的使用间谍，同样，那些在战场上行之有效的用兵原则自然也适用于商场。

成功的企业家其实就是一位高明的将帅。他具有高超的智能，能够准确判断市场和对手的情况；他具有可靠的信用，能赢得内部员工和外界消费者的依赖；他具有博大仁爱之心，关心下属并热衷于公益事业；他具有勇敢的决断精神，面临创新可能导致的风险时没有丝毫的犹豫；他还很严格，对企业各项制度均能坚决贯彻执行。

在面临市场竞争时，企业的经营策略往往与《孙子兵法》所说的战备原则相吻合。比如作战需要营造兵临城下之势，"不战而屈人之兵"。商场也需要造势，以强大的竞争力去占领市场。战争的决策者只有"知己知彼"，方可"百战不殆"。而商战中，决策者同样需要全面搜集市场和对手的情况，再进行细致的整理和分析，才能形成科学的决策。

在处理上下级关系时，《孙子兵法》的诸多论断也能给我们很多启示。"上下同欲者胜"是重视上下级的团结；"视卒如爱子"是重视对下属的关心；"将在外，君命有所不受"则是对领导者决断能力的尊重。可以看出，《孙子兵法》的诸多观念与现代管理理念在精神上是完全相通的。许多企业家正是从《孙子兵法》汲取了有效的企业经营技巧，使自己的事业得以兴旺发达。

除了企业管理上的广泛运用，《孙子兵法》对人生的指导意义也越来越受到关注。人类论矫健不如苍鹰，论迅疾不如猎豹，论勇猛不如雄狮，但为什么能够成为地球的主宰，宇宙的精灵？答案就是人善于汲取前人的智慧。人生是短暂的，生命是有限的，一旦我们能够穿越时空去感知远古哲人对人生哲理、生命价值和处世之道的思考时，我们有限而短暂的生命就会变得丰富、深刻、厚重。

尤其是先秦时期，是中国历史上思想最为活跃的黄金时代，许多伟大的思想家无一例外都在对人生进行思考。如果说人生是一场战斗，孔子和孟子所代表的儒家关注的是战斗的过程，只要尽心尽力去实现理想目标，即使失败也不必遗憾；老子和庄子所代表的道家则认为战斗是没有意义的，人生本不该设置理想目标；孙子所代表的兵家则最看重战斗的结果，积极探索并总结出一系列制胜之道。孙子认为，把握事物要具有统观全局的视野，能够综合分析各种因素的利弊，还要抓住问题的关键，认清事物的真相，从而始终处于主动的地位。孙子相信每个人都具有极大的潜力，即使是面临困难或处于劣势时，也可以通过合适的措施化解危机。所以，孙子的人生态度是积极向上的，书中那些丰富的制胜韬略均为成功的经验之谈，被历代有志于谋求制胜之道的人们所尊奉。

总之,人生如战场,竞争无处不在。面对纷乱而严酷的现实环境,《孙子兵法》启发我们应该拥有怎样的人生态度和精神状态,怎样认识社会现实,最终应该怎样采取行动。《孙子兵法》的许多论述已经融入我们的日常生活之中,深深影响着一代代中国人的思想和行动。"知己知彼,百战不殆"、"兵贵神速"、"置之死地而后生"、"穷寇勿追"、"不战而屈人之兵"、"避实而击虚"等经典论述已经超出了战争的范围,被众多有识之士确立为自己的人生准则。

战争也许会远离人类,但战火淬炼出来的这部瑰宝却具有永恒的价值。

跋

为读者开启通往传统经典的大门

二十一世纪是中国踏上"文艺复兴"的新时代，中华文明再次展露了兴盛的端倪。饶宗颐教授曾这样说过："二十一世纪是重新整理古籍和有选择地重拾传统道德与文化的时代"，作为一家出版机构，该如何理解中国传统文化的新发展与新出路？对于中国传统文化的出版与阅读，又该为当今读者提供什么样的新体验呢？

二〇一二年，恰逢中华书局创局一百周年，为纪念百年华诞，同时也为了更好发挥中华书局（香港）有限公司的优势和特点，我们决定在坚守"弘扬中华文化"的创局宗旨基础上，从更具时代特点、更广阔的文化视野出发，邀请大陆及港澳台知名学者，运用新思维、新形式，选编一套面向当代大众读者尤其是青年读者的中华传统经典丛书。

这一构想提出来后，得到了饶宗颐教授及其他一些学术大家的充分认可。我们迅速筹建了以饶宗颐先生为名誉主编，由李焯芬、陈万雄、陈耀南、陈鼓应、单周尧、郑培凯诸教授组成的丛书编委会，经过认真论证，最终确定丛书名为"新视野中华经典文库"，全套丛书共计五十分册，收入五十五种经典，涵盖中国古代哲学、历史、文学、佛学、医学等各个方面。"文库"精选具有传世价值的经典作品及最佳底本，广邀大陆及港澳台专研精深的学者予以导读、赏析和点评，力图为今天的读者搭建一条沟通古代经典与现代生活的桥梁。

传承文化，责任綦重。成书过程中，我们一直诚惶诚恐，每一本作品都经历了往复讨论、不断修订、几易其稿的过程是艰辛的。幸而有一群学养一流、恳切热忱的作者共襄盛举。他们都是本研究领域的专家、名家，却以一种谦慎的姿态来配合出版方，或说是满足当今读者的要求。他们在反复比较中精选最优底本，采撷精华章节，并参酌其他版本厘定字句乃至标点、读音等细节；特别是为配合普通读者、年轻读者的阅读口味，更力求导读清新流畅、赏析扼要浅白，很多导读读来如一篇优美晓畅的散文，许多点评则令人会心一笑，心有戚戚焉。他们的细致、负责，满溢着对传统文化的热爱以及对传承文化的热切，使人感佩。

悠悠五载，五十册图书终于全部呈现给读者。令我们欣慰的是，丛书陆续推出后，受到了读者的持久欢迎，尤其是每年在香港书展上，都会有不少读者特别是中学生前来问询、购买；同时，这套书也荣幸地被中信出版社看中并引进到内地，出版简体字版本，惠及广大内地读者。

不过，由于编辑学养有限，不免挂一漏万，一些细心的读者给我们写来了邮件，指出错漏。这令我们既感激，又惭愧，唯有及时修订、精益求精，用更负责任的态度和更大的热忱，来回报读者，反馈社会。

为令读者更高效、便捷阅读此套丛书，吸收传统智慧，本局将这五十五本经典的导读抽出，结集为一套四册的《经典之门：新视野中华经典文库导读》系列，分为"先秦诸子""哲学宗教""历史地理""文学"等篇。这套书又被华夏出版社引进到内地。如果说"新视野中华经典文库"是我们希望给读者开启一扇通往古代经典的大门的话，那么这些导读所构成的"精华中的精华"，则是开启这扇经典之门的钥匙。

香港中华书局编辑部
二〇一九年一月